INSIGHT

Why We're Not As Self-Aware As We Think and How Seeing Ourselves Clearly Helps Us Succeed at Work and in Life

深度洞察力

克服認知偏見，喚醒自我覺察，
看清內在的自己，也了解別人如何看待你

塔莎・歐里希
Tasha Eurich

錢基蓮 譯

推薦序

懂得用別人的眼睛看自己，你的世界將變得更立體

諮商心理師、啟點文化執行長
楊嘉玲

如果可以，我希望《深度洞察力》這本書應該在任何一個人申請社群軟體帳號前，列為必讀內容，讓使用者知道自拍太多，會對自覺造成什麼樣的損傷，那一則則po文是怎麼慢慢將人洗腦成自戀又自大的nobody。

我很喜歡作者對「自我覺察力」的定義，所謂清晰認識自己的能力，其實不只是知道自己是誰，更重要的是，也知道別人怎麼看我們，以及有能力融入所處的世界，而不只是單純地自嗨，以為大聲高喊「做自己」就等同於「認識自己」。

從事諮商工作數十年，從前我經常鼓勵個案和學生要了解自己，因為傳統教育讓他們太習慣以別人的意見為依歸，把自己塞進別人的期待中，因而失去自己。但隨著手機世代的崛起，我漸漸發現現在的孩子，很清楚自己要什麼，他們知道自己喜歡吃哪一家餐廳、穿什麼品牌的衣服、聽什麼

歌、追什麼劇、去哪裡旅行、興趣為何、做什麼工作才會快樂。

相對於從前，他們對自己的認識真的提升許多，可同時他們心中留給別人的位置卻變少了，不太清楚別人怎麼看待自己，甚至不以為意，覺得彷彿太聽從外界的看法，就是一個沒主見、沒個性的人，造成他們進入職場後，很容易感覺到挫敗，老覺得身旁的人（特別是長他們十歲以上的前輩主管），故意看他們不順眼，才會刁他們的遣詞用字、做事態度等。他們不主動進行換位思考，大多都是以「我以為」、「我想要」、「我喜歡」為思考焦點。

為何他們要「正確」地認識自己會這麼困難？如同本書作者所言，主因有二。首先，是因為身旁的人因為不想要當烏鴉，讓緘默效應持續存在，阻礙當事人自我覺察；再者，也是我覺得最重要的因素——「太害怕聽到實話」，因為那會傷害到自己既定的概念，造成認知失調。也因為甚少去接受不同的觀點，使得他們不知道如何消化各方的意見，統整成屬於自己的思想，乾脆關起耳朵，一勞永逸。因此，他們感覺很清楚自己要什麼，但其實仍是大眾媒體操弄下的選擇，而不是向內挖掘後的深刻體會。

他人的回饋就像是一面鏡子，少了它，我們雖然知道自己有手有腳、五官兼具，但不會知道排列組合起來會是什麼樣子，相較於別人，我們是高、是瘦、是柔、是剛？這樣的認知是不完全的，就像一個人知道自己喜歡唱歌，但不等於他會唱歌，會不會唱取決於聽眾的反應，進而才能定義自己適不適合當歌手，否則僅是自我感覺良好，而不是自我能力足夠。

但要開放自己接受他人的回饋，真的是一件很需要勇氣的事情，那代表著你不能再假裝逃避，用幻想取代事實。畢竟幻滅是成長的開始，覺察的路不全是喜悅的頓悟，更多是痛苦的體悟。本書作者分享了許多提升自覺的方法，都是很有效的方式，例如至少要擁有一個你信任，且願意跟你說實話的家人或朋友，透過他們的眼睛，對真實有更全面的了解，而不是活在自己的錯覺中。

也藉此機會和大家分享兩種更即時認識自己的方法，是我在授課時經常會運用的，即：逐字打稿和錄影，做法就是在真實生活中，錄下你與他人的對話，或是在做公眾演講時，請人拍攝你的一舉一動，事後反覆回觀。有不少人在做這份作業前，都自認表達流暢、自我控制力好，但我請他一字一句把自己說出去的話打下來後，他才終於知道自己其實經常答非所問，而且毫無重點。此外，透過客觀的影片分析，他們才知道自己不經意的習慣性表情與動作，會帶給人極大的壓迫或焦慮。最後他們終於承認自己是遠距離的好人，近距離的禽獸。

然而，這樣的震撼教育，卻能真正開啟他們的心理免疫系統，知道「自己以為的」和「別人感受到的」很可能是不相干的兩件事，學習用多元角度理解自我與他人。有趣的是，當他們願意承認自己不足時，他們的人際關係反而變好了。

非常推薦這本書給所有想認識自己的人，你將能區辨出什麼是恣意妄為的自我崇拜，什麼是有守有為的自我實現，因而進一步長出堅實穩定的自信，過一個通情達理的人生。

推薦序

清晰認識自己的能力

睿信管理顧問有限公司總經理
黃聖峰

這幾年我擔任企業客戶高階主管的一對一教練，協助提升領導者的領導力行為，最大的挑戰莫過於如何讓高階主管覺察接受別人的觀點、感受到自己的領導行為，以及該行為帶給團隊或他人的影響。教練的關鍵工作，在於協助客戶提升自我覺察的能力並積極採取行動，然而提升洞察力的第一步，就是放下自己的框架，抱持勇氣和謙虛的態度，積極了解並接納自己在他人眼中的樣子。

為了更全面獲得他人眼中對自己的評價，我通常會使用360度反饋以及霍根測評報告（Hogan Assessments）來幫助客戶了解各方面關係人對自己行為的看法。但是在提供360度反饋或霍根測評報告的解讀分析時，最常遇到的問題就是當事人不容易接受別人給他們回饋。當反饋的意見為正面肯定的，往往能讓客戶更相信自己的成功與表現。但是當反饋的意見為負面缺點，客戶通常會用抵抗和轉移的方式回應負面反饋，可能拒絕認同或忽略反饋，否認真正問題的存在。這更凸顯出勇氣和謙虛為何是進行高管教練的重要具備條件。

美國組織心理學家塔莎・歐里希在本書中提出，深度洞察力是清晰認識自己的能力——了解自己是誰、別人眼中的我們，以及如何融入我們所處的世界。真正的洞察力不僅需要了解我們自己，還需要知道我們在他人眼中是什麼樣子。因此，自我覺察可以進一步分成內部自我覺察與外部自我覺察。內在自我覺察力與清楚了解自己有關，是內心了解自己的價值觀、情感、抱負、理想的環境、模式、反應、對他人的影響。外在自我覺察力是從外界了解自己，亦即知道別人對你的看法。因為有外在自我覺察力的人可以從別人的觀點正確看到自己，所以能夠建立比較穩固和信任度較高的關係。

作者強調，洞察力是一項可以被習得和提升的技能。了解自己的第一步，就是做出一個決定：去質疑自己關於自己的種種預設，去積極考證我們在他人眼中的樣子，去帶著一種積極的思維和接納自我的態度追求真實。簡而言之，就是有變得更勇敢但也更睿智的決心。她提出360度反饋可以提升外部自我覺察，另一種邀請反饋方式是找到合適的關係人，能夠充分接觸到你想要得到回饋的行為，並且清楚告訴你怎麼樣才是成功。這是一種前饋的有效教練手法，不是只了解自己過去所做的行為，更重要的是怎樣的具體行為可以展現有效的領導行為。

決定謙虛而自我寬容地接受自己是需要勇氣的。《從A到A+》作者吉姆・柯林斯提到第五級領導人願意看到的是鏡子，他們在鏡中看到自己，他們會反省自己該負的責任，不會將錯誤歸咎他人。我常形容自己教練的工作就是幫助客戶扶好一面鏡子，幫助客戶看清楚自己沒看到的行為舉止，當自我覺察清楚一切並接受面對時，自然就會產生行動的力量。

我在許多針對企業主管及教練的訓練課程上，經常推薦《深度洞察力》這本好書，很高興終於有中文版發行，可以影響更多人及團隊學習鍛鍊自我覺察力，不斷成長，更為成功。

目次

自我認知的七日挑戰

附錄

第一章 洞察力是二十一世紀的主流能力

好幾個人火速闖了進來向中校報告緊急消息，說大約在十公里遠處發現三十五名敵軍偵察兵在岩石峽谷紮營。這時，這位年輕的中校會決定怎麼做？

現在是戰爭時期，他要為他率領到戰場上的一百五十九名士兵承擔全部責任。儘管中校自己也不過是個年僅二十二歲的新手，從無實戰經驗，但他擔任全軍的副指揮官，不但行動必須快速果決，也得向正在密切觀察他的每一個人證明他的能力。眼前這個情況對他的軍事才能是項重大的考驗，但他對自己的能力深具信心，更迫不及待要讓上級看到他的本事。

在峽谷裡的那些人明顯是打算發動攻勢，這位中校於是決定先下手為強下令進行偷襲。五月二十八日清晨，他的軍隊襲擊了敵軍那支毫無戒備的小隊，完敗對方。不到十五分鐘，便殲滅十三名敵兵，俘虜二十一人。

打了勝仗的中校躊躇滿志地回到營地後，寄出數封信函。第一封是寫給他的指揮官，只不過這位膽大的軍官在詳述這場戰役之前，竟然用了八個段落抨擊謾罵，並乘機大肆抱怨自己的薪金。下一封信則是寫給他的弟弟，他在信中狂妄吹噓自己面對敵軍攻擊時的勇敢無畏：「說真的，當我聽到子彈嗖嗖掠過的聲音時，我覺得這個聲音聽起來還真有幾分迷人啊。」

寫完這些自我吹捧的信件之後，就該繼續安排下一步。這位中校認為敵軍即將展開報復性攻擊，所以他必須找一個比較好的位置紮營。他帶領部屬翻越附近一座山脈後，發現他們置身於一大片地勢低窪的高山草原上。這片草地四周是連綿起伏的山丘，有一些灌木叢和一片濃密的松林散布其上。調查過這個地區之後，中校宣布這裡的防守位置絕佳，命令部隊開始著手準備防禦工事。

數日後，他得意洋洋的看著部屬進行一個圓形圍樁的收尾工作。圍樁是用許多根七英尺長的木頭豎立而成，上面以獸皮覆蓋，因為裡面只能容納七十人，所以他下令再挖一個三英尺深的戰壕，讓其他人蹲伏在裡面。他向指揮官保證：「我們占盡地利之便，築了一個牢不可破的塹壕，並清除草原上的灌木叢，為兩軍交戰的戰場做好準備。」他知道己方人手不足，但是「儘管我方人數少，」他說，「我仍無懼於五百人的攻擊。」

只是並非人人都認同這位年輕氣盛軍官的看法。他有許多決策令人懷疑，其中一個便是這個名為「必需堡」（Fort Necessity）堡壘的所在位置。因為堡壘是建在柔軟的地層上，只要一場小雨就會把草地變成沼澤，而傾盆大雨更會淹沒戰壕，讓彈藥濕透。身經百戰、經驗豐富的盟軍指揮官也堅信，「那個在草原上的小玩意」根本撐不住。猶有甚者，他們離樹林很近（相距只有五十五公尺），敵軍的神槍手可以神不知鬼不覺的靠近，從近距離毫不費力的向他們的堡壘射擊。

事後證明，那場戰役影響重大，中校的這些失誤甚至改變了歷史的進程。在此役之後的許多年，歷史學家一直試圖闡釋這個軍事行動怎會敗得如此可悲。許多人批評中校「在該撤退的時候反而前進；沒有等候軍隊獲得足夠增援就開戰；選擇無法防衛的地點；草率的建造堡壘；疏遠親近的盟友；狂妄自大的驚人，竟然自認為能夠擊敗氣勢逼人的敵軍。」

然而中校的落敗不能只歸咎於戰術錯誤、策略有破綻，或失去部屬的信任，單單檢視這些原因會忽略根本原因。從根本上來說，中校缺乏攸關成敗最重要，但卻最未被探討的素質——不論是在戰場上、職場上，或任何地方。這個素質便是「自我覺察力」，也稱為「洞察力」。

「認識自己」的能力

關於能夠深入了解自我的「洞察力」一詞，明確的定義要比乍看之下複雜得多，就其核心而言，可以定義為：清晰認識自己的能力，也就是了解自己是誰、別人眼中的我們，以及如何融入我們所處的世界。

自從柏拉圖教導我們「認識自己」以來，哲學家和科學家都頌揚自我覺察力的優點。確實，這個能力無疑是為人處世最顯著之處。神經科學家拉瑪乾德朗（V. S. Ramachandran）在他的書《洩密大腦》（The Tell-Tale Brain）中有詩意的表達：「任何一隻猿猴都能夠做伸手摘香蕉的動作，但是只有人類能摘星攬月。猿猴在森林裡居住、競爭、繁殖、死亡——一生就只有如此；但是人類會記錄、研究、探索，會拼接基因、分裂原子、發射火箭，會抬頭凝望……會深入研究圓周率的位數。或許最了不起的是，我們會審視自己的內心，拼合自己神奇獨特的大腦拼圖……這真是最大的奧祕。」

有人甚至認為理解自己的能力是人類生存和進步的核心。數百萬年來，智人的祖先發展速度慢得令人痛苦。不過拉瑪乾德朗解釋，約十五萬年前人類的大腦就出現一個相當有爆炸性的發展，之後便獲得許多能力，尤其是檢視自己的想法、感受、行為，以及從別人的觀點看事情的能力（後面會進一步說明這兩個過程對洞察力而言非常關鍵）。這不但為人類更高境界的表達方式打下根基，像是美術、靈修、語言，也讓必須攜手合作才能生存的老祖宗們具有生存的優勢。不但能評估自己的行為和決定，也能理解自己的行為和決定對部落成員的影響，套一個稍微現代一點的辭彙來解釋這些狀況，就是「有助於他們不會被淘汰出局」。

現在快轉到二十一世紀。人們雖然不再像老祖宗那樣面臨日常的生存威脅，但是洞察力對生存與成就同樣必不可缺，在工作、愛情、生活方面都是如此。強而有力的科學證據顯示，了解自己對自己，以及別人對自己的看法的人活得比較快樂，做的決定比較明智，個人與工作上的人際關係比較好，會教養出比較成熟的子女。他們求學時是比較聰明優秀的學生，會選擇比較好的職業，也比較富創造力、比較有自信、比較善於溝通，比較不具侵略性、比較不會撒謊、欺騙、偷竊，工作績效較高且常常升遷，是高效領導人，帶領的部屬較有熱情。他們領導的企業甚至獲利較高。

另一方面，缺乏洞察力的人，輕則造成小麻煩，重則會招致大禍。就業務方面來說，個人的成就取決於了解自己是何許人，以及給予上司、客戶、部屬、同事什麼印象。在企業的階梯上爬得愈高，這個了解就更為重要，因為缺乏自我覺察力的高階主管使企業偏離軌道的可能性是百分之六百（根據研究顯示，每一位高階主管有可能因此使企業損失五千萬美元，十分驚人）。更普遍的情況是，欠缺自我覺察力的專業人員不但成就感較低，而且談到自己的下一個階段應如何發展時，往往不知所措。

這樣的例子不勝枚舉。在研究這個課題多年後，我敢說洞察力就是二十一世紀的主流能力。你在後面的內容中會看到，在今日世界取得成功最重要的素質，像是情緒智商、同理心、影響力、說服力、溝通力、合作，全都是從深度洞察力而來。換個方式說，若是沒有自我覺察力，不太可能掌握技能，使自己成為實力更堅強的隊員、領導人，以及良好關係的建立者，在工作與工作以外皆是如此。

我們對自己的ＥＱ都過度樂觀

對大多數人而言，比較容易選擇的是自我欺騙（這點是和自我覺察完全背道而馳），而不是面對冷酷無情的事實。當錯覺偽裝成覺察力（這種情況也屢見不鮮）時，更是如此。不妨來看一個比較現代的表現形式。

我最近看了崔維斯・布萊德貝利（Travis Bradberry）的暢銷書《情緒智商2.0》（Emotional Intelligence 2.0），訝然發現過去十年來，團隊情緒智商（ＥＱ）已有所提升。（ＥＱ的定義是發現、理解、處理自己以及他人情緒的能力，而且無數的研究已顯示ＥＱ高的人成就較高、面臨阻礙時適應力較強、抗壓能力較高，也比較擅長建立關係等等）。但在我組織心理學擔任主管教練的工作中，這項發現和我的觀察並不相符，至少我觀察到的是近年來低ＥＱ的問題不減反增。

直到做了那本書的線上評估之後，我才找出這個矛盾的來源。布萊德貝利的研究雖然涉及五十萬人之多，但他推論的依據卻是「研究對象的自我評估」。請大家不妨花一分鐘好好思考一下。想幾個你認識EQ最低的人，如果請他們自我評估EQ的話，你覺得有多少人會說自己至少是高於平均值？所以針對上述研究結果做出的另一個解釋，而且比較有可能的情況是：我們對自己的看法和自己的本質之間的落差日益加大。換言之，EQ的提升其實比較有可能是因為自我覺察力降低的緣故。[1]

在日益注重「自己」的社會裡，人們更容易落入這個陷阱。近幾個世代的人們都生長在一個沉湎於重視自我的世界，也經常被提醒自己擁有美好特殊的素質。也就是說，過分樂觀看待自己的誘惑，遠大於客觀檢視自己的本質以及別人對自己的看法。這不只是一個世代的問題，也不只是美國的問題，因為各種年齡、性別、背景、文化、信仰的人都對這個問題感到苦惱。

現在你可能聯想到你認識的那些自我感覺良好的人，並且在心裡暗笑，好比某位自以為是優秀的主持人，其實卻是在會議中發言時使每個人都在會議中睡著的同事；那位吹噓自己平易近人的上司，其實卻讓團隊成員惴惴不安；那個自以為「人緣好」的朋友，其實永遠是宴會中最令人尷尬

1　經常有人問我洞察力與情緒智商有何不同。這個問題最簡單的答覆，就是情緒智商主要是自己及別人在覺察情緒控制的能力，而洞察力則是涵義較廣泛的語詞，涵蓋超越情緒的內在特質，包括價值觀、情感、志向、適合的環境、模式、反應、影響力，以及別人對我們的看法。

的賓客。然而大家還需要考慮其他的事。如《聖經》所云：「你自己眼中有梁木，怎能對你弟兄說『容我去掉你眼中的刺』呢？」（馬太福音7：4）。不論是工作、生活、上課或是玩樂，人們很容易指責別人缺乏洞察力，但卻很少（就算有也是極少數）自問是否有同樣的問題。

事實上，雖然大部分人都以為很了解自己，但通常這種信心並無根據。研究證實，人們的自我評價「多半有實質性和系統性的瑕疵」，在評估自己的表現和能力時，無論是領導能力、開車技巧，或是在課業和工作上的績效，看法往往非常不準確。而且你知道最可怕的是什麼嗎？就是能力最差的人往往對自己的能力最有自信。

在大多數情況下，人們眼中的梁木，除了自己以外，在別人看來都是顯而易見的。音痴的大學生休學想當歌手；自吹自擂的老闆讀了很多商業書籍卻還是不稱職的領導人；家長很少花時間陪子女，卻自認為是「年度模範父母」；離過三次婚的婦人認為每次婚姻的結束都是前任丈夫的錯；或者自以為是軍事天才的上校，其實是處於一個盲目到難以認清自我的情況。

對自己的能力過度自信其實並非洞察力低落的唯一呈現方式。有時候缺乏明確的價值觀和目標，也會導致不斷做出一些對自己並非最有利的抉擇。又或未能理解自己對周遭之人的影響，也會讓同事、朋友、家人疏遠而不自知。

你認識的自己VS.別人眼中的你

假使缺乏洞察力就是上述所描述的諸多情況，那麼「具有洞察力」又是什麼意思呢？我對這個題目展開為期三年的研究時，原以為從找出這個問題的答案開始著手，會是一個簡單明瞭的起點。可是令我錯愕的是，竟然有許多相互矛盾的結果存在著。若是洞察力沒有一個明確的定義，我怎麼可能研發出一種實證方法，幫助大家提高此一能力？於是我和研究小組用數月的時間，參考七百五十多份研究報告，看看會出現什麼模式，結果發現兩個主要的自我覺察類別，分別是內在洞察力與外在洞察力，只不過奇怪的是，這兩者未必相關。

內在洞察力與清楚了解自己有關，是了解自己的價值觀、情感、抱負、理想的環境、模式、反應，以及對他人的影響。內在洞察力高的人做出的選擇往往與自己真實的一面相符，因此能夠過比較幸福美滿的生活。而缺乏內在洞察力者做事的方式，會與真正的成就和快樂產生衝突，像是他們會做一份不稱心的工作，或是維持一段不如意的感情，因為他們不知道自己要的是什麼。

外在洞察力則是從外界了解自己，亦即知道別人對你的看法。因為有外在洞察力的人可以從別人的觀點正確看到自己，所以能與人建立比較穩固和信任度較高的關係。反之，外在洞察力低的人則與別人對他們的看法脫節，所以聽到別人給他們的回饋（如果別人願意勇敢告訴他們的話）時，經常會大吃一驚。若是情侶，通常等他們聽到這樣的回饋時，愛情多半已經難以挽回。

要真正具有洞察力，就必須了解你對自己，以及別人對你的看法；而且，必須了解實現這個目標的途徑與大多數人所想的迥然不同。倘若這個說法聽起來有點嚇人或是站不住腳的話，好消息是，我的研究已證明，洞察力是種能夠培養的能力，這一點是出人意料的。

自我覺察力的升級版

華盛頓中校慘敗的這場戰爭終於在七月三日早上發生。一名先前遭屠殺的偵察兵的同父異母兄弟指揮七百人的敵軍大部隊，分成三個大縱隊對不堪一擊的堡壘發動突如其來的攻擊。儘管敵軍陣容強大，但是中校確信自己如同上次一樣會打勝仗。

敵軍從森林植被裡開始向他們掃射槍林彈雨，中校的軍隊因為所在位置毫無屏蔽，所以只能從戰壕跳起來朝敵人開火，盲目射擊的結果是失誤的居多。就在情況看起來惡劣到無以復加時，滂沱大雨又開始浸濕整個草原，把他們的堡壘變成泥坑，彈藥也全被淋濕報銷。

這場戰役只持續一天，但是中校卻要付出超級慘痛的代價。與敵方僅三十人陣亡相比，他這一方在泥濘浴血草地戰場上的傷亡人數有上百人。七月四日這天，上校投降了，用一種

具有內在洞察力的人，未必也有外在洞察力

人們認為，一個有內在洞察力的人當然也會有外在洞察力，並認為了解自己的感受和情緒，有助於理解別人對自己的看法。可是奇怪的是，包括我所做和他人做的研究都顯示兩者之間通常並無關連，有的研究甚至顯示逆相關！你可能認識某人喜歡過度自我反省，但是卻不太了解別人對他們的看法。

舉例來說，我認識一個人，他為了「讓自己更好」，每年在心理治療和禪修上面一擲千金，可是他的朋友們卻認為他這個人毫無自知之明、麻木不仁，而他對別人的看法也渾然不覺。但是反過來說，這個問題的另一面也很危險，因為太關注別人對自己的看法，可能會使人無法做出讓自己幸福和成功的抉擇。

他不會說的語文簽署一份文件。（此舉等於是無意中承認犯下戰爭罪，造成的影響將困擾他數月之久）。

最後的羞辱是中校和他倖存的士兵們撤離返鄉時，無力阻攔敵人搜刮駐軍的行李。潰敗的軍團僥倖在這場空前的災難逃脫之後，被分成十個編制較小的連隊，不願接受降級為上尉的華盛頓因而退伍。

關於這場難堪的戰役，以及對現實有錯覺、剛愎自用、該為吃敗仗負責的這名男子，我沒有告訴你的是，那年是一七五四年，地點是大草甸（Great Meadows），就在現今的賓州，而這位上校正是喬治．華盛頓。必需堡戰役不久便演變成「七年戰爭」，英國作家霍瑞斯．沃波爾（Horace Walpole）寫道：「維吉尼亞州一個年輕人在美國蠻荒林地發射的子彈（會）使全世界起火燃燒。」這是華盛頓頭一次，也是最後一次向敵軍投降。

以華盛頓享有英勇將軍、卓越政治家以及國父的聲譽來說，他二十二歲的菜鳥行為相當令人震驚。但這正是問題的關鍵：雖然他後來成為一個英明內斂、有深度洞察力的政治家，但一開始卻是輕率魯莽、傲慢、毫無自知之明、自命不凡的人。史學家亞伯特（W. W. Abbott）說：「華盛頓的傳記主要是一個人構建自我的故事。」只要去檢視這個構建的過程，就會發現許多成功的自我覺察過程是什麼樣的軌跡。

華盛頓一．〇版看不見或不承認自己的缺點，但是華盛頓二．〇版卻樂此不疲的要找出這些缺點。「我能忍受聽別人把過失轉嫁給我，或者說出我真正的過失，」日後的華盛頓這樣說，「想要有面對真我的勇氣的人都必須這麼做。」華盛頓一．〇版不在乎別人對他的看法，但是華盛頓二．〇版會「研究各方面的重要決策，分析別人怎麼看他的行動」；華盛頓一．〇版因為自我感覺良好而受到重挫，華盛頓二．〇版則是以謙遜的態度和更崇高的理想來調整他的雄心壯志。例如，國會推選他當上總統時，他謙虛地說：「我知道賦予我的任務艱巨無比，我自認為有能力去完成……但是我能承諾的是，我會真心實意的全力以赴。」

雖然喬治．華盛頓只有一個，但是還有許許多多其他的人——專業人士、家長、教師、學生、藝術家，在自我覺察方面都有類似的轉變。我這三年來研究這樣的「異類」，他們在自我認知方面有奇蹟般的顯著提升，並獲得豐厚的回饋。你在這本書中將會看到他們能激勵人心和富有教育意義的故事。

有自知力的獨角獸

其實研究這些異類並非我原始的計畫。我剛開始做研究時，和研究小組看完每一份洞察力研究報告後，原是預計訪問數十名「自我覺察力高的人」。我的邏輯是：只要知道他們在做的事，就可以解開這些人成功的祕訣。不料我卻陷入了困境。訪問那些天生具有自知之明，又一向具有覺察力者（至少作為成年人是如此）的結果竟然毫無意義，讓我跌破眼鏡。我問受訪者他們如何保持自我覺察，他們說的都是這一類的話：「我不知道——我猜想我只是盡量自我反省吧」，或是：「我從來沒有想過，就只是這麼做了」，或者：「我猜我天生就是如此吧」。事後回想，其實我早該料到有這樣的情況才對。

在一陣苦思之後，我突然醒悟，想要破解深度洞察力的密碼，該做的不是從那些天生就有覺察力的人身上尋求答案，而是必須去找在成年後的生活中，那些在覺察力有顛覆性與戲劇性提升的人。換句話說，我「必須研究並非一開始就有自我覺察力的人」才是正確之道。

後來在開始研究這些有自知力的人們時，我和研究小組採取兩個嚴格的標準。第一，他們必須經由自我評定，並且也經由很了解他們的人評定是兩種覺察力（內在和外在）都高的人；第二，他們在成年生活剛開始時的覺察力必須是低度到中度，但後來慢慢大幅提高，而且同樣也是經由自我評定和由很了解他們的人所評斷。

在世界各地調查數以千計的人之後，研究小組找出五十位符合這兩項標準的人。我的一位研究助理開玩笑，但很貼切的稱他們為「有自知力的獨角獸」，畢竟他們既稀有又特殊，是大部分人認為不是真正存在的生物！這一個說法就這麼沿用下來。這些具有自知力的獨角獸來自各行各業，值得注意的是，他們無法歸納出工作類型、行業、年齡、性別、教育、民族血統，或任何人口統計的特徵及模式，他們可能是專業人員、企業家、藝術家、學生、教師、全職父母，或高階主管（甚至有一位是《財星》雜誌排名前十名的行政總裁）等等。但是這個多樣化的群組確實有兩個共同點，那就是認為具有自我覺察力非常重要，同時也終身致力於培養與強化這項能力。

為了讓你更了解這些獨角獸真正的面貌，我不妨分享頭一次明白自己面對的是一個獨角獸的情形吧。

不再沉默的鬥士

時間約莫是在奈及利亞奇博克鎮官立中學舉行考試的那幾天，兩百七十六名女學生在一番苦讀之後沉沉睡去。二〇一四年四月十四日清晨，這份安寧被一群衝進漆黑宿舍的男子破壞了。這群男子向這群驚慌失措、懵懵懂懂的女學生保證：「我們是警衛，是前來協助你們的。」

這些驚恐的學生一離開安全的宿舍後，便在槍口的威脅下被送上卡車，載到薩姆比薩森林一個防守嚴密的營地。原來這些男子是奈及利亞恐怖組織「博科聖地」的成員。在我執筆寫這件事時，雖然已有五十七名女學生設法逃脫，有二十三人被釋放或被救出，但其餘一百九十六人的下落是否能找出仍然難說。這起事件雖然引起全球的關注，但未廣為人知的，是奈國軍方在這起攻擊事件前有四小時的時間可以發出警告，他們也知道這些女學生被挾持的確切地點，卻保持緘默。

奈國一家石油和天然氣公司三十四歲的經理佛蘿倫絲・奧佐（Florence Ozor）聽到這個消息時，人正在紐約。她起初認為此事太荒謬了，絕無可能，但不久便明白確有其事，真是既可悲又令人難以接受。她必須有所行動——但是要做什麼呢？

佛蘿倫絲一向覺得最愜意的事就是在家裡看書。她的個性並不外向，而且向來刻意保持低調，在工作和在團體裡皆是如此。像她這樣一個不喜張揚，避免被貼上浮誇或傲慢標籤的人，當然不是你認為會在反恐戰爭第一線看到的人。可是冥冥之中自有安排，最近發生了一些事，讓她有了一番深刻的自我認知，改變她這一生的軌跡。若說自我覺察是一個旅程，那麼自我認知就是旅途中「頓悟」的瞬間。自我認知是為加大馬力的跑車在自我覺察的公路上提供動力的燃料，有了這些燃料，就可以踩油門，沒有它們，就會被困在路邊。

就在奇博克鎮的女學生被綁架的前幾天，她在華府參加《財星》雜誌和美國國務院舉行為期四周的培訓活動。一天早上，佛蘿倫絲參加一個敦促媒體推動社會改革的分組會議，但是會議內容讓她相當不舒服。在她看來，這個小組會議號召的行動有如對媒體掛出一塊寫著「看過來！」的霓虹招牌，非常招搖。她一向有正義感，但並不會大張旗鼓地採取行動，因為她的個性安靜內斂，唯恐踏上世界的舞台會讓太多人進入她的生活空間，到時候會產生不可避免的結果，失去隱私權和主控權，所以她更傾向於低調地在小團體裡進行奮鬥。

可是小組交流結束不久，佛蘿倫絲返回旅館房間後，內心防衛的堤壩突然潰決，她意識到自己想要保護的隱私，和她想要為這個世界帶來的改變相比，實在是微不足道。在奇博克鎮女學生被綁架的當天，這個決心更大為加深。她憑直覺在瞬間做出一個決定，就是不論有什麼危險，不論必須放棄什麼，挺身而出救出這些女孩子是道德義務。她在心裡發誓：「我絕不再因為害怕受人矚目就迴避事情，我一直都是個為正義與真理而戰的鬥士，讓全世界知道了又有何妨？因為我就是這樣的人。」

等佛蘿倫絲從紐約回到家時，「把我們的女孩帶回來」運動已開始席捲全球，可是奈國政府仍然沒有採取行動。大約在此時，有一位了不起的女子名叫巴拉．烏斯曼（Hadiza Bala Usman），她組織了一個團體，要求國際社會與奈國政府對此做出回應。佛蘿倫絲便懷著自己能夠發揮更廣泛影響力的自我認知，參加了這個團體在奈國首都阿布賈舉行的第一次抗議活動。在傾盆大雨中，水泥建造的龐大紀念建築「團結噴泉」，不斷把水柱噴向空中達數層樓高，而他們便在噴泉附近聚集。在這裡舉辦抗議活動並不只是為了傳達他們團結的願望，他們也必須接近奈國的國會，表達救援的理念，直到他們的心聲被聽見為止。

在這個過程中，他們面臨了打手的恐嚇威脅和騷擾，對方拿著棍子追趕他們、偷取他們的手機和相機，甚至拿椅子從背後砸他們，而警察以及公職人員卻始終視若無睹，袖手旁觀。可是沒有任何事情能動搖他們的決心。佛蘿倫絲和她的同胞們會一直要求採取行動，直到這些女孩子安全返家為止。

經常有人告訴佛蘿倫絲，當她走出她的小圈圈進入公眾視線時，讓他們都跌破眼鏡。剛開始她說，連她自己都感到驚訝，但是她後來了解這不全然是一個新的決心，只是以前從未如此強烈表現出來罷了。

自此以後，佛蘿倫絲不斷遠播的名聲使她得以對她的祖國、她所在的國家，乃至全世界產生更深遠的影響。例如，她透過以自己名字命名所成立的基金會，重點是關注在非洲大陸創造機會、增進成功、促進繁榮。二〇一四年，他們發起一個無黨派的公民行動，宣導奈國公民共同參與選舉的理想。他們展開一個影響深遠的媒體活動以利用輿論的力量，使奈國人民知道該去哪裡投票，以及為何要投票。選舉被推遲舉行時，他們與其他組織合作舉辦抗議遊行，表示奈國人民不接受選舉延宕。儘管面臨恐怖主義空前的威脅和暴力，但仍有將近三千萬奈國人民在二〇一五年三月二十八日前往投票，這主要都是得益於他們的努力。

佛蘿倫絲對自我覺察的努力，促使她做出有助於長期成功和快樂的抉擇，幫助她了解自己對這個世界可以發揮的影響力，也幫助她找出自己的天職。自從這個關鍵性的自我認知指引她新的方向以後，她發現自己接觸的人更多，可以發揮的影響力更大。（順帶一提，我很了解佛蘿倫絲，所以毫不懷疑她會實現自身的宏願，或許還會如我經常對她說的那樣，成為奈國首任女總統。）

邁向自我認知的新境界

我在為這本書蒐集資料時，有幸採訪福特汽車前執行長艾倫・穆拉利（Alan Mulally），他帶領福特轉虧為盈，是商業史上逆轉勝最成功的案例之一，也是我心目中的英雄人物。

當時我們是在斯科茨代爾陽光燦爛的露台上進行採訪。在訪問一開始，我便向他提出一個相當直接的問題：假設他如我所料經常受到訪問邀請（他通常每星期會收到數十個邀訪），那麼他為什麼同意接受我的訪問？他眼裡閃耀著光采，笑著回答：「因為還沒有人寫過這樣的書，而這樣的書有寫出來的必要。在我的職業生涯以及我人生中有一個重要的道理，就是無論是在工作、家庭或生活之中，能獲得自我提升的最大機會就在於要對自己擁有深度洞察力。」

我非常認同他的話。儘管有許多管理智庫和企業領導人都頌揚自我覺察，卻鮮少有人有系統的嘗試用科學方法仔細觀察洞察力究竟從何而生，以及如何能擁有更多這樣的能力。基於這個緣故，我研究的主要目標是幫助大家提高洞察力，進而實現個人的追求和獲得事業成功。

本書是為了任何想要從自我盲目大步跨向自我認知，期望能帶來更明智的抉擇、更穩固的人際關係、更美好生活的回報的人所寫，目的是要幫助你避開障礙和錯誤的歧路，提供你能建立有自知之明的新法則，並讓你知道如何在這個洞察力日益降低的世界中生存和成長。

在本書第一章，你會了解構建洞察力的組件和障礙。第二章將從打造洞察力的自我認知七大支柱開始，在了解洞察力真正的涵義後，還會告訴你有哪些障礙，並且學習將之清除的方法。第三章將深究心理障礙，這些障礙不但妨礙自我覺察，同時也會讓人誤認為自己具有洞察力。第四章會討論洞察力最大的社會障礙，也就是自我崇拜，這讓人變得只關心自己，而且較缺乏自知之明。

第二部分著重於剖析內在洞察力。我會在第五章推翻許多關於提升自我覺察力的迷思與愚行。你會發現反省何以無法有益於自我覺察，那些尋找關於自身真相的人何以最不可能尋得。許多常見的內省方法，像是進行心理諮商治療和寫日記，其實都有隱藏的陷阱。一旦確定做哪些事情無法提高內在洞察力後，第六章就會告訴你能夠加以提升的做法是什麼，並提供可以立即應用的數種實用方法。

第三部分是關於面對外在洞察力的驚人迷思和事實，並說明人們何以無法獨力完成外在自我覺察。儘管我們往往自以為了解別人對自己的看法，但常錯得離譜。第七章會讓大家了解對外在洞察力最大的誤解，像是自己哪些地方做得不錯，又有哪些尚待改進。我們很少能得到他人對自己客觀而坦誠的資訊，我會提供幾個能破除這些障礙以及尋求回饋意見的方法，而且在工作和生活方面皆適用。最後，在第八章會學習如何聽取他人的建議而不會大怒反擊或鴕鳥心態的轉身逃跑，以及如何在採取行動解決問題的同時，誠實面對自己。

第四部分是宏觀地進行全面性的思考。第九章會仔細觀察優秀的領導人如何培養團隊和組織的洞察力。你會看到強迫團隊成員坦率直言何以會造成代價相當大的錯誤，因為如果沒有先架構好某些組件，便會適得其反，妨礙覺察力，使大家更沉默噤聲。最後我會提出一個循序漸進的過程（這是我用了十年以上的方法），以一個比較安全、直接而有效的方式，讓你的團隊成員能彼此交換意見。

第十章具有崇高而且重要的目標，就是幫助你在可貴的人生觀日益與現實相背離的世界裡生存和成長。當我對別人說起我的研究時，他們多半會問：「那可以麻煩你幫我處理那個誰誰誰（他們認識的某個對現實有嚴重錯覺者的姓名）的問題嗎？」我們當然無法強迫別人變得有認知力，但是我們能減輕他們帶來的負面影響，而且能幫助他們減少錯覺的策略也多得出乎你意料。我還會在本書最後介紹「自我認知的七日挑戰」，這個切合實際並已經過千錘百鍊的方法，是用來幫助你在自我覺察旅程中所設計的一些速效方案。假使你比較感興趣的是能產生「約束行動力」的指南，我建議你到 www.insight-book.com 網站下載手冊。

人可分成兩種——自認為有洞察力，和真正有洞察力的人。我大膽地假設，是想讓世界充滿後者。自我覺察的障礙處處可見，但藉由外在的眼睛和一些有力方法的幫助，跨越這些障礙並非不可能之事，與此同時，也為全新的信任度和成功打下基礎。畢竟，若缺乏覺察力，如何規畫出一個能帶來幸福快樂的路線？抑或是建立深交持久的人際關係？或者實現真正的目標？希望這本書對這三個事實而言，能發揮警鐘提醒的作用，亦即洞察力是良好生活的完美基礎，展開自我覺察的旅行是有可能的，而且為達到此一目的所付出的勇氣和努力是非常值得的。

第一部

培養洞察力的障礙與基石

第二章
認識自己的七種方法

發現不懂之事，就是獲得知識的開始。

——法蘭克・赫伯特（Franklin Herbert），美國科幻小說家

數千年來，中美洲是由馬雅人所主導的地區[1]。在考古學家於十九世紀初開始研究這個非凡的文明之前，他們的遺址荒廢將近千年之久。自那時起，我們發現了馬雅人生活方式非常具體的細節。例如，遠在我們所知道的現代曆法出現之前，馬雅人就是用天數和月份來計算時間。他們擁有複雜難懂的天文學知識；在最不可思議的地方栽種作物；不靠金屬支架或機器就能建築巨大的宮殿亭閣，甚至還被認為發現了製造橡膠的方法。

可是在這些突破性的發現中，有一個更大的謎團困擾考古學家長達一個多世紀。馬雅文化是人類史上人口最多的文明，在公元八〇〇年達到最高峰，但是到了公元九五〇年，百分之九十五的人突然神祕消失了。為什麼會發生這個現象？科學家提出幾個理論，包括發生像地震或火山爆發之類的災難事件、西班牙殖民者帶來病毒與可怕的內戰，可是多年來一直沒有找出具體的答案。

然而這麼多年來，其實證據就在眼前，只是科學家們沒有用適當的方式把這些訊息連接起來。後來，好不容易才有人這麼做了。二〇〇五年地理學家賈德・戴蒙在他的書《大崩壞》中提出，馬雅人的消失是因為大規模的砍伐森林，加上長期乾旱造成作物歉收、貿易轉移，隨著居民遷移他處，城市便慢慢被雨林吞沒。這個說法雖未獲得一致認同，但是大部分科學家認為戴蒙終於徹底解開這個重要的馬雅謎團。

自我覺察沿循的模式也與此類似。一如馬雅遺址在被考古學家發現之前被廢棄很多世紀，自我覺察的課題則可以回溯到西元前六〇〇年，但直到近四十年才以科學的方式詳細研究。數千年來，自我認知訓練被局限於哲學與宗教的範疇。像是羅馬哲學家普羅提諾認為幸福是經由「了解真實的自我」而獲得，與此近似的觀念中，最著名的可說是古希臘七賢在德爾斐的阿波羅神殿前庭鐫刻的這句話——「了解你自己」，而柏拉圖在闡述蘇格拉底的學說時對這句箴言也有所強調。

深度洞察力＝認識自己＋了解別人對你的看法

雖然大多數人會把自我覺察和佛教聯想在一起，但其實幾乎每一個宗教傳統都肯定自覺的重要性。我們在第一章中看到在基督教教義中提供關於我們（和別人）眼中梁木的寓言。還有，孔子建議修己治人，印度《奧義書》說「對自我真性的探索就是知識」；在猶太教，自我認知一直被稱為

—— 1　以猶加敦半島、瓜地馬拉、貝里斯、墨西哥，以及宏都拉斯西部和薩爾瓦多為中心。

「自我提升的先決條件」；十世紀穆斯林哲學家阿維森納說：「自我覺知對靈魂至關重要，（我們的）自我覺知就是我們的生存。」

可悲的是，等研究自我覺察的專家好不容易有機會了解這個主題時，卻犯了許多和馬雅考古學家同樣的錯誤——花費多年鑽研細節，見樹不見林，犧牲了更大更重要的問題。結果呢？做了一堆雜亂無章而且多半是外圍的研究，根本沒有人願意設法把這些研究聯繫在一起。所以當我著手總結當前與自我覺察有關的科學知識時，一開始找到的問題比答案還多。這些問題都從最核心的問題開始，就是：自我覺察到底是什麼？

上一章提到過，我剛開始展開研究計畫時，訝然得知自我覺察研究最大的一個障礙是對它的定義不一致。在一九七〇年代初，心理學家雪莉·杜瓦和羅伯特·韋克蘭是最早以科學方法研究他們所謂的「覺察力」結構的專家，可是他們選擇以「短暫的自我覺察狀態」定義它（舉個例子，就有點像是你參加一個聚會，但在那裡你誰也不認識，就是「別人都在看我，我想要回家」的感覺）。其他研究員所給予的定義也五花八門，從自我檢視、思考別人對自己的看法，到對我們如何看待自己以及別人如何看待我們之間的落差。不過在我看來，這些定義大都沒有抓到重點[2]。何以如此說？因為「把重點放在自己身上」並不表示「了解自己」。

在我從事組織心理學工作所獲得的心得中，始終有一個不爭的事實就是：清楚認識自己的人事業更成功，生活更好，他們能直覺理解到什麼事情對自己重要、自己要完成什麼事情、自己的言行舉止是否合宜、別人對自己的看法如何……等等。遺憾的是，我在科學文獻中找不到類似這樣的自我覺察定義。事實上，現有的研究所勾勒出有覺察力的人，大多不太是開悟的達賴喇嘛的樣子，反而比較偏向於神經質的伍迪・艾倫的模樣。（請勿見怪，艾倫先生，其實我很喜歡你的電影！）顯然研究員對自我覺察的定義與自我覺察實際的形象，在真實世界中有巨大的落差。

於是我和研究小組花了一年多的時間，找出現實生活中構成自我覺察的元素是什麼。我們得到以下這個定義：自我覺察是了解自己，以及了解別人對你的看法之意願和能力。更確切一點地說，我們發現這些獨角獸（也就是我們的研究對象，他們是在成年後才大幅提高自覺）擁有七種獨特的自我認知能力，包括他們了解自己的價值觀（引導生活方式的原則）、熱忱（喜歡做什麼事）、志向（想要體驗和達成的事）、適合的環境（能快樂地融入身處的環境）、模式（一致的思考、感受和行為方式）、反應（展現自身能力的想法、感受、行為）、影響力（他們對別人的影響）。

打造自我認知的七大支柱

這一章將說明自我認知七支柱的本質，開始幫你建構培養自我覺察豐富且多面向的思維能力，接著再討論自我認知另一個同樣重要的面向，就是要想具有真正的覺察力，不能只靠自己，也必須知道別人對自己的看法。

2 有少數一些值得注意的例外，例如研究員安東尼・葛蘭，在第五章中會對他的研究有更多的了解。

一、對自我價值觀的覺察

價值觀決定自己想要成為什麼樣子的人，也能提供評估自己行為的標準。

富蘭克林是一位著名的政治人物、發明家，也是最受喜愛的美國早期政治人物之一。不過這位文藝復興時期人物較不為人知的一項成就，是他在成年後獲得令人難以想像的自我認知。因為他比喬治・華盛頓年長將近三十歲，所以富蘭克林有可能才是美國第一位獨角獸。

富蘭克林於一七〇六年出生於波士頓，在一個肥皂工人家庭排行第十。他十歲時因為家裡經濟拮据而被迫輟學；十二歲便跟著哥哥詹姆斯在一家印刷行當學徒。一七二三年，在被哥哥虐待（用現代的說法是：霸凌）多年後，富蘭克林逃家，到費城展開新生活。短短三年後，他就經歷過兩次生意失敗，還多了一個私生子。（和華盛頓的情況一樣，大部分歷史課本都會粉飾這些不光彩的事實。）

富蘭克林雖然自小在長老教會的環境下長大，卻很少去教會，因為他稱自己對於教會「缺乏教導或執行任何道德原則」的做法很不以為然，而且頗為失望。這個令人沮喪的結論，再加上他童年時期的艱辛和早年輕率的選擇，使得富蘭克林致力追求「臻於道德完美之境」。因此，他在二十歲時，創立一套他想要遵行的生活原則：

一、**節制**。食不過飽；酒不過量。

二、少言。言談務必要對己或對人有益，不聊八卦是非。
三、秩序。物歸其位，事定時限。
四、決心。該做的一定要做，要做的就一定做好。
五、節儉。對人或對己有益才可花錢，杜絕浪費。
六、勤奮。珍惜光陰，做有益之事，避免無謂之舉。
七、真誠。不惡意欺騙，思想純潔公正，言行一致。
八、正義。害人之事不可做，不逃避自己的義務。
九、中庸。不走極端，容忍為上。
十、整潔。衣著整潔，住所乾淨。
十一、冷靜。臨危不亂，處變不驚。
十二、節慾。少行房事，除非是為身體健康或者延續子嗣；切忌房事過度，傷害身體，或者損害自己或他人的安寧與名譽。
十三、謙遜。效法耶穌和蘇格拉底。

富蘭克林稱上述原則為「美德」，亦可稱為「價值觀」，而這就是打造自我認知的第一個支柱。的確，培養一套核心原則，引導自己建立所想要的生活方式，這是邁向深度洞察力的第一步，也是關鍵的一步。

富蘭克林的做法使最勤於自我覺察的獨角獸也相形見絀，他用一本「小冊子」追蹤實行的進度，評估自己的行為，在小冊子的空白處填寫西塞羅（古羅馬政治家）、《所羅門的箴言》、詹姆士・湯森（James Thomson）的勵志名言（富蘭克林還發明雙焦鏡片、潛水用的腳蹼，他也是傑出的科學發明家）。小冊子的每一頁都有個紅色表格，每項美德自成一列，而當周的每一天自成一欄。雖然他每個星期會特別著重某一項美德，但是他會在每天結束時回顧整份表格，若當天他的行為沒有表現出某項美德，便在那個欄位畫上一個小黑點。

節制：
食不過飽；酒不過量

	周一	周二	周三	周四	周五	周六	周日
節制							
少言	**	*	*	*			
秩序	*	*	*		*	*	*
決心			*		*		
勤儉		*			*		

勤奮			*				
真誠							
正義							
中庸							
整潔							
冷靜							
節慾							
謙遜							

雖然並非所有有自知力的獨角獸都像富蘭克林一樣堅持不懈，但的確也有很多人運用類似的方法自我檢視。以我所研究的一位年輕專業人士為例，他是把自己的價值觀表單貼在冰箱上，在每天煮晚餐時，就會檢討自己當天的行為反映出這些美德的多寡。

除了有計畫地身體力行自己的價值觀之外，很多獨角獸也花時間和精力灌輸子女這些價值觀。（請參閱附錄A，有一些問題能幫助你探討自己的價值觀。）

二、對自我熱忱的覺察

> 熱忱是要明白自己真正熱愛的事情是什麼。

亨利・梭羅說過：「做自己喜愛之事。了解屬於自己的那塊骨頭；好好地啃它，然後埋進土裡，之後再挖出來，再啃。」梭羅說得對，當人了解自己的愛好，也就是自己喜愛做什麼，就是找到了一塊可以啃一輩子的骨頭。

我的朋友傑夫是個獨角獸，他的興趣可以溯及族譜。他從外公那裡遺傳到工程師的頭腦和對事情運作原理的好奇心，從爺爺那裡遺傳到追求精湛技藝的態度以及討厭無聊的個性。他一開始的工作都與科技有關，從電腦系統管理員到高等教育軟體設計師。後來，他發現自己對建築設計比較感興趣，起初這個新的喜好來得悄無聲息，後來迫切到令他無法忽視，於是他便放棄了科技業的工作，攻讀建築碩士班。

傑夫在畢業後找到一份建築師工作。但日子沒有他想像中充實，也會有一些惡劣的顧客要應付。生性內向的傑夫，發現自己在開放式的辦公室工作倍感壓力，而且工作量大，有些案子更令人覺得索然無味。工作日益難熬，回到家後他只感覺疲累又空虛。終於有一天，他忍不住自問：「接下來三十年我能一直做同樣的工作嗎？」答案是清楚而響亮的「不能。」

傑夫花了數月時間想清楚自己下一步要怎麼做。他盡可能列出喜歡做的事情，並將之排列組合，以找出適合自己的模式。這時候傑夫終於凝神聆聽多年來一直被自己置之不理的那個嘮叨聲音，他發現：「我不會真正感到開心，除非是為自己工作。」

他決定探索日復一日為自己工作真正的感覺會是如何，經過深思熟慮後，終於選定了下一步。他以前設計過軟體，架設過網站，設計過建築物，他打算要開一家顧問公司，協助建築師和企業主設計自己的公司。如今，傑夫做著自己喜歡的事，同時也協助別人做他們喜歡的事（這就是自我覺察的良性循環）。最後還有一個開心的地方，就是他可以在家工作。

探索自我熱忱的歷程，讓傑夫了解他並不熱中於找個一做就長達三十年的穩定工作，而是傾向於追隨自己對設計的好奇心，一路往前。

（請參閱附錄B，有一些問題能幫助你探尋自己的熱忱。）

三、對志向的覺察

> 志向是持續的，它永遠無法完全實現，我們每天醒來都能再次被它激勵。

企業家何賓也經歷過類似的「中年」事業危機，只不過他的危機來得稍早一點。何賓二十三歲時感覺自己的人生好像已經就此完蛋，因為他花了十八個月，還用了別人資助的數十萬美元成立的一家創投公司，以失敗告終。他完全破產，一切都化為烏有。他意志消沉地躺在床上多日，隔絕外界，還萌生自殺的念頭。好不容易擺脫這段黯淡期之後，他明白自己需要擬訂一個計畫，於是把他差點要結束的人生想要達成的事項表列出來。

何賓出生於南韓首爾，出身貧窮，家人在他十四歲時移民美國。他的父母靠清潔大樓勉強維持生計，何賓也會盡量幫忙，常在垃圾堆裡回收汽水罐換取微薄的幾文錢。這一家人住在只有一間臥房的公寓；何賓睡主臥室，父母則在客廳打地鋪。他決定要為自己開創未來的好日子，後來成為家族裡的第一個大學畢業生。

遭逢人生巨變後的何賓，所列出的清單裡，包括了諸如認識理想的女子、重新創業、學會騎摩托車。我知道你現在以為我要告訴你的是放下這本書，立刻開始列出你的人生目標清單。可是別急，何賓的故事出現了意外的轉折。多年後，他搖身成為搞笑網站「偶可以粗個吉士堡嗎」（I Can Has Cheezburger，也叫做「貓咪逗趣圖文」的發源地）的總裁，並於二〇〇七年買下這個網站。然而他感覺自己的人生還是缺少什麼，但又說不出所以然來。

有一天，他與一個投資人共進午餐，討論他正面臨的一些困難。他說：「我有一些目標，全是我想要完成的事情。」就在此時，對方丟下一枚重磅彈，最後引發爆炸性的轉變。「目標不重要，」這位投資人說，「重要的是完成目標的過程。」

這句午餐時的珠璣慧語成為一個催化劑，促使他進行長達一年的思考，用何賓的話說，就是要「找出我會出現在地球上的原因」。他沒有在人生想要取得成就的清單裡增添更多重要項目，而是開始自問一個更為核心的問題：自己對人生到底有什麼期望？後來他意識到答案其實很簡單：就是盡量和他所愛的人一起感受這個世界。當時是二〇一〇年，他已有能力與愛蜜莉（也就是他認識的理想對象，所以他完成了清單上的一項目標）做點特別的事情，而他便這麼做了。

二〇一五年，何賓決定卸下「吉士堡」的職務，並立即和愛蜜莉展開難得的環遊世界之旅。他還不知道這個旅行會帶他前往何處，但有一點可以確定，就是這趟旅行比完成一大堆目標清單上的事情更有意義。

了解自己的志向，人生真正的意義是什麼，何賓的故事提供了解答這些疑問一個有力的例證。更重要的是，這個例子顯示設定目標是相對容易之事，但未必能導向真正的自我認知，或是幸福快樂。因此要問的不是：「我要成就什麼？」更好的問題是：「我對人生真正的期望是什麼？」目標可能會讓人在達標後感覺失去勁頭、感到失望，但是志向則絕對不會全部實現；每天早上起床後，我們仍可能重新被這些志向激發動力。就算不是位居令人稱羨的職位，不能辭職去環遊世界，但是人人都能夠藉由了解自己想要體驗和完成的事情是什麼，而讓此生過得更好。

（附錄C的問題有助於探討自己對於抱負和志向的追求。）

四、對自己與環境適合度的覺察

> 適合自己的環境，能使人開心與投入工作，做起事來更事半功倍。

我早期曾和一位銀行業者（也是位獨角獸）合作，我們不妨稱他山姆吧。山姆沉默寡言，但擁有十足的自信，並具備能與每個人完美溝通的難得能力，他一畢業，就在某家日益成長的銀行得到一份高薪的工作。

當然，工作沒有完美無缺的，山姆很快就體認到他的經理是他覺得不舒服和挫折感的主要來源。山姆和新主管的工作方式幾乎完全相反，山姆用聆聽和交流的方式與人共事，他的經理則是用妄下結論和採取恫嚇的方式讓員工膽戰心驚。他們和潛在客戶會面時，山姆會細心詢問對方的需求，而經理則是強迫對方要當場馬上做決定，不但無法帶來新客戶，反而使短期客戶流失。然而，當時公司對山姆這樣重視花時間與準顧客建立信賴關係的員工幾乎未提供任何支持，只有給予盡快成交的壓力。

山姆在摩擦和競爭的氛圍下感到焦躁不安。當他仔細審視導致壓力的原因後，發現原來自己強烈需要和同事及顧客建立深入而長期的合作關係。他了解這一點在現有的工作環境裡可能永遠無法實現，於是他知道自己必須離開才是上策。

因為山姆很有才幹，不久便在一家以客為尊的公司找到工作，並且很快成為部門績效最好的員工。在其他層面也都往正向發展，包括女友答應了他的求婚。

當人確定自己所適合的環境之後，亦即能使自己開心與投入工作所需的環境類型，便會事半功倍。這包括了解簡單的事實，例如你在旅行時會比較開心，或者是在晚餐後需要跑步；以及有更深刻的自我認知能讓你生活更快樂，例如可以讓你受益良多的合作夥伴類型，或是會讓你表現出色的公司型態。（為了幫助你釐清最適合自己的工作、人脈關係等困惑，請參閱附錄D的問題。）

在很多方面，「適合自己的環境」這個支柱是建立在前三個支柱之上。因為只有知道自己的價值觀、喜歡什麼、想要有什麼樣的生活體驗，才能開始建立理想環境的圖像。

五、對自己行為模式的覺察

意識到自己的行為模式，特別是打敗自己的模式，將有助於自我改變。

如果請你描述自己的個性，你會如何回答？你可能會說自己是一個積極的人，或是善良的人。或者，若是你最近做過人格測驗的話，說不定結果顯示你是一個ＩＮＴＪ（內向／直覺／理性／判斷）／黃色／督促者／分析—概念型的人。

心理學家通常用「人格」來形容行為模式，而這些模式就是人們在不同情境下所做出的一致性思考、感受及行為方式。例如，如果我有一天早上對同事厲聲說話，我有可能只是疲累。但如果我大部分早上都對她咆哮，那麼她非但不會邀我共度同事們在辦公室一起吃吃喝喝的快樂時光，理論上我可能還有一個多刺的模式。

人格測驗最早是為了協助美國陸軍選拔士兵的需求而開發，心理學家自第二次世界大戰以來便一直忙於從這些人格測驗中歸納出人類的個性。大多數的商業界人士都做過人格評量，不論是邁爾斯・布里格斯性格分類法，還是霍根評量、ＤＩＳＣ人格特質分析、覺知、全腦思維科學分析、社交型態、五大人格量表（ＮＥＯ）、伯克曼性格色彩測驗、柯塞氣質量表、四色人格特質……天啊，我還可以滔滔不絕地細數下去，不過就到此為止吧。光是美國，市場上就有兩千五百種以上的人格評量，其中有些評量的效度遠勝於其他。然而即便獨角獸們視這些評量為自我覺察力的里程碑，但他們也說靠自己並無法培養真正深入的自知力。

更重要的是，光是了解自己在大部分情況下的行為模式並不夠，還必須觀察在特定情況下的行為模式才行。我來舉一個無傷大雅（雖然有那麼一點點丟臉）的例子。數年前，我和一群企業的負責人與高階主管在烏干達合作。我們開會的地點是個美麗而隱蔽的休閒中心，必須坐船才到得了。我們這群人到達碼頭時，那裡停了兩艘船，一艘船給我們坐，另一艘是運送行李。但是我立刻開始焦慮，雖然當時我並沒有意識到此事。在坐船那段相當長的時間裡，我內心一直在為究竟能不能和我的行李團圓這個愚蠢的問題煎熬。當然，之後我們一行人跟行李都安然抵達了。

現在再說到另一次旅行，這一次是為了在宏都拉斯舉行的一個領導力研討會。我的客戶包了三輛廂型車到機場接大家，兩輛給我們乘坐，一輛運送行李。我們到達旅館時，所有的行李都已經被卸下車，但是這一次，我的行李遍尋不獲。四處尋找後，終於發現它被遺漏在機場，這時候我徹底崩潰了。我行李箱裡的每一樣東西都得重新買過。理智上我知道這個行李終會出現（後來也的確出現了），但是我卻在旅館的大廳嚎啕大哭，活像午餐錢被惡霸搶走似的。這個時候我開始懷疑自己有一個模式，就是當我和行李分開時，就會毫無理性的感到心煩意亂。以我一年飛行十六萬公里來說，這是一個有關連性的頓悟。

數月後，我和老公去探望他的弟弟和弟媳，他們當時住在哥斯大黎加，所以我們決定搭小型直升機去巴拿馬的一個叫做博卡斯德爾托羅的小島上度周末。我們到達那個小機場（那裡有一棟年久失修的建築，還有個女的板著一張臉，用一個破破爛爛的三孔活頁夾負責「移民」事宜）後，我們租的那棟房子的物業經理好心開車送我們前往。他把我們的行李丟在他的貨車車床上，我們則全擠在後座。可是，突然開始下起大雨，暴雨打在我們的行李上面。我的臉貼著後車窗，眼睜睜看著我的手提箱被雨水淋得濕答答。

可是這一次，我立即意識到發生的事。我看著老公，宣布道：「我現在因為行李被雨水淋濕，而不理性的心浮氣躁。」

「看得出來。」他答。

「我想，」我嘗試著說，「我看看能不能做幾個深呼吸，或許能稍微冷靜一點。」於是便這麼做了。了解這個模式能幫助我專注於當下，讓我那天明顯好過多了。

人們說知識就是力量，對這個支柱而言當然也是如此。不論是和行李分開的非理性焦慮還是其他原因，意識到自己的行為模式，特別是打敗自己的模式時，將有助於自我改變。例如，假使你的個性內向，在連續參加數個會議後往往會筋疲力盡，那麼在一天工作結束後，不妨花幾分鐘時間獨處，讓自己放空。又如果你在長時間加班後，想要在好不容易忙完的深夜，廣發怒氣沖沖的電子郵件給同事們，不妨把這些信件先放進草稿文件夾，等早上再重看一遍。又或是如果幾杯黃湯下肚後有股衝動想要打電話給你的前任，不妨在大口喝酒之前先把電話交給朋友（希望這個人也會送你回家）。重點在於先察覺自己的行為模式，這樣就得以在事發時看出端倪，然後做出不同於以往，而且是更好的抉擇，並觀察這樣改變做法的結果是否會更好。

六、對自我反應的覺察

人們在各種情境下，在思想、情感和行為上會產生不同的反應。

蘇珊總是竭盡所能把事情做到最好。她在一家成長型的不動產公司工作，難纏的頂頭上司經常要求她一周工作七十小時。雖然長時間壓力過大，但她對工作仍全力以赴。她覺得自己表現得還不錯，或者該說是她以為如此。可是有一天，毫無預警的，她突然被炒魷魚了。

她在錯愕、震驚、氣憤之下，把這個讓她猶如五雷轟頂的事件怪罪在階層比她高的人頭上。她都沒有背離他們，他們怎能放棄她呢？等這股怒火平息後，蘇珊決定從這片漆黑的烏雲找出一絲曙光。她認為應該是自己的行為促使頂頭上司做出這個決定，但她並不確切知道自己到底做了什麼事，讓主管抓狂到要她走人。她在這份「前工作」中仔細過濾她稱之為「狗屁時刻」之後，恍然明白她從未發現，她對同事的態度，尤其是在有壓力時，會顯現一個嚴重的弱點，就是無法掌控自己的情緒。在對直屬主管方面，她更是處理得不夠圓融。蘇珊之前總認為「主管應該知道我一個星期工作七十小時才對」，又或是「他應該不會把我對他的出言不遜放在心上」。可是事實上並非如此，於是她現在自食惡果，付出慘痛的代價。

自從有了這個震撼力十足的領悟之後，蘇珊努力控制這個弱點，現在每逢壓力大時便會特別小心注意她有沒有打斷別人說話？語氣是不是過於急促？看起來是不是很焦慮？感覺自己變得唐突時，她就會刻意暫停，沉澱一下，並把口氣放柔和。在壓力強到難以控制的少數情況下，她會藉故離開現場休息片刻後，再回來繼續談話。

這個痛苦的經驗為蘇珊帶來的另一個好處是，她找到一個更能讓她發揮，而且壓力小很多的新工作。她在新的職務上不只努力控制壓力，也改變自己的溝通風格去適應別人（而不是期待別人做出改變來適應她）。這完全是觀念的翻轉，難怪能幫助她變成一個真正的獨角獸。

然而，在觀察自己的反應時，不只能發現自身的弱點，有時候也可以發現自己從不知曉的優點。

保羅當運務主管很久了，他是在科羅拉多州一個貧窮的小鎮長大，個性害羞，加上家人性好批評，使他從小便認為別人都比自己優秀，而且這個情況嚴重到讓他在二十三歲時做出了搬到大城市（丹佛）的艱難決定，試圖獨立自主。

以保羅當時的能力，只能在這個被稱為「上城」（這個名字還真有點諷刺）的貧民區買一間極小的房子。「當時真的是湊合著住。」他告訴我，「那棟房子被銀行取消抵押品贖回權，屋況很糟，窗子全都破了，而且連大門鑰匙也沒給我。」可是儘管這個新家荒廢如斯，但是街坊的氣氛讓他有種社區的歸屬感，覺得自己未來是有機會、有希望的。

保羅搬去不久，便和想要成立鄰里組織的一個鄰居聊天。他不太知道組織的性質，但是他樂於參與其中的活動，包括製作傳單並且幫忙發送以爭取支持。剛開始的一、兩年，一切看起來都很順利，直到後來他有個機會和一位在城市規劃機構的朋友聊天。

保羅得知這個組織的現任理事長（是位律師）一直私自對於許多重要事務做出重大的決定，但是組織裡的人卻毫不知情，更遑論有討論的機會。「他核准以及代表社區同意的事情，為影響力極大的商界及財團所帶來的利益，遠大於對我們的好處。」保羅告訴我。

不過真正使他緊張擔憂的，是一棟二十樓高的大廈興建計畫已經付諸行動，而這棟大廈和他家只隔了幾條街。再這麼繼續下去，鄰近的社區就要改頭換面了。保羅聽到消息後，隱藏在心中的正義感便被激發出來。他絕對不會讓理事長就這麼蒙混過去。於是他召開緊急會議，在一番據理力爭後，理事長終於同意下台。

保羅對自己迅速果決的反應感到意外，對鄰居們選他當繼任的理事長更加意外。但他不想讓大家失望，所以儘管他是一個非常害羞的人，還是決定一試。只是這個新任務來的時機再艱難不過，在短短十天之內，這個協會只有一次在城市規劃會議上阻止這棟大樓興建的機會。保羅以前從未做過簡報或任何類似的演講，更別說是面對濟濟一堂把他當作領導人的人們講話。他跟我說：「那時，二十五歲的我個性木訥，一點也不想當理事長，緊張得要命。」可是當時他毅然站起身來，發表了一場精彩的演說。

說完之後，他並不太知道自己究竟表現得如何，直到一個在休斯飛機公司上班的鄰居滿臉興奮的走向他，當場要他去他們公司上班時，他明白了：「也許，我沒有自己以為的那樣笨拙。」

保羅憑本能對一名狡猾律師的行動做出了回應，並引起一連串後續的事件，讓他意識到自己擁有一些不自知的特質：公開演說的能力、解決衝突的天賦，以及面臨挑戰時主動出擊。就這樣，一個新世界在他面前開展。保羅後來成為一位成功的總裁，到世界各地洽談生意。那幢二十樓高的大樓後來如何？當然根本蓋不成了。數年後，他的組織設法使這個上城社區被列入《國家史跡名錄》，之後便成為丹佛市最適宜居住的地方之一。

（若是保羅的故事讓你有所啟發，附錄E有一些問題可以幫助你了解這個支柱，也就是你優缺點的一些基本面。）

七、對自我影響力的覺察

每個人的行為都會有意或無意地對他人造成影響。

到目前為止，自我認知的每一個支柱都是關於自己：自己重視什麼，自己擁有什麼樣的熱忱，自己的志向是什麼，自己需要什麼樣的環境，自己如何表現，自己如何對這個世界做出回應。可是想要擁有真正的洞察力，也必須在這個基礎上了解自己的影響力，亦即自己的行為如何影響別人。

日常生活中經常會碰到對此毫無覺察的人，例如老闆在星期五下班急分派一項需立即處理的緊急任務，毫不在意員工們的哀號與嘆息聲；一名男子在雜貨店裡堵住通道，推著雙人嬰兒車的媽媽只能在一旁等他走開；左轉交通號誌已變換兩次，卻仍停留原地不左轉的駕駛人，似乎沒有察覺到被堵在後面的車輛拚命鳴按喇叭。理論上，這些人可能很了解內在的自我，但自己對四周的人所產生的影響，卻好像完全視若無睹。

最後的這個支柱對領導人尤其重要，艾莉諾．艾倫就是經歷過一番辛苦才有所體會。艾莉諾曾挺身接受一個事業上最大的挑戰。她在成為一項大型又複雜的水利基礎工程改進計畫的專案經理後，舉家搬到波多黎各。在新官上任沒幾天，她便領悟到這個工作比想像中更為棘手，客戶發來一封又一封充滿法律專業術語的信函，闡明艾莉諾的團隊沒有依要求提供所需，以及他們提供的東西一直都不合格。

就算艾莉諾走進一棟起火燃燒的建築，她也有自信以往的工作經驗能為她提供防火衣。她畢竟是訓練有素的工程師，以前曾在世界各地主持挑戰性十足的計畫和專案，現在這種難題一定也難不倒她。她根據情況的急迫性，決定了事情處理的先後順序，然後用電子郵件發出一連串的指示給她的百人團隊。

就這麼過了兩、三個星期，不知何故，事情還是沒有完成。這讓她感到既沮喪又無助，不懂為什麼她的團隊無法解決問題。有一天下午，艾莉諾火冒三丈地坐在堆滿亂七八糟文件的辦公桌前，終於失去冷靜。這些聰明能幹的人怎會如此笨手笨腳?!她氣炸了。難怪我們的工作快要不保！

彷彿是要印證她的想法般，辦公室的門被猛然打開。是她的副手，埃維里歐，他是個積極、充滿幹勁，而且非常聰明的本地工程師。

「什麼事？」艾莉諾問，「發生什麼事了嗎？」

埃維里歐砰地關上門。「妳！」他用差一點就成為咆哮的音量說，「妳必須停止。」

「什麼？」她結結巴巴的問，完全傻眼了。「你在說什麼啊？」

埃維里歐朝她走近一步。「妳快把我們大家逼瘋了！」他說，「根本沒人在看妳的電子郵件！沒有人知道到底該先做什麼才好！妳才是那個會害我們被炒魷魚的人。」

她看得出她的副手是有備而來，準備和她大吵一架。可是她在這一刻有了純粹、大器而嶄新的自我覺察，於是她深吸一口氣，注視著他的眼睛問道：「那好吧，你說，我該怎麼做？」

「現在就離開妳的電腦，」他說，「別想再發電郵了。現在站起來，去跟我們的團隊講講話。妳必須在發出更多命令之前，建立他們的信任感。」

艾莉諾就是在這個時候明白自己犯的錯誤。顯然，她覺得沒有時間和大家進行面對面的互動，但這其實正是這個團隊最需要的。

在埃維里歐的協助下，她開始花時間真正去認識大家，像是在周五舉辦同事聯誼、成立「從工作中獲得樂趣委員會」，並在我的協助下，與她的領導團隊到外地開會。她也盡可能找機會和客戶相處，像是去對方辦公室時「剛好」碰上到自助餐廳喝咖啡或吃午餐的時間。數周之後，她發現有一股明顯的信賴感萌生。每當工作上出現小問題時，他們便會打電話請她解決，而不是發措辭嚴峻的信函給她。

在六個月之內，艾莉諾和她的團隊使這個專案從谷底翻身，成效躍為第一。兩年後，艾莉諾升遷到另一個職位，埃維里歐也接下她的棒子。艾莉諾後來還成為全球非營利組織「水之於人」的執行長，但她說迄今為止，還是在波多黎各與埃維里歐還有他們的團隊相處最為開心（我本人也可以證明這個事實，但這並不只是因為我依稀記得去他們那兒時喝了許多雞尾酒的緣故。）

從不同角度看事情的換位思考

幸好，提高對自己影響力的覺察雖然需要決心和實踐，但還是有可能做到。（有一些提問可以對你有所幫助，請參閱附錄F）。想要理解自己的影響力，就必須培養「換位思考」這個重要的能力，或是具有可以想像別人會有什麼想法和感受的能力（這與同理心不同，同理心指的是實際體會別人的心情）。

從別人的角度看世界有助於更了解自己，雖然這個說法似乎有違直覺。不妨看一份強力證明換位思考對影響力這個支柱極其重要的研究報告。研究員針對芝加哥一百多對夫婦進行調查，在一年內每隔四個月就調查一次他們對婚姻的滿意度、親密關係，以及對另一半的信任度、激情、愛情。在進行研究的這段期間，這些平均婚齡十一年的夫婦顯示出「婚姻品質大幅下滑」，這個結果著實令人不安。

研究員想知道有沒有什麼辦法可以扭轉情況，於是請研究對象在二十一分鐘內寫出婚姻裡的矛盾之處。與只是寫出矛盾的夫婦相比，那些被要求從「能為彼此著想的第三者」中立角度寫出矛盾看法的夫婦，在隔年對婚姻滿意度下滑的情況產生了大逆轉。這顯示不執著於自己的觀點，並改從配偶的立場看兩人之間的問題，他們就能比較冷靜，也會降低戒心。

可是換位思考最大的諷刺之處就在於最需要這麼做時卻最不可能做到。

我最近搭飛機前往香港時，花了好幾小時登機、下機後，航班最後還是取消了。當然全部五百名乘客各種情緒都有，抱怨者有之、氣憤者有之，還瀰漫著恐慌的情緒。

一位勇氣可嘉的登機門服務員帶領我們這群憤憤不平的人群到一個由四位航空公司職員負責的顧客服務區。輪到我時，我遲疑的踮起腳，面對一個擔心乘客可能會對他發飆的服務人員。他的名牌上寫著「鮑伯」。「很抱歉，歐里希博士，」鮑伯含糊不清的說，「可是我今天無法把您送到香港。」

就在我要大發雷霆之際，注意到鮑伯流露出怯意的眼神。幸好我最近學了心理學家理察・魏斯鮑爾德開發的一個方法，叫做「放大，縮小」。為了在高度緊張的情況下能成功換位思考，魏斯鮑爾德建議，我們應該「縮小」自己的觀點，以便更了解它。於是我便縮小看待下面的這個想法：「我又餓又累，而且對航空公司死板制式的處理方式大為不滿。」接下來便應該「放大」，考慮別人的觀點。我想像鮑伯當下的經歷，心想：「可憐的鮑伯，不知道他今天是怎麼過的。」

「你今天晚上本來就要上班的嗎？」我問。「不是，」他立刻指著他的同事們回答：「我們四個原本都已經下班在回家的路上，但後來被召回。我本來該去接小孩的，因為我太太不在。我可能會在這裡待到晚上十點。」我一直只站在自己的立場思考自己，可是現在我更同情鮑伯。我問有沒有乘客對他大吼大叫，他點點頭說：「通常大家都氣得要命，忘了我們也是人。」

那天我得到兩個意想不到的收穫，第一，放大的做法能幫助我冷靜一點，想到自己不是這個宇宙的中心（這麼想永遠有幫助）。第二，從鮑伯的角度思考，幫助我了解自己的行為會產生的影響，幫助我能控制自己的行為。

外在洞察力幫你更認清自己

富蘭克林收集他的十三點計畫，自我期許能在道德上臻於至善。起初他只列了十二項美德，在與一位至交交談後，他才明白自己完全忽視了一項最重要的自我提升機會。富蘭克林後來寫道：「（友人）好心告訴我，人們普遍認為我很驕傲，這種態度經常在對話中顯現出來；我在討論任何事情時都是理直氣壯，盛氣凌人，相當傲慢，他還舉了幾個例子說服了我。」

前面提到過，關於洞察力這件事，人們多半只是關起門來自省，但即使已經由內到外做了深入的觀察，也難免會有錯失自知力拼圖中最關鍵的那一塊。舉例來說，你開玩笑地批評同事之後，對方是真的被你逗樂了，還是大吃一驚？對一個在雞尾酒會上剛認識的人訴說你的生命故事時，他是聽得津津有味，還是暗自想要遁逃到吧台去？上司上次對全部門做簡報，當你提出有建設性的意見時，對方是懷有「謝謝，我會記住」的感謝，還是不屑一顧？

是的，要真正具有洞察力，就必須了解自己，但也必須知道別人怎麼看我們。而要想知道這一點，觀照內心並不足夠。等一下你就會了解，在給別人什麼樣的印象這個層面，對方提出的回饋意見是唯一真正可靠的來源。最重要的是，自我覺察不是一個事實，而是來自兩個截然不同、有時甚至還是彼此對立的觀點，而且這些訊息還會複雜的交織在一起。

其中一個是內在的觀點，也就是內在洞察力；另一個是外在的觀點，也就是外在洞察力，或者說得白話些，也都是別人怎麼看你。然而，內在和外在洞察力之間幾乎沒有關連，而且若只有其中之一，或偏廢任何一種，都會弊大於利。你可能看到人們愚蠢地自以為理解別人對他們的看法，其實卻是對別人真正的想法渾然不覺。在另一方面，我們都認識一些人太關注自己給別人的印象，以至於不明白，或是不做對自己最有利的事。

若要顧及內在和外在洞察力之間的微妙平衡，有沒有可能某些支柱若經由私底下的反省而得，會比得自別人的意見來得好，反之亦然？答案是肯定的。一般而言，自己的觀點對別人看不見的支柱而言特別有幫助，像是價值觀、熱忱、志向、適合的環境。舉例來說，如果有一位成功的會計師看起來工作能力很強，私底下卻暗自夢想成為百老匯舞者，那麼他可能是唯一知道這個訊息的人。其他人比較看得出來的支柱則正好相反，像是模式、反應、影響力。

通往深度洞察力路途上的絆腳石可能會妨礙我們做出客觀的評估，因此需要別人的意見相輔相成。事實上，對這七個支柱而言，內在和外在

尋求內外洞察力的平衡

內在和外在的洞察力就像氫和氧這兩個周期表上最為人所知的元素。氫本身是危險的，因為會自燃。雖然氧不會自燃，但是氧氣過多卻會造成許多東西容易燃燒。然而用正確的比例混合氫和氧時，就能形成維持生命的水。

洞察力就像這樣：對自己有清楚的看法，但不執著於這個看法，並且用別人的觀點來看自己，這個神奇的組合就是巨大的善的力量。

舉個例子。我有位朋友，姑且稱她為喬安吧，她最近向同事尋求回饋意見，想要更清楚了解自己的優缺點。他們不太婉轉地表達她的個性需要改變（雖然從所有客觀標準來說，她的工作表現非常優秀，經常獲得主管和團隊的肯定）。但喬安有內在洞察力，看得出來這個建議是職場上的惡意中傷。在和真正的自己對照評估後，這個回饋幫助她明白自己並不是問題之所在，而是公司的割喉文化不適合她。她後來換到一家較小的公司上班，在我看來她是前所未有的快樂。這就是當內在和外在覺察力平衡時會發生神奇作用的最佳例證。

觀點的兼得非常重要。只有取得內在和外在觀點之後，才能真正了解自己的本性，以及在別人眼中，自己是什麼樣的人。

喚醒自覺的鬧鈴事件

雖然平衡內外這兩種自我覺察力並非易事，但生活裡多的是這麼做的機會。中國有句很棒的諺語說：「當變革之風盛行時，有的人建造避難所，有的人則建造風車。」當大多數人選擇躲起來或是尋找掩護時，有深度洞察力的獨角獸會運用自身的經驗，為內在和外在的自我認知提供動力和燃料。特別是我們的研究顯示，他們有一種特有的能力，能夠看出我所說的「鬧鈴事件」，並且從中學習。

鬧鈴事件指的是能讓人看清不證自明的重要事實。有時候這些事件會提高內在洞察力，幫助我們用嶄新或不同的眼光看自己；有時則能讓外界對自己有新的看法。

我發現鬧鈴事件可分為三大類。

第一類：必須扮演新角色或遵守新規則。

當人被要求在工作或生活中扮演一個新角色，或是遵守新規則時，便延展了自己的舒適區，而且對自己有更多要求，因此會增加對自己的了解。例如，工作上的職務變更、升遷、改任、轉調，或是加入一個新團體或組織。初任主管的領導經驗尤其讓人有機會產生自我認知，事實上，當美國管理協會向七百多位總裁進行調查時，便看到他們把這些早期在工作中獲得的成長經驗，視為對其職業生涯影響最深遠的學習事件。

可是會帶給新角色和新規則挑戰的不只有工作層面，在生活的其他方面也是如此，像是離家唸大學、在社區組織擔任新職務、展開新戀情、初次為人父母。同樣的，最強的自我認知通常也是得自早年的經驗。例如，史丹佛大學研究員西娜・莫蘭發現，當一個年輕人在自我認知方面有顯著增長時，通常是源於「質疑被家人和文化不假思索就接受的價值觀或標準」的情況。

第二類：發生晴天霹靂的「地震」事件。

第二種例子有可能是摯愛的死亡或離去、離婚，或是重要戀情的結束，又或是任何重大的失敗或挫折。這類出乎意料、令人難以接受的「地震」事件可能會把我們擊垮，也會迫使人面對真實的自我。

我認識有個人的丈夫忽然離開她，說她無法深入溝通與交流，既不想了解他的感覺，也不想訴說自己的感受，是個「情緒無能」的人。雖然她對此批評深受打擊，但這時她除了面對這個帶給她精神創傷的現實之外，別無他法。她因此走上一條更了解自己情緒的道路，並了解無法進入親密關係的行為表現如何妨礙了她。這個體認最後在她所有的人際關係中，不論是愛情或是其他，都對她起了作用。

可是顯然，地震事件也有危險性，可能會使人麻痺，抑制人的情緒靈敏度，使人更難以理解自己，遑論讓這份了解有意義地引導你。管理學教授摩根・麥考爾（Morgan McCall）就觀察到，上述充滿情緒性因素的情況會使人想要遠離之，使人可能變得有防禦性、責怪別人、變得憤世嫉俗、過度補償、自我封閉或放棄。所幸我們可以採取一些步驟防患於未然。麥考爾和他的同事們建議，首要之事「是去理解這個苦，而不是做出反應。」

例如在第五〇頁蘇珊的例子中，她可以繼續怪她的老闆，否認自己在被解雇這件事背後所代表的意義。可是就在她最想要對這個情況做出負面回應時，她能克制衝動，選擇去理解事實。然而，面對真相並不夠，還必須把這個自我認知化為行動，不只是承認錯誤和限制，還要下決心改正錯誤。事實上，蘇珊接受自己所處的情況後，發誓絕不再讓這樣的事情發生。

第三類：來自日常的自我認知。

人們對自我覺察有一個常見的假設，就是只有經由石破天驚的重大事件才能產生自我覺察，可是這個假設與事實相差甚遠。

讓人意想不到的是，我們所觀察的獨角獸們以二比一的比例顯示，他們從日常情況中所獲得的自我認知更多。他們舉的例子，藉由不論是因為聽到別人的談話、隨意的評論，或者甚至是一點點意想不到的肯定，而突然從另一種角度來看自己的行為。也有人說是得自於職場上的經驗，像是能增加領導力的工作、進行全方位評估等等。有的獨角獸甚至在最平常，甚至是乏味的日常活動中，例如從運動或清潔打掃中，找到這種「若有所悟」。

我把這些日常性自我認知的結果視為非常好的消息，因為在日常生活中得到自我認知的可能性，和在逆境時一樣大。也就是說，獨角獸們不是守株待兔等待自我覺察發生，而是打造風車，把新的資訊化為能量，產生實質而且持續性的改變。

你現在已經知道建構洞察力的七大支柱，接下來便可以深入了解加強覺察力的具體策略，從而讓自己做出更好的抉擇、改進人際關係、獲得更大的成功。不過在此之前，還需要更深入了解阻礙我們的兩大絆腳石——盲目和自我崇拜。

天啊！居然有人用塑膠杯喝水？

蘇珊在大學畢業後不久，和閨密搬進她們合租的一間公寓。她們在廚房打開箱子取出東西時，蘇珊記得自己對好友在櫥櫃裡把塑膠杯堆放在玻璃杯前大為生氣。「沒有人應該用塑膠杯喝水！」她生氣的說。

蘇珊在聽到自己當下說的話時，突然明白：「我對一件不重要的事情反應過度了。我怎麼會控制欲那麼強？」，她在那個當下從一個不同的觀點看到自己，對自己產生一個多大的新認知，這個收穫遠非廉價的塑膠杯所能比擬。

第三章

你認識的自己，可能只是種假象

讓你陷入困境的不是無知，而是看似正確的謬誤論斷。

——喬希．比林斯（Josh Billings），美國幽默大師

我職業生涯中最棘手的指導課程，是從盯著一位高階主管的禿頭看開始，而且好像還盯了天長地久。那顆頭是史提夫的，他是一家建築公司的高層主管，因為該公司財務虧損，他們的總裁請我去協助，當時他坐上這個位置才四個月。

當天早上，我搭電梯到八樓後，被助理帶到史提夫富麗堂皇的辦公室，助理告知他我到來時，聲音微微抖了一下。門在我身後無聲關上，史提夫沒有從電腦前抬起頭，只是長嘆一口氣表示知道我的存在，然後更積極地點滑鼠。於是我便站在那裡尷尬地盯著他的頭，同時欣賞展示櫃裡的東西。櫃子裡有一面毀滅之球形狀的大獎牌。這面獎牌提供了我很多訊息。

我不是會輕易心慌的人，可是隨著時間一分一秒過去，我卻開始覺得擺在面前的挑戰讓我有輕微反胃的感覺。

「我應該坐下來嗎？」最後，我碰運氣地這樣問道。

「請坐，歐里希博士。」他不耐煩地嘆息，但還是沒有抬起頭。「不用客氣，請隨意。」

我坐下來打開檔案夾，準備開口，這時史提夫把椅子往後一推，終於看著我。「我告訴妳一些我這裡作業的情況。」然後如同被關在籠中焦躁不安的老虎，在椅子後面走來走去，訴說他對這個公司的萬丈豪情以及他的強勢領導理念。

史提夫告訴我，他的部門遇到了麻煩，但是這一點我已心知肚明。他的前任因為成本超支而被開除，所以他需要推動這個虧損的業務單位成長，同時盡可能找出效益。現在絕對不容許失敗，史提夫毫不懷疑自己就是完成這個任務的不二人選。「我知道在這個職務上會面臨挑戰，」他自信滿滿地說，「但我也知道如何讓我的部屬發揮最大效能。」

不幸的是，這全是史提夫的錯覺。

我從和他的直接下屬訪談，以及公司總裁最近才開始意識到的情形中發現，史提夫的管理已經證明是多災多難。他正式升遷後十六個星期以來，已有三名職員辭職。第四人因為「史提夫壓力」，最近開始服用降血壓藥，顯然一隻腳已踏出公司門外。雖然史提夫的團隊沒有一人質疑他的能力與經驗，但他們認為他是個如假包換的混蛋。他會吼叫著對他們下達指令，質疑他們的能力。我發現這些員工並不是只會抱怨的人，他們其實經驗豐富、見多識廣，並未期望自己是被人呵護、捧在手心上，是史提夫把他們逼得太緊了。

在競爭激烈的建築業界成長的史提夫，體會到的是出色的領導力通常意味著「這個人吼得最大聲」。雖然這種強硬的作風如果用在他以前的工作上或許還行得通，但以他現有的職務而言卻是估算錯誤，他也為此付出了高昂的代價，特別是這家公司的企業文化是注重合作共贏。

他的行為是在打擊員工的士氣、團隊的績效，還有他自己的聲譽。儘管損失一些菁英並未動搖他是一位有成效、受尊敬的領導人的自我意象，但是史提夫的團隊已受夠了他的霸凌。我得想辦法對他說出這個情形。

優於平均效應的「史提夫病」

小哈利・歐斯曼被包裹在一條粉紅色毯子裡，頭靠在柔軟的枕頭上。他緊緊盯著布魯斯・威利。「我現在要把我的祕密告訴你。」他開口說。鏡頭推近到他驚恐的臉孔。

「我看得到死去的人。」

「在夢裡嗎？」布魯斯問。歐斯曼默默看著他，悲哀的眼神顯示他不是在夢裡看見他們。「在你醒著的時候？」

「他們像正常人一樣到處走。」歐斯曼回答，「他們只會看見他們想要看見的，他們不知道自己已經死了。」

「你多久會看到他們一次？」

「一直……會……看……見。」

這是電影《靈異第六感》裡的一幕，小歐斯曼確實看得見死去的人，但是把「死去的」換成

「有錯覺的」，就現今的世界也是一樣的。這一幕提醒我們，這種錯覺——也就是只看見自己想看見的情況，無所不在。

幾乎每一個人在職場上都碰到過像史提夫這樣的老闆或同事。你知道這種人，就是成就非凡、有顯赫的工作資歷、不可否認的聰明，但是卻完全缺乏覺察自己給人什麼印象的能力。這些人以為注重細節會使自己成為一個好主管，實際上反而讓員工氣到抓狂；自以為是好合作的夥伴或客戶，其實卻是辦公室眾所周知難以共事的對象；又或像是某個不認為自己是在教子女成為種族主義者的父親，卻在每次有色人種靠近時，都抓著孩子的手快步穿過馬路。看出這些人共同的特質嗎？他們全都是對自我評價自信滿滿，但卻都是錯得離譜。

行為經濟學家及諾貝爾獎得主丹尼爾・卡尼曼（Daniel Kahneman）指出，人類擁有「幾乎對自己的無知視若無睹的無限能力」。研究顯示，人們往往自以為比客觀的評量更為聰明、更風趣、更苗條、更好看、更有社交技巧、更有運動天分、學習更優秀、開車技術更好，科學家稱此為「優於平均效應」。為了向那位「優於平均」的高階主管致敬，我稱其為「史提夫病」。

當然，從統計數值的觀點來說，就任何一個特定的標準，都會有百分之四十九的人優於平均，但是往往我們「實際」落在鐘形曲線的位置，與「自以為」的落點幾乎完全不同。研究員在一項對金融服務業、科技業、護理等一萬三千多名專業人士做的研究中發現，自我評量的績效與客觀績效的評分兩者間幾乎毫無關係。還有一項對舊金山灣將近一千名工程師做的調查顯示，百分之三十三以上的人評量自己是最優秀的前百分之五，只有一個人有勇氣說自己是低於標準。

史提夫病的實證證據也延伸到美國企業以外。一項著名的研究顯示，高達百分之九十四的大學教授自認為工作表現優於平均。而另一項研究（這項結果可能會令計畫在不久的將來要接受手術的人不安）顯示，外科住院醫師對技術的自我評分與醫師執照考試的成績毫無關係（這可能是要舉行醫師執照考試的原因，謝天謝地）。

史提夫病的後果很嚴重。例如，在工作上，缺乏洞察力的人會拉低工作表現，使決策的品質平均降低百分之三十六，協調性下降百分之四十六，衝突則增加百分之三十。整體而言，有大批缺乏洞察力員工的企業，財務狀況會比較差。有一項針對數百家上市公司進行的研究也發現，在財務收益較差的公司中，員工缺乏自我觀察力的機率高達百分之七十九。

史提夫病的傳染性在管理階層特別強，而且會使公司損失慘重。我們在前面已了解，當領導人的自我認知脫離現實時，讓團隊表現失序的可能性是六倍。過於自信也可能使管理階層對員工的才幹視若無睹，使他們低估優秀員工的貢獻。雖然位高權重者通常洞察力不會那麼差（首先，需要有某種程度的自我覺察才可能晉升到主管位置），但是他們的錯覺通常會隨著位階的攀升與年資的累積而增長。早期的成就會被令人陶醉的自豪取代，使他們忽略原本可以、也應該注意到的事實。

隨著權力的增加，高估的程度也會提高。舉例來說，與經理以及一線領導人相比，高階主管會更大幅高估自己的同理心、適應力、指導、合作，以及（很諷刺地）洞察力。更驚人的是，與經驗較少但地位相同的人相比，有經驗的領導人比較可能高估自己的能力。同樣地，對於上級主管給自己的考評，年紀較大的經理誤判的幅度往往大於較年輕的同儕。[1]

咦，等一下。領導人的經驗、年齡、年資不是應該會提高自知力嗎？事實不然，有幾個原因。首先，高階職位往往是複雜的，評估績效的標準和對成就的主觀定義也模糊不清。其次，當到達某個層級以上，通常沒有可靠的機制能提供人們誠實的回饋，所以無法衡量這些主觀指標的績效。更糟的是，許多權力在握的人，往往和不會質疑他們，或不會與他們意見相左的朋友或溜鬚拍馬者為伍。知名的心理治療師、管理學者曼弗瑞德・弗里斯（Manfred Kets de Vries）說，這些人身邊圍繞的都是「牆壁、鏡子、騙子」。最後一點，高階主管誤以為高薪是對自己能力的肯定，例如自負的執行長往往薪酬高出同儕，而且自負的程度也隨著薪酬水漲船高。事實上，執行長的薪酬與才幹或績效的關連性，與別人對他們的看法幾乎無關。然而，沒有一個董事會想要他們的執行長低於平均標準，所以也沒有任何公司會讓執行長的薪酬低於市場的期待。這些公司乾脆把總部設於烏比岡湖鎮吧！[2]

然而，不論對自己高估多少，也不論是否居掌權地位，錯覺會被帶回家，有時候對個人生活也

1　已有證據顯示，通常年齡在二十五到三十五歲之間的人，自我評估較為準確。但在三十五到四十五歲之間，準確度往往會降低。而且令人驚訝的是，與主修物理科學、社會科學、人文學科的學生相比，商業科系學生的自我評估相對於客觀評估而言，膨脹得最厲害。

2　譯註：美國作家蓋瑞森・凱羅爾曾寫過一本名為《烏比岡湖的日子》的小說。烏比岡湖是位在明尼蘇達州的小鎮，那裡的居民自認為「所有的女人都很強壯，男人都很英俊，小孩資質都很優異。」但真相是，小鎮的人坐井觀天，他們自以為是的都不是事實。這種自我感覺良好，卻與事實不符的現象稱為「烏比岡湖效應」。

會造成不良影響。研究員發現，有四分之一的人因為樂觀看待自己的性格與行為，而導致人際關係不佳。過度自信也會影響教養子女的方式。舉例來說，大部分父母嚴重高估在學習語言前的小孩所會說的字彙數量（他們認為在家裡聽到的字較多的孩子，字彙量會比較大、智力較高、學術成績較佳）。百分之八十二的家長也認為能處理好自己的財務狀況，儘管他們負債累累、沒有儲蓄習慣，而且還理所當然的自認為是教兒女理財的好老師。

所以這種錯覺會感染子女，然後形成惡性循環可能就不足為奇了。一項針對一百多萬名高三學生性格特徵的調查顯示，整整有百分之二十五的學生把自己與別人相處融洽的能力排在前百分之一，自認為低於平均的人只有百分之二。[3]

儘管許多家長希望子女在上大學的第一天就會神奇地發展出自我覺察力，但通常並非如此。研究員請大學生針對「禮貌」、「負責」、「合作」、「成熟」等特質，拿自己與同儕相比時，參與這項研究的學生在四十項特質中自認為有三十八項高於平均標準，比例驚人。

更糟的是，能力最差的人往往對自己最有自信，最早提出這個發現的是史丹佛大學心理學教授大衛・丹寧（David Danning）以及當時的研究生賈斯汀・克魯格（Justin Kruger）。在這項研究中顯示，在幽默、文法、邏輯方面表現最差的人，反而最有可能高估自己的能力。這個現象被稱為「丹寧—克魯格效應」，在駕駛、課業成績、工作績效等數十項能力方面都可看到同樣的效應。

話雖如此，但是否也有可能是人們在內心深處知道自己能力差，只是不想要向別人承認吧？但即使是鼓勵大家勇於對自己的能力做正確的評估，丹寧—克魯格效應仍然浮現，所以看來能力差者其實並沒有說謊。比較可能的情況是因為他們「無知者的自信，常常受到感覺……像是『知識』這類東西的支持。」

這個現象隱含一個令人不安的問題，亦即假使你有史提夫病，你會知道嗎？研究員奧利佛・謝爾頓（Oliver Sheldon）和大衛・丹寧設計一系列獨創的研究顯示，就連最聰明、最成功者也渾然沒有察覺自己對事實產生的錯覺。他們請一群具有MBA學位，而且聰穎、平均有六年工作經驗、以事業為重的專業人士，做情緒智商（EQ）評量，我們在前面的章節中已經知道EQ是工作和生活經營成功的關鍵能力，你會以為只要給聰明人看他們需要提高EQ的證據，他們大多會想要朝這樣的方向進行，可是謝爾頓和丹寧發現並非如此。

3　這項研究是在一九七六年進行，這時嬰兒潮出生者已上大學，所以這是千禧世代並非此模式原始策畫者的證據！而且我完全是客觀地以一個千禧年世代出生者的身分這麼說。

「50%的人缺乏效率，但我是另外的那一半。」

我在為公司組織或機構做專題演講時，通常會提出一個統計結果，顯示百分之五十的經理人缺乏效率。可是我在世界各地進行不計其數的討論協商後，得到的反應如出一轍。起初觀眾會禮貌的微笑，於是我便問他們：「你們明白這個統計代表的意思嗎？」接著是一段無可避免的長時間緘默，我讓他們看向左邊，再看向右邊，然後便爆發出一陣緊張不安的笑聲，他們終於懂了。這個糟糕的經理人不是他們自己，就是坐在隔壁的人！這個時候，每一個人都會開始猶豫的看著彼此，心想：「嗯，既然不是我，那勢必就是坐在隔壁這個傢伙，對吧？」

想到自己沒有自以為的那麼聰明、有本事，或有情商，就令人不舒服，畢竟，用卡尼曼的話來說，指出別人的錯誤和缺點，遠比面對自己的錯誤和缺點來得愉快得多。可是沉浸在錯覺當中的人，通常會是最後一個才發現。

事實上，當分數較低的學生能以折扣價購買提高EQ的書時，最需要這本書的人，反而最沒有意願。

值得慶幸的是，史提夫病還有可治之法，稍後我們就會探討。不過首先值得問的是：為什麼會有這樣的錯覺？

自我認知的心路歷程

儘管自我覺察的能力幾乎人人有之，但絕對沒有人與生具備這樣的能力。當人還是嬰兒時，自以為是宇宙的中心。畢竟，在這樣的年紀時，只會不斷地啼哭要求，而且要求也會被滿足，這個世界彷彿就是為了滿足我們的需求而存在。（我有個客戶在小時候以為世界就是繞著他轉，只有在他醒著的時候才存在！）因此人們第一個培養深度洞察力的里程碑，就是從自己四周圍以外的地方了解自己。

當人成長到雙腿足以有力站起來看到鏡子裡的自己時，便會對著這個看著自己的陌生人咭咭咯咯地叫。到兩歲左右，我們開始知道這個人其實就是自己，而我們畢竟不是全世界，只是一個住在這個世界裡的眾多生物之一。隨著這個認知而來的，是開始會產生不安的情緒，例如尷尬和嫉妒。

這時候，人們雖然知道自己只是被其他人的自我所圍繞的另一個「自我」，但是大腦尚未開發出客觀評估這個自我的能力。例如研究顯示，幼童進行在校表現的自我評估時，評估的結果與老師評估的結果相似之處微乎其微。換言之，人們不知道自己的期望與現實之間的差異。想要成為全班棒球打得最好的，又或長相最漂亮的願望，就表示自己就是棒球打得最好的，或是最漂亮的人。這些自我膨脹的觀點在這個年紀看起來雖然可愛，然而這些想法可能會持續下去，即使人們一再發現這些觀點是錯誤的。（你也可能認識一些尚未克服這個苦惱的成人，我們等一下會談到。）

接近青春期時，覺察初期的清新微風開始吹送，開始培養出使用描述性特質（如「受歡迎」、「親切」、「樂於助人」）的能力，為自己的行為貼上標籤，同時試著採用比較平衡的自我觀點，亦即自己其實可能擁有幾個不太理想的特質。接著狂風暴雨來臨。在風風雨雨的青少年歲月中，人們發現了一個自我反省的新能力，而且這個能力顯然是無限的。在明顯矛盾的心情和欲望之下，要前後連貫地論述自己是什麼樣的人，可能是很痛苦的事，花在想知道別人對自己看法的時間也開始多到不合理。人們在這個時期會感到迷惑，對自己的負面特質進行不理性思考，和思考正面特質的頻率不相上下。

蘇珊・哈特（Susan Harter）所著的《自我構建》（The Construction of Self），可以帶你重返青少年那個有趣的過程：「我是一個什麼樣的人？你可能不會了解。我這個人很複雜……我在學校很認真，甚至可說是用功……（可是）我也會偷懶耍滑，因為太用功，會人緣不好……只是（我的父母）期望我所有學科成績都是優等，所以對我十分不滿……通常我在家裡壓力很大，講話可能會尖酸刻薄……不過我也不太懂自己怎麼會轉換得這麼快，與朋友相處時高高興興，可是一回到家就會焦躁，然後就鬱悶起來，對爸媽講話帶刺。到底哪一個才是真正的我？」

大部分人花多年時間努力克服這些矛盾，拚命想確定青少年個性的本質。對有些人而言，找尋自我的表現就是關著房門不受干擾地沉思數小時，通常還開著震耳欲聾的音樂（就我而言，則是寫冗長日記的方式，不過內容太難為情，不足為外人道。）有的人則可能付諸行動，像是偷竊、蹺課或霸凌。

所幸當人步入二十歲以後，開始把這些矛盾的自我認知組織成連貫的論述（「我在陌生人面前會害羞，並不表示我的性格不夠外向。」）。人們開始了解並接受自己的特質、價值觀、觀念，對自己無法做好的事情會更有感覺，同時對「未來的自我」的關注也會到達新的境界，並擁有一個明確的前進方向。

雖然大部分人會朝具有洞察力這個可預測的方向發展，但是步調卻大不相同。因此這個過程有點像是賽馬，所有人都是從同一條起跑線出發，但是鳴槍起跑後，有人加速衝出柵欄，有人穩紮穩打，有人則是搖搖晃晃或是困在半路。

一般人若不能以堅定的努力建立自我覺察，長大以後收穫就會很貧乏。[4] 然而有洞察力的獨角獸則不同。他們童年時期雖然和一般人一樣，或者是比別人略多一點點自我覺察，但是步調卻會逐年加快。在跑向自我認知的賽馬中，這些「三冠王」系列大賽的冠軍從一開始就拉開和其他人的距離，並在人生的每一個階段不斷擴大領先。

然而，需要創造與維持洞察力的行為是可以學得會的，人們只須知道該從哪裡著手，至少這基本上表示我們能了解那些使人無法看清自己的障礙。有些障礙存在於內心，有些則是錯覺日益嚴重的世界加諸於人們身上。這一章接下來會著重於自我覺察的內在障礙，亦即人們如何自行其是，卻往往不自知。

讓你踩在認知地雷上的三大盲點

我印象最深的一個心理研究是與英國南部的受刑人一起進行的。心理學教授康斯坦丁・塞迪姬蒂斯（Constantine Sedikides）與同事，讓一群多半是犯下嚴重暴力罪刑的受刑人，針對下列九種正向的性格特質做自我評量，分別是：有道德感、善良、值得信賴、誠實、可依賴、有同情心、慷慨大方、有自制力，以及奉公守法，然後將之與一般受刑人以及未被監禁的社區成員做比較。

現在想像自己因為持械搶劫而入獄，這時很難相信你會用上述特質來形容自己吧？然而這些受刑人卻這麼做了。事實上，他們不但評估自己在這些方面優於其他受刑人（九項中至少有八項），甚至自認為優於一般未被監禁的社區成員。那麼有哪一項是例外嗎？是第九項特質。塞迪姬蒂斯指出，雖然這些重刑犯自認為在「守法」這個項目上的表現略差，但跟一般人比起來也不會差很多。

這項研究結果雖然有點可笑，卻也顯示人們對自己的真實面貌有多麼盲目。談到對個人成就最造成限制的內在障礙，人們主要是在下列三方面自行其是，而且對這三個盲點愈視而不見，危害就愈大。

——4 統計上，我們發現年齡與內在洞察之間的關連性只有百分之十六，與外在洞察的關連則是百分之五。

盲點一：知識盲點

大衛．丹寧教授（在前面提過，他告訴大家，能力最差的人反而最有自信）在他的職業生涯中，大多在設法了解人們做自我評量的能力為什麼那麼糟。這固然沒有一個令人滿意的說法，但是丹寧和同事喬伊斯．艾爾林格發現他們所謂「由上而下的思考」（我稱之為「知識盲點」）所產生的強力影響，這是造成第一個盲點的原因。

他們經由一系列的研究發現，人們在特定情況下對自己能力的看法，比較少是依據自己的表現，而多半是基於對自己以及對個人基本能力的看法。舉例而言，自認為擅長地理的人，會以為自己在地理測驗的成績特別好，儘管他在群體中的表現並不突出。

諷刺的是，愈自以為有專長，知識盲點造成的危害可能愈大。舉個例子，我們不妨回到二〇一三年，那年世界職業棒球大賽緊張激烈，最後波士頓紅襪隊打敗聖路易紅衣主教隊。該季比賽開始之前，電視體育專業頻道ＥＳＰＮ發布四十三位棒球專家對當季比賽結果的預測。你認為有多少人預測波士頓隊或聖路易隊可以打入世界職棒大賽？答案是零。《體育畫報》對專家做的調查也是如此。美國棒球網站的預測只是略好一點，有十分之一的專家預測聖路易隊可以進入決賽。所以這六十位薪水豐厚、備受尊敬的棒球權威，在預測世界棒球大賽結果的準確度只有百分之〇．八三，真是爛透了。就算每一位專家隨便選兩支球隊，準確度也會有七倍以上！

乍看之下，這好像很反常，是統計上的異數，然而事實證明，專家「凸槌」的機率比大家以為的高，而且不只是在體育方面。一九五九年，心理學家路易斯．高柏做了一項研究，比較臨床心理學專家與這些專家們的「祕書」（這些人當時是被這麼稱呼的）所做的診斷結果，以測試經驗值是否有助於做出正確的心理診斷。你可以想像他在發現專家診斷心理障礙的本事，並不比沒有經驗的祕書強時（事實上，他們的準確率反而還高出百分之二），他心裡有多鬱卒。

盲點二：情緒盲點

就算是非專家，對自己能力和才華過度自信也會為自己帶來麻煩。我們可能選擇一個其實不太適合的領域或專業，（「我會成為很棒的天體物理學家，我對數學很拿手！」）而忽略個人生活中的錯誤，（「讓我五歲的孩子獨自走路上學沒有關係；我是好家長！」）或是沒有充分考慮就對風險概括承受。（「我們絕對應該去買下這家面臨破產的公司；我是轉虧為盈的好手！」）

內在的阻礙不只讓我們對自以為知道的事情製造盲點，還會扭曲對自以為存在的感受的看法。為了解第二個盲點——情緒盲點，不妨看看下面這個問題：「用數字一到十來衡量，你最近對你的生活有多滿意？」

你會如何回答這個問題？是憑著直覺回答，還是會仔細思考生活中的各種因素，再做出一個經過衡量的判斷？[5]

研究顯示，當別人問我們覺得自己有多快樂時，我們深信自己會用理性而深思熟慮的方式評估

5　丹尼爾．卡尼曼在他寫的書《快思慢想》中，分別稱這些過程為「快思」和「慢想」。

所有可用的資料。只可惜大腦卻最不愛傷腦筋，當人自以為在謹慎思考一個問題時，其實只是在憑直覺做一個決定。因此人們在判斷自己的情緒（包括「幸福」在內）方面，能力是出奇的差。丹尼爾．卡尼曼和其他研究員指出，人的大腦會暗自把「你最近對生活有多滿意？」這個問題，簡化為「我現在心情如何？」

為舉例說明情緒盲點產生的作用，卡尼曼以德國研究員諾伯特．史瓦茲做的一項研究為例。在研究對象不知情的情況下，他安排其中半數人在實驗室外的影印機附近尋找一枚價值相當於十美分的德國硬幣。研究對象雖然不明白為什麼要這麼做，但是找到硬幣的人（只有區區十美分錢！）後來說他們對生活感到比較開心，也比較滿意。

另一項研究，是詢問學生下列兩個問題：「你最近對生活有多滿意？」和「你上個月約會幾次？」研究中先依照此一順序提出這兩個問題，結果顯示他們的愛情生活與整體幸福無關。可是如果提問時將先後順序反過來，研究對象就會在評估自己的幸福程度之前，先思考自己約會的次數，而約會次數較多的人便會說他們比較快樂。

盲點三：行為盲點

情緒盲點會把我們帶到最後一個盲點——行為盲點。

就在一、兩年前，我受邀在一個工程師的專業會議上致閉幕辭。由於大家都是具有務實的心態，我又在一家工程公司工作過三年，所以我以與工程師們（我暱稱他們為「我的宅男夥伴們」）

相處融洽著名。可是我那天從上台的那一刻起就不太對勁，怎樣都無法中肯地說出我的論點；笑話講得不好笑；感覺不像我自己。

在那一小時演講中，我愈來愈神經質，在心裡數落著自己遜斃了的演說。「那個笑話為什麼沒有博得哄堂大笑？我怎麼會忘了提到那個論點？他們為什麼看起來索然無味的樣子？」令我惶恐的是，演講到一半我突然想起和我約好時間上課的那位公職人員就坐在第一排。我得出結論：「完蛋了，他以後再也不會幫我介紹客戶了。」

演講結束後，我落荒而逃衝到後台，正好碰到那位公務員來後台找我。我準備好面對現實，於是硬著頭皮問道：「你覺得我的演講如何？」我確信他會要求我退還他客戶的錢，所以已準備好迎接後面不可避免的批評聲浪。可是他興奮的反應完全在我意料之外：「天啊，

小心！情緒會左右你的決定

情緒盲點主要的危險，在於人們常情緒化地做出決定而不自知，即使是重要的抉擇亦然。

我高三那年的秋天一心想尋找理想的大學，和父母在數周之內前往東岸兩次，看了八所學校。第一次去時，天氣好極了。我去參觀的每一所學校都有快樂的學生在戶外談笑，享受清涼舒爽的氣候，欣賞秋意正濃的楓葉。可是第二次去時碰到可怕的暴風雨，大量冰冷的凍雨從空中傾倒而下，而且天空有好幾天都是灰濛濛的。學生們無奈地從一棟大樓快步跑向另一棟大樓，想讓衣服不被淋濕卻只是徒勞無功。

所以你覺得是哪些大學被列入我喜歡的名單？你猜對了，第一次去參觀的四所學校全部上榜，第二次去參觀的學校全軍覆沒。雖然當時我並不明白所以然，但是現在已知曉情緒對我的判斷有多大的影響。我們沒有足夠的能力評估促使自己做出決定的思維過程，愈是能夠覺察到思考時盲點的存在，克服它們的機率愈大。

他們愛死了！」

我不可置信地問道：「真的嗎？」他以熱切的點頭回應。當時我以為他只是在說些不必要的客套話，可是那天後來我查看有多少聽眾選擇加入我的每月簡訊郵件[6]時，發現註冊人數的比例比我任何一場演講都高，真是讓我瞠目結舌！

我怎麼會錯估得如此離譜？心理學家認為無法清楚或客觀看到自己的行為是角度問題，按照這種說法，我無法準確評估自己的演講，是因為我無法從觀眾的角度看到自己。

可是這個說法根本站不住腳。有一項研究是讓受試者，發表一場簡短的講話，並用錄影機將過程拍攝下來，然後再要求他們看這段錄影帶，觀察自己非語言行為的表現，像是眼睛看向鏡頭、姿勢、臉部表情、音量等。因為受試者可以從和別人同樣的角度看到自己，研究員預測他們的評量應該相當準確才對，然而令人驚異的是，他們的評量結果與客觀的觀察者不一致，即便這些受試者是收取費用，受雇來提供正確答案的。（到目前為止，我們已經知道金錢在使人比較有自我覺察方面是不太有幫助的。）

雖然科學家仍在努力找出行為盲點的真正原因，但是我們很快就會知道，你還是可以利用幾種方法避免犯下這個錯誤。

從自我盲目到有自知之明

為了解幾乎任何人都可以從自我盲目轉變為有自知之明這件事，我們不妨回過頭去說我輔導的客戶史提夫。

史提夫病其實是綜合了上述這三個盲點。史提夫對於領導專業的知識盲點，使得他的自負只能以「巨大」來形容。情緒盲點讓他依據直覺而非理智做決策，而且完全察覺不到自己的行為令下屬氣憤不平。

我知道史提夫會是我工作最大的挑戰之一，不過他當然不是我的第一個挑戰。畢竟，我工作的主旨就是告訴高階主管別人不敢或不知該如何告訴他們的事實（我要很自豪的說，我只因此而被解雇過一次）。我發現經由努力，通常可以克服錯覺，即使是最盲目的人也可以學會睜開眼睛。有時候他們只是需要別人推他們一把。

就史提夫的例子來說，我就是那個推力，而且這個推力必須異常有力。可是在處理他對自我提升的刻意抗拒之前，得先處理他刻意抗拒不讓我說得上話的問題才行。我判斷必須採取果斷而直接的方法。由於他喋喋不休的謾罵絲毫沒有要歇口氣的跡象，於是我便兩眼緊盯著他，直到他終於停下來回踱步。「史提夫，」我說，「你的團隊很討厭你，我們沒有辦法迴避這個事實。」

就算我剛才是站在椅子上宣稱是他失散多年的女兒，他震驚的表情也莫過於此了吧。他看一眼我的資料夾，問：「他們是怎麼說我的？」我不得不和盤托出。因為他的團隊之前已經警告過我他的脾氣不好，所以我已準備好面對接下來史提夫會音量提高、下巴緊繃、威脅壓抑的眼神、脖子上

—6 可以上網站註冊。

的青筋凸起。果然，史提夫的臉脹得通紅。

「他們怎麼可以那麼說我？他們怎麼能說我吼叫?!」

在一陣暴怒後，他終於筋疲力盡地癱在椅子上往窗外看了一會兒。「這樣吧，」他把椅子轉向我，做出試圖平靜下來的表情，說道：「工作這四個月來——或者該說是二十年來，為什麼從來沒有人跟我這麼說過？」確實，與其面對殘酷的現實，他選擇得意洋洋地無視這個現實，這麼做在當下的確比較輕鬆，但長期而言卻會很不幸。這就是盲目樂觀的問題。

許多人都經歷過這種「來到耶穌面前」的時刻，也就是使人張開眼睛的鬧鈴事件，面對別人對我們的看法和我們對自己的看法不同的不愉快現實。可是如果可以早一點發現真相，而且是由自己發現的話又會如何呢？如果在這個情況開始破壞人際關係並影響職涯發展之前，清楚看到自己的行為會如何？如果在尋求真相的同時，可以結合正向的心態和接納自己會如何？如果可以學習勇敢一點和聰明一點又會如何？

希臘神話裡的伊卡魯斯是一個適當的比喻。伊卡魯斯嘗試用他父親戴達路斯用蠟和羽毛製造的翅膀逃離克里特島。戴達路斯警告伊卡魯斯不能飛得太高或太低，飛得太低表示海水會沾濕羽毛，使翅膀變得沉重而被拖下水；而飛得太高太陽則會使蠟融化。可是伊卡魯斯不顧父親的警告，決定飛得高高的，結果蠟當然融化了，而他便從空中墜落，一命嗚呼。

在看自己這方面，人們必須有足夠的勇氣張開翅膀，但也要夠聰明，別飛得太高，以免被自己的盲點送到高空向太陽飛去。當人察覺真相時可能出乎意料，或者是震驚，甚至可能是感到欣慰，無論是哪一種，都能讓人有改進的力量。

這正是我必須幫助史提夫理解的。我們針對他的想法討論了數小時。他起初很排斥，找尋各種藉口反駁別人的批評。但是非常值得讚揚的是，他慢慢開始接受他聽到的事情。到我們第一次會議結束時，我看到他嶄新的一面。「我從來沒有對我的領導方式有過懷疑，」他告訴我，「我有什麼可懷疑的？一切都好好的啊。可是這幾個月以來，情況的確不太對勁，我也不知道是哪裡出了問題，成果不如我的預期。最糟糕的是，我還把這種情況帶回家了。」他感慨地苦笑著。

「好在這些問題全都可以解決。」我告訴他，「你剛才就跨出了一大步。」

「是嗎？我做了什麼？」他疲憊地問。

我笑說：「你剛才接受了現實。」

克服認知盲點的三大方法

確實，決心學習和接受現實是自我覺察者和其他人最顯著的不同。有洞察力的人會試圖非常努力克服自己的盲點，了解自己。經由檢驗自己的假設，不斷學習和尋求意見回饋，就有可能克服許多內觀的障礙。

方法一：檢視自己認定的假設

鮮少有人會質疑對自己及周遭世界的假設，有雄心壯志、成就非凡的人更是如此。

我以前教授為期一周的執行策略課程時，便目睹一個具有說服力的實例。在第二天課程的上午，學員們會進入教室，在每張桌上看到一個用塑膠袋包著的小拼圖。這些平時掌控公司權力的高階主管，在被告知要在五分鐘內完成這個拼圖時，根本不把這樣一個簡單的任務放在眼裡，心想幹嘛要浪費他們寶貴的時間。但為了遷就我們，他們還是會打開塑膠包裝，把拼圖丟到桌上，然後開始轉動拼圖片，這些圖片的一邊是藍色，面朝上（或者他們認為應該是藍色面朝上）。通常過了兩三分鐘之後，拼圖只完成約百分之八十，於是他們迷惑的抓耳撓腮。就在時間快到時，有一個人——請注意了，這幾乎從無例外，在大約二十位高階主管中，只有一個人會明白這個拼圖只有把部分藍色拼圖片「反過來」才能完成。

在日常生活中，我們很少想到自問是不是該把眾所周知的拼圖片翻個面。哈佛心理學家克里斯・阿吉里斯（Chris Argyris）在他的必讀書《提高領導效能》（Increasing Leadership Effectiveness）中說，當事情不符所想或預期時，人們一般會想當然耳認為原因是出在環境。當然這是拼圖工廠出錯的緣故，或是少掉的那塊拼圖在拿出盒子時不知怎的不見了。人們最不會去觀察的地方，就是自己的信念和行動。阿吉里斯和同事唐納・舍恩把這種思考類型稱之為「單一迴路的學習」，這種思考類型的人不會試著找出原因，並將之與對自己和對這個世界的基本假設做比較。

相較之下，「雙向迴路的學習」過程則包含懂得將已知的資訊，與自己的價值觀和假設做比較，更重要的是，也會邀請別人這麼做。雙向迴路的學習對習慣「發明、創作、達標」的成功人士特別困難，畢竟他們已用現有的假設活了大半輩子，所以這些假設勢必有效。可是他們往往沒有意識到，把眾所周知的拼圖片翻個面對持續成功會起多麼關鍵的作用。

所以要如何學習這麼做？有一個方法是培養把「過去的預測」與「現有的結果」互相做比較的習慣。著名的管理學教授彼德．杜拉克建議可以採用一個他已使用二十多年簡單又實用的方法。也就是他每次要做重要決定時，會把預測將發生的事情先寫下來，等到有結果之後，再拿實際發生的情形和他的預測做比較。

可是如果想要立即驗證自己的假設，而不是徒有後見之明呢？決策心理學家葛瑞．克萊恩（Gary Klein）提供另一個做法。他建議做他所謂的「生前驗屍」，問自己這個問題：「想像現在是在一年後，我們已經實現了這個計畫，結果卻是一團糟。把這場災難的經過簡單的寫下來。」在這個過程中，我們往往會發現之前未曾考慮到的潛在危險。同樣的方法也可以運用於大部分重要的決策上，例如遷居一個新城市，接受一份新工作，或決定與戀人結婚。（附錄G有一些問題能幫助你找出自己的假設，並且發現自己是不是有一些唐納．拉姆斯斐爾德〔Donald Rumsfeld〕說的，對自己有「不知已之所不知」。）

方法二：不斷學習

這個方法特別適用於自以為已經很專精的領域中。

大衛．丹寧和賈斯汀．克魯格在他們一九九九年進行一項有里程碑意義的研究中發現，當過度自信但表現不佳者經過訓練並提升工作績效後，不但日後都能持續保持效率，也能提高對以往工作缺乏效率的洞察力。抱持「自以為懂得愈多，就愈需要學習」的心態，是對抗知識盲點，並在這個過程中提高效率的有力方法。

方法三：尋求別人對我們能力與行為的回饋

在截至目前為止所有的方法中，客觀的意見最有機會幫助大家看到和克服這三個盲點。為什麼會這樣？等一下會討論到，我們身邊的人幾乎都能看到我們看不到的情況。正因如此，所以我們必須與會說真話的人為伍，不論在工作上和在家庭都是如此。我們需要的是在自己狂妄自大的時候，會（親切的）挫我們銳氣的同事、家人、朋友。

史丹佛大學研究員哈亞格里瓦・拉奧認為，有青少年子女的領導人比較不會過度自信。家有青少年孩子的父母知道，這個年齡層的人永遠不會為你所動，而且絕對會毫不猶豫的告訴你你有多麼不厲害。（確實，和與你意見相左的人為伍，是領導成功的基石之一。好的領導者身邊的人會指出他們的錯誤，而失敗的領導者絕對不會和敢糾正他的人相處。）

我會是第一個承認尋求回饋意見可能是最讓人膽戰心驚的事之一。不過，相信我，你得到的自我認知絕對值得你這麼做。這一點問我們的朋友史提夫就知道了。

我們第一次會議結束時，他做了一個決定。他看著我勇敢地宣布：「雖然我不喜歡妳說的那些事，不過我願意接受。我也會在妳的幫助下搞定它們。」這種堅定的決心是朝正確方向跨出的另一大步。

此時，雖然史提夫有勇氣做出不同的選擇，但還是需要培養執行的能力。所以之後的幾個月，我幫助他釐清想法，理解他對團隊的影響，並向會對他說實話的人尋求回饋。在首次會面一個月後所做的輔導中，史提夫還在努力理解何以人人認為他是一觸即發的大砲。

於是我嘗試用不同的方法問他：「你知道上次會面時，我把團隊對你的看法告訴你時，你有什麼反應嗎？」他回答：「當然。」我搖搖頭說：「我可不這麼認為。」我盡可能把印象中他的反應重現出來——盛氣凌人的瞪視、音量提高、下巴緊縮，讓他明白這些行為表現出多麼大的敵意。「我不認為我一直這樣，」他說，「不過我相當確定我有嚇到我的家人，一如我嚇到我的團隊。」既然他比較明白自己的行為如何影響了別人，我就可以開始嘗試用不同且效果比較好的方法。

這個過程進行了幾個月。史提夫和任何一個做這種事的人一樣都遭遇到挫折，不過他持續在進步。其後數月，他看到自己的效率提高，便生出一種新的自信。後來他的團隊開始注意到他的改變，他的家人也一樣。他們全都開始談論這個被他們稱為「新的史提夫」的好人。那一年他的團隊設定的業務計畫達標，總裁也開始信任他的能力和決策，這些結果絕非巧合。

在做出可在生活中發揮指導作用的決定時，真相就是力量，不論這個真相聽起來有如音樂般悅耳或是像指甲刮黑板的聲音。比丘尼佩瑪・丘卓（Pema Chödrön）指出：「人能對自己做出最根本的……傷害，就是保持無知，不願誠實而溫和正視自己的勇氣和尊重。」幸而獨角獸和其他人的差異之處在於，「他們是否願意改變」這件事，與天生的能力關係較小，與意願、決心的關係較大。

本書的其餘部分會討論更多策略，幫助大家找到勇氣和尊重，誠實而溫和的正視自己，在這麼做的同時，事業更成功，對人際關係更滿意，而且生活更知足。

不過在此之前，至為重要的是了解和努力克服缺乏洞察力的第二大絆腳石：我稱之為「自我崇拜」。

第四章
自我優越的錯覺

我們愛上自己的影像、自己製造的影像，結果那原來就是自己的影像。

——丹尼爾．布爾斯坦（Daniel J. Boorstin），前美國國會圖書館館長

【國際瀑布城訊】培森射進兩球，冰人隊周六在比賽為之瘋狂的下半場攻進五球，以四比二獲勝，終結龍隊的勝場。冰人隊在下半場進行一分鐘後得分，右翼羅登擊出冰球攻破守門員凱爾迪的阻擋。後來龍隊的凱登與凱頓發動以多攻少進球得分，把比賽扳成平局。傑克森用曲棍棒打到布瑞肯，打得他鼻血直流，被罰到禁區內坐監，之後龍隊發揮耐心，以寡敵眾。凱登把冰球擊到球門線下傳給凱頓，凱頓再把球傳給在槽區的康斯坦丁，輕輕鬆鬆為龍隊奪下一分。

以上完全是一場虛構的曲棍球比賽概述。不過球員的名字並非虛構，假使你沒有留意的話，不妨再看一眼：培森、凱爾迪、布瑞肯、傑克森、康斯坦丁，對，凱登和凱頓。（機率有多大？）我是從二〇一五年西部冰球聯盟（由六十所美國和加拿大高中組成）真正的選秀名冊中，挑出這些奇

怪又獨特的名字。我沒有提到的人呢？凱爾（Kale，沒錯，這個字的意思就是羽衣甘藍）、拉克、四個人叫做道森（在影集《戀愛時代》飾演道森一角的演員詹姆士・范德比克會很感動）。

光是一群冰球球員就有這麼多奇怪的名字，雖然是怪了點，但又好像純屬巧合。可是西方冰球聯盟並非異常值。《家長雜誌》二〇一二年做的一項調查顯示，現在家長會為男孩挑選像是布雷德（Blayde）、德雷文（Drayven）、艾然德（Izander）、傑迪恩（Jaydien）、塞登（Zaiden）的名字，為女孩子挑選安妮絲頓（Annyston）、布魯克琳（Brook'Lynn）、拉克絲（Luxx）、夏蓓（Sharpay）、澤瑞卡（Zerrika）之類的名字。

在一項迄今對美國取名字趨勢所做的最大規模研究中，研究員珍・特文吉和凱斯・坎培爾分析於一八八〇年到二〇〇七年之間為三億兩千五百萬名以上的寶寶所取的名字後發現，二十世紀初期的家長一貫為新生兒取傳統的名字，例如一八〇〇、一九〇〇、一九一〇、一九二〇年最常見的名字，男孩是約翰，女孩是瑪麗。之後數十年，家長仍繼續取傳統的名字，像是詹姆士、麥可、瑪麗、琳達。

可是特文吉和坎培爾發現，從一九八〇年代開始有一個相當奇怪的模式，就是愈來愈少家長選擇這些菜市場名。一九八三到二〇〇七年之間，美國父母為子女取常見名字的比例逐年銳減，一九九〇年代減幅最大，到二〇〇〇年以後依然在減少。這是個相當清楚的基準點：一八八〇年，將近百分之四十的男孩和百分之二十五的女孩會取十大常見名字，但是到二〇一〇年，這個比例下降到男孩不到百分之一，女孩不到百分之八。特文吉觀察發現，「家長過去經常為子女取一些通俗的名字，讓子女容易融入群體。可是現在，他們會為子女取獨特的名字，讓他們與眾不同，甚至成為耀眼的明星。」

我指出這個事實並不是要做負面的批評。家長當然可以隨心所欲為子女取任何他們想要的名字（這是一個自由的國家）。我引用這些資料是因為除了有趣之外，這個趨勢也是一個全球皆然、無可阻擋的趨勢，而這對自我覺察就是個強大的障礙。

不知你是否意識到，現今有一個狂熱崇拜的強大教派正在對你招手，那就是「自我崇拜教」。這些信徒往往表現出對某一個人或某件事錯誤或過度的崇拜，而且這個教派選定了一個讓人無法擋的靈魂人物，那就是你！我們不難看出「自我崇拜」蘊含的希望有很大的誘惑，令人難以抗拒。它使我們自以為獨一無二、高人一等；認為自己的需求比別人的需求更重要；自認為不受和別人相同的規則限制；可以予取予求。無怪乎自我崇拜教派成功的招徠這麼多鄰居、朋友、同事，說不定也成功地誘惑了你。

上一章講的是妨礙洞察力的內心阻礙，這一章則將找出這個暗中為害的社會障礙。或許更重要的是，我將教你學習幾個抵擋誘惑的方法——萬一你已被誘入陷阱，能讓你從中掙脫的方法。

從「努力的時代」轉變為「自尊的時代」

在長久的人類歷史上，自我崇拜是近期才有的現象。數千年來，傳統的猶太基督教價值觀強調謙遜和謙卑是衡量美滿生活的標準，這與自我崇拜是對立的兩極。十八世紀的美國建立在努力工作、堅毅和韌性上面（而現在這個國家卻已匯聚了對於自我崇拜最熱中的一小群人）。這個「努力的時代」延續數百年之久，培育出人們避免崇拜自我的共同心態，並隨著所謂的「沉默的一代」（在一九〇〇到一九四五年出生者）和二十世紀初期發生的一些大事——第一次世界大戰、大蕭條、第二次世界大戰等事件，而到達顛峰。

可是隨著二十世紀中葉自尊運動的展開，「努力的時代」被「自尊的時代」所取代，而這個種子最早是由一九五〇和一九六〇年代的人本心理學運動播下的。例如，卡爾・羅傑（Carl Rogers）主張人類只能以「無條件的積極」關注自己，才能發揮潛力。也許更著名的是馬斯洛的理論，他提出人類的需求有層級結構，頂端是自我實現，也就是全然的快樂與自我實現。然而馬斯洛自己也承認，自我實現是難上加難。自我尊重只比自我實現低一個層級，而要做到自我尊重只要轉變心態即可。換句話說，就是我們不需要「變得偉大」；真正必須做的是「覺得偉大」。

不出所料，自尊開始像野火蔓延般流行起來。一九六九年心理治療師納撒尼爾・布蘭登（Nathaniel Branden）在他出版的全球暢銷書《自尊心理學》（The Psychology of Self-Esteem）中自信的斷定，自尊「對人類存在的各層面都有深遠的影響」，「他想不出任何一個心理問題——從焦慮症到憂鬱症、從畏懼親密或害怕成功，到虐待配偶或猥褻兒童，是無法追溯到低自尊的問題上面。」

雖然納撒尼爾・布蘭登通常被視為自尊之父，但卻是一個叫做約翰・華斯康塞羅司（John Vasconcellos）的人把這個運動推向一個全新的層次。這個童年有憂鬱症病史，後來由法學系學生搖身成為政治人物的人，於一九六六年宣誓成為加州議員後，第一步就是提出法案，成立加州促進自尊與個人及社會責任的特別小組，由納稅人買單的金額高達七十三萬五千美元（約相當於今日的一百七十萬美元），十分驚人。

這個特別小組的第一個議程是以經驗為基礎，提出「建立高自尊可以降低犯罪、吸毒、酗酒、少女懷孕、兒童和配偶受虐，以及依賴福利服務」的理論。只不過有一個微不足道的小問題，就是這是不可能的事。事實上，這個特別小組被迫硬著頭皮在自己提出的報告中承認，「自尊與其預期的效果之間的關連強弱不一，又或者根本無關」，而且「自尊和少女懷孕、自尊與虐待兒童、自尊與大部分酗酒和吸毒案例之間」毫不相干。雖然沒有人想承認，但是「從自尊高低可以預測人生成敗」的概念，說句不客氣的話，根本就是荒唐至極。然而華斯康塞羅司在一份否認這個科學方法的聲明中，仍頑固地表示「我們憑直覺都知道這是千真萬確的」，而不承認特別小組的發現。

被記者威爾．史托貼切地給予「摧毀美國自我之人」名號的心理學家羅伊．鮑麥斯特（Roy Baumeister）也加入懷疑自尊是萬靈丹的行列。鮑麥斯特從職業生涯初期就開始研究自尊，剛開始是自尊運動最忠實的信徒之一，然而日後反而持懷疑態度。他不能理解為什麼像華斯康塞羅司這樣的人宣稱「低自尊的人是暴力和有攻擊性的」，因為他從經驗得知的結果是正好相反的。可是鮑麥斯特並非是全憑經驗行事的人，所以他開始對此深入進行科學的探討，二〇〇三年他和同事對將近三十年來一萬五千多項自我尊重研究發表了明確的控訴。

他們的評論證據確鑿地指出，自尊與成就之間幾乎毫不相干。舉例來說，軍校學員的自尊與他們擔任領導人時的表現無關；大學生的自尊並未讓他們具備優越的社交能力；高自尊的專業人士與同事之間的關係並沒有比較好。而對納撒尼爾・布蘭登及其門徒而言更沉重的打擊，是提高失敗者的自尊反而會影響其表現，而非能正面提升。鮑麥斯特與他的同事們得出的結論是，自尊既不是「能預測絕大多數事情的主要因素，也不是它們形成的原因」，尤其更不是能預知或決定一個人成功與否的主要原因。

此外，鮑麥斯特的研究還顯示了一個令人難以忽視的真相，動搖了建立整個自尊運動的假設。那就是：其實打一開始，低自信就不是大部分美國人有的病。在自尊的支持者悲嘆（大家）不愛自己的同時，自尊的程度卻幾乎可以說是以無法控制的穩定速度持續上升。真正的社會問題其實是大部分人的自我感覺太良好了（而且通常是沒有任何客觀原因）。

接下來的情形更糟糕。鮑麥斯特的評論顯示，高自信者比較暴力，較具攻擊性；戀情遇到問題時，比較可能一走了之、不忠，或是採取其他破壞性的行為。他們也比較可能會騙人、喝酒、嗑藥。這一切簡直就和加州特別小組一直以來的主張背道而馳。

雖然鮑麥斯特和他的研究小組揭發了自尊的騙局，但似乎無法動搖人們要得到更多自尊的執著。為什麼會如此？我認為歸根結柢在於「感覺美好和特殊」，比「變得美好和特殊」要容易得多。就和葛瑞森・凱勒虛構的沃比岡鎮一樣，人們繼續讓子女產生他們就是高於平均水準的錯覺。

只要人人有獎，這世上就沒有輸家？

在英格蘭西北兩條河流的匯合點，是迷人的巴洛福小鎮。這個地區在十七世紀以巫術中心著稱，一六一二年某個夏夜，有十位所謂的「彭德爾女巫」在這裡被絞死。而今日在充滿翠綠山坡、蜿蜒河谷的此處，有另一種奇怪的魔法在進行中。

在一般訪客看來，巴洛福可能只是一個高級旅館和骨董店林立的尋常郊區（即使這裡是有那麼一點古趣）。很少有人會知道巴洛福擁有一個耐人尋味的特色，就是這個鎮上的孩童從來不會淘氣調皮。不信嗎？那你要怎麼解釋巴洛福小學的校長瑞秋・湯林森堅持學校裡沒有壞孩子這回事？她說，這個學校裡三百五十個學童，每一個都是「獨一無二的」。正因如此，老師們說話不會提高音量或是給予懲戒。湯林森說，「處罰只是剝奪受害者和作惡者他們需要的東西」。反之，要使這些男童和女童充分發揮潛力，必須要提醒他們「每個人都很特別」，而且要「無條件地經常提醒」。

不過，萬一在極少的情況下，讚揚的這種神奇魔力失效，小朋友的行為欠妥時，老師倒是有一個方法可用。他們可以把這個小朋友單獨帶到一間教室，而且在這個時候只能說：「我要你知道，我認為你很棒，可是你的錯誤行為讓我覺得，在這裡待一會兒對你來說是最好的方法，你可以學習不再犯同樣的錯誤。」有意思的是，老師對犯錯的孩子僅有的終極手段就是告訴他們（而且是板著臉孔）：「你已經把我的耐心耗光了。」1

巴洛福小學的學童不論表現如何，都會無條件得到讚美，湯林森的學生們告訴一組來校參觀的督察員，「沒有人會在意我們並未全力以赴這件事」。有一年，學生們收到測驗成績，校方還附一封信讓他們帶回家，上面寫道學業評量不可能評量出學生所有特質和美好品性，並說不論他們的成績如何，湯林森都以所有學生「在這難以應付的一周裡已盡了全力」為榮。

這種煽動自尊的做法，跟一六一二年女巫鎮絞死那些可憐婦女的手段，同樣都創造出驚人的奇蹟。二〇一五年九月，這所學校拿到最低評分，被英國政府的督察員們視為「不及格」，其他專家也把巴洛福的教育理念貼上「過於夢幻」的標籤。湯林森對這個批評的回應是，她雖然感到失望，但也「對未來感到非常樂觀和振奮」。就對現實的錯覺而言，她的回應可說是無價。

巴洛福這種錯誤的做法，是為了讓孩子們無論在任何情況下，都能擁有被極度呵護的自尊。事實上，不只是這所學校如此。我們都聽說過這樣的例子：在運動比賽中人人都是贏家，像是美國青年足球組織每一季發出大約三千五百枚獎章（平均算來至少每位球員都能得到一枚獎章）。另外還有一些做法則是乾脆防止學生有輸的機會，像美國和歐洲某些學校就禁止所有競賽性的運動。在一些小學裡還禁止有不及格的成績，也禁用紅筆，因為它們太「負面」，又或是要求學生每天花時間學習「愛自己」課程。

這樣小心翼翼處理年輕人自我的做法，在美國那些篩選入學學生最嚴格的長春藤名校更為盛行。比如在二〇〇一年，高達百分之九十一的哈佛大學學生是以優異的成績畢業；二〇一三年，至少有半數學生的成績是優等。到了二〇一五年，學生有百分之七十二不認為分數過高是問題。我以身為一位耶魯大學畢業生的姊妹為榮，也格外喜歡這個故事，可是後來卻得知耶魯大學也有類似問題：在二〇一二年，成績特別委員會發現有百分之六十二的學生成績是A或A-，但一九六三年這個比例只有百分之十，然而許多耶魯學生和教職員認為這只是代表「全體優秀的學生表現相對穩定」。

這在在證明一個我稱之為「感覺良好效應」的全面性問題，但是後果遠比這個看來愉快的名稱險惡得多。舉例來說，在職場上，往好的方面來說，只是自以為特殊、了不起的人會令必須和他們共事的人苦惱；但往壞的方面說，則是他們嚴重缺乏處理批評的能力，受挫度極低。喜劇演員喬治．卡林知道很多這樣的情況。他說：「這年頭沒有小孩會聽到在培養重要品德時必須面對現實的負面話語，像是：『你輸了，巴比。』『你真沒用，巴比。』他們已經習慣那些委婉溫和的話，卻從來沒有聽到關於自己的實話，直到二十幾歲被老闆叫進辦公室說，『巴比，把你的桌子他X的清乾淨，滾出這裡，你這個沒有用的傢伙！』」

在現實世界裡，不是人人都能以優異的成績畢業，事實上，對自己的能力抱持的假象愈大，成功的可能性愈小。舉一項研究為例，這項研究發現大學新鮮人對自己的學術能力過於自信時，大學四年裡的幸福感以及參與課業的經驗，都不如比較實事求是的學生。

1　記者艾莉森．皮爾森曾天馬行空地想像，假使這樣的理念運用在英國於二次世界大戰期間的外交關係上，會是什麼情形：「敬愛的希特勒先生：閣下已耗盡我們的彈性。請歸還波蘭，否則您會對我們的幸福安康產生嚴重的影響。英國敬上」

感覺良好效應也會損害人際關係。在一項針對感覺良好效應所進行的研究中，研究員把一百名大學生對自己個性的看法，和專業的心理醫師對他們的評估做比較。心理醫師們認為自我認知正確的男學生是「誠實且聰明的人」，但是對不切實際給自己正面評價的男學生，心理醫師說他們是「狡猾」、「欺騙」、「不能信任的人」，而且「自我防衛系統很脆弱。」同樣地，自我認知正確的女學生被認為是「複雜」、「有趣」、「聰明」，但是持不切實際正面自我形象的女學生則被視為「有防禦性」和「膚淺」。

不只是心理醫師看出錯覺和覺察之間的差異，即便是這些過度自信者的朋友應邀對他們做評估時，也認為他們「表現出優越感」、「有敵意」、「想法與事實相違」；而實事求是者則被認為「迷人」、「沉著」。

感覺良好效應讓人看不到自己到底有幾分技術和實力，甚至可能使人做出一些就長期看來會傷害自己的人生抉擇，儘管在做決定的當下覺得自己真的好棒棒。以在真人實境電視節目中常見的情況為例，一名年輕的醫學生放棄參加期末考，開十小時車去參加一場歌唱比賽的試唱會，然而她的歌聲奇糟無比，在第一輪就被淘汰。像這類因為過度自信而做出的抉擇，就妨礙了比此好更多的未來規劃。

可是如果你不是幻想，而是天生就是樂觀看待這個世界的人呢？樂觀的性格表示一個人會努力地堅持不懈，所以企業主和公司創辦人往往比一般人樂觀就不足為奇了。可是當樂觀毫無根據時，這種樂觀的看法就可能蒙蔽了自知力。例如，中小型企業在成立五年後依然能生存的機率是百分之三十五，可是有高達百分之八十一的企業主認為自己成功的機率是百分之七十。

即使面臨冷酷現實、難以接受的事實，這種毫無根據的樂觀依然保持著。管理學教授湯瑪士・阿斯特布羅（Thomas Åstebro）和薩米爾・艾爾海德利（Samir Elhedhli）參考非營利組織加拿大革新中心（這是幫助企業主把創新想法帶往市場的機構）收集的資料。他們評估許多公司或企業的商業計畫，然後從A到F為之評分。平均而言，有百分之七十的商業計畫得D或F，這個比例大致與現實世界的失敗率相符。不過有將近半數企業主不論評估分數的高低，都還是堅持下去，許多人甚至加倍努力，誤以為努力工作就可以使不可行的計畫提高可行性。可是幾乎沒有成功的案例。

何時該樂觀，何時又該務實？

現在你已經了解，對自己的缺點視而不見可能會導致失敗。然而在我們研究中的那些自我覺察獨角獸，顯示出一個顯著的模式，就是在少數特定的情況下，他們會有策略性地採取樂觀的態度，而且這個做法確實有效。

在此，我引用一位獨角獸的話，她是一位傑出的專案經理，最近才剛得知一個讓她覺得天崩地裂的疾病診斷。「你可以參訪否認小鎮，但無法在那兒蓋房子。」[2]她告訴我們，她發現自己生病後，需要有幾天保持盲目的樂觀，以便貯備能量面對這個新的現實。之後她便振作起來，重新打起

2　我幾乎是一字不差地引用獨角獸說的話，只做了一些小小的更改，以提高可讀性，但沒有更改原意。

精神，勇敢務實地開始對抗病魔。

如何知道何時該樂觀看待，何時又該務實？有下列幾種經驗法則可以參考。

一、**當人需要從不斷的挑戰中恢復活力，或是可以經由堅持而成功時，感覺良好效應可以有所幫助。**

在演藝界尤其是如此，因為在這個行業被拒絕是工作的一部分。在「不發表文章，就一輩子都會默默無聞」的科學界可能也是如此。丹尼爾．卡尼曼就說：「我認為能不對自己的重要性抱持錯覺的人，在反覆經歷多次小失敗並鮮少成功後，就會喪失勇氣退縮不前。而這就是大部分研究員的命運。」

可是這附帶一個非常重要的說明：在你抱持非常樂觀的態度堅持前行時，先確定這條路確實會讓你有所收穫。如果你只是一個蹩腳的演員，那麼無論如何努力也不可能登上百老匯的舞台。你必須看清楚路標，因為你的路有可能是條死巷子；如果你一無所獲，就要做好轉向的準備。

二、**暫時保持樂觀的觀點，能夠幫自己度過難關。**

我在為一群專業人員舉辦洞察力研討會時認識了凱蒂，她是一位害羞的會計師，在課堂上總是很認真地做著筆記。但是研討會結束時，她似乎不太願意把在課堂上學習到如何收集回饋的方法付諸行動。我知道凱蒂是公司的合夥人，而且在上個月過得十分煎熬，因為新來的合夥人一直在暗中扯她後腿，同時她也才在一場全面性的家族戰爭中被委任為她父母財產的託管人。簡單地說，凱蒂的生活中發生了很多事情，已經沒有多餘的精力去關注自我提升，她只想度過這個危機，掙脫困境。

或許你在人生中也會像凱蒂一樣，遭逢重大的挫折與試煉，這時你只想過一天算一天。的確，有時候生活可能給人很艱難的挑戰，所以需要用樂觀的態度幫助自己度過難關。有些獨角獸們也呼應這個觀點：一位獨角獸在意外被解雇時，暫停了他的自我覺察之路；另一位則發現離婚對她的打擊太大，所以策略性地運用盲目的樂觀度過最難受的時期。可是就算這些獨角獸不時沉溺於一點點的自欺，那也只是暫時而已。等他們準備就緒，就會勇敢面對現實，繼續自我覺察的旅程。

三、**留意在「感覺良好」和「刻意忽略」間的細微分界**。

就算有少數情況以樂觀看待之是屬最佳選擇，但大部分情況，特別是新工作、升職、公司轉虧為盈、購併、與所愛的人爭吵時，都需要你停止為這些情況找藉口。雖然失敗並非你的選擇，但是也沒有盲目樂觀的餘地。

關於「自拍症候群」——當世界只剩第一人稱

我在毫不間斷地工作六個月後，老公帶我去夏威夷度假慶生。那裡的天空湛藍清澈，溫暖的陽光籠罩我們，還有梔子花甜甜的香氣混合著海洋的鹹味，我們除了坐在那兒享受藍色的海浪不斷朝白色沙灘拍打的開闊景色外，什麼也不做。

這時突然有一道影子籠罩我們。奇怪，我心想，剛才明明連一朵雲也沒有。我還來不及瞇起眼睛看向天空，就聽到一聲尖叫和咯咯的笑聲。一對二十多歲的年輕夫婦就在我們前面停下腳步，在我們剛才一直安安靜靜享受的景色正中央鋪開他們的毛巾。當他們脫下短褲和T恤，露出穿著名牌泳衣的古銅色健美身材時，我不太高興地搖搖頭，因為有一些沙子被踢到我的煎蛋捲上面。

年輕女孩呆呆望著海面幾分鐘後跳了起來。顯然開始做一些熟悉活動的時間到了，也就是海灘自拍。她誇張地甩動頭髮、把太陽眼鏡推到鼻尖、噘起嘴唇變成大家再熟悉不過的鴨子臉時，我和外子便不太想掩飾我們的笑聲了。

然後情況就從好玩逗樂變成了討厭的騷擾。她把臀部向後翹、胸部往前凸、跳躍和裝模作樣，每隔三十秒就斜眼看著螢幕瀏覽所拍的照片。「她很快就會停下來，」我小聲對老公說，一面設法把沙子從我的早餐上面撇掉。「五分鐘。」「十分鐘。」他預測。可是我們兩個都錯了。等她好不容易結束時，已經是整整十五分鐘後，這時她坐下來，彷彿剛才什麼事情也沒有發生，躺在毛巾上睡覺，附近的每一個人都傻眼地盯著她看，但她渾然不覺。

沙灘自拍女孩的行為絕非僅有。隨著社交媒體爆炸，自我崇拜獲得的動能呈指數倍增，這件事只是其中一例。一位獨角獸說他有個朋友每天要自拍四、五十張照片。有一次他們出去吃晚餐，這位朋友所有用餐時間都在自拍。用餐途中他一度去廁所，竟然還在廁所裡做更多的自拍，並貼上社交網站Instagram，等全都做完之後才返回餐桌。

我們都有認識罹患自拍症候群的人，症狀包括自我專注到無法想像的程度，導致他們產生一些幻想，包括（但不限於）以為別人會關心你早餐吃什麼、今天是你家小孩的半歲生日，或是你正在度有史以來最棒的假期。自拍症候群患者在許多方面都已經跨越那條線，進入一種輕度但廣泛的自戀，這些人非常相信自己就是宇宙的中心，所以無法撇開自己，看到四周的人。

可是人們經常沒有察覺，強烈的自我中心不只使人看不清楚身邊的人，也扭曲了看清自己真面目的能力。研究已顯示，感覺自己有多麼特殊的程度，與自我覺察力的程度成反比。這樣的例子隨處可見，例如在臉書上貼最多自拍照的人，似乎就最沒有覺察到這樣的行為對其他人而言有多麼煩人。

在檢視社交媒體「非個人化的個人性質」時，會發現自戀已然大肆氾濫。在大部分網路交流中看不到其他人的反應或是臉部表情，所以很容易脫離現實、自我中心，又或欠缺思考。研究員稱此為「道德的膚淺假設」，超簡短的網路互動容易引發快速而表淺的想法，使人以一種缺乏深度的方式看待自己和別人。

當然，這並不是說自拍或是使用社交媒體的人都是自戀者。不過按照科學邏輯，無疑這些事情是相關的，而且有充分的證據顯示自戀的程度在上升中。例如，珍・特文吉和同事從對美國數以萬計大學生做的一項研究中發現，在一九八〇年代中期到二〇〇六年之間，自戀的程度增加整整百分之三十，這是根據測試這些人對於「假使我統治這個世界，這個世界會變得更好」，「我一向知道自己在做什麼」、「在得到應得的一切之前，我絕對不會滿足」等敘述的回答所做出的評估。

你也許會把這個趨勢完全怪到千禧年世代身上，但其實不只是在一九八〇到一九九九年之間的出生者有這個模式，另一項長期研究分析高中生對「我是一個重要的人」這個問題所做的回答，發現一九五〇年代只有百分之十二的人認同這個說法，但到一九八九年（也就是X世代讀高中時），這個比例竄升到約百分之八十。還記得上一章中提到的那項研究，有百分之二十五的嬰兒潮出生者，在高中時自認為與別人相處的能力位於排名前百分之一嗎？

自拍症候群不是一個世代的現象，也不限於自我中心的青少年。從當代文學到社交媒體愈來愈關注「我」的現象比比皆是，就連在美國總統辦公室裡也看得到。一項研究分析自一七九〇年到二〇一二年的美國國情咨文，發現在與別人相關的字眼，如「他的（她的）」和「鄰國」的使用次數減少；而自我中心的字眼，例如「我」和「我的（I,me, Mine）」則增加了。

同樣地，我自己用Google Ngram（一個網路搜尋引擎，追蹤在一五〇〇到二〇〇八年間八種語言的書籍裡的字和詞使用的次數）搜尋一千五百多萬本書顯示，雖然從一九〇〇年到一九七四年「我」（me）這個字眼的使用減少將近五成，但是在一九七五年到二〇〇八年卻增加百分之八十七以上！

社交媒體讓人更自戀且缺乏同理心

現在你可能會聯想到一個特別自戀的臉書朋友或是自我中心的名流，不過我建議你也自問是如何使用社交媒體的，不論是臉書、Instagram、LinkedIn、推特（Twitter）、Snapchat，或是任何在這本書出版後發明的東西。當你貼一張完美假期的照片時，腦中想的是什麼？你想要表達的是什麼樣的自我形象？想要傳達的是什麼？很少有人會用這樣理性或分析的方式來思考自己使用社交媒體的習慣。事實上，他們通常覺得這是自然而然的事，所以不會去深入思考，而這正是問題之所在。

這顯示出一個更大的問題，那就是最初使用社交媒體的動機為何。儘管社交媒體被認為是要與人社交互動使用，但是二〇一五年一項研究發現，維持人際關係通常可能是使用這些平台排在最後的理由，而最重要的原因，是想要把與自己相關的訊息告訴別人，這通常稱為「展現自我」。展現自我本身未必是壞事，但是隨著展現自我的增加，同理心卻減少了。自從二〇〇〇年以來，大約就在MySpace、Friendster，以及臉書的其他前驅等網站一窩蜂出現時，人們開始變得比較沒有同理心，也比較以自我為中心。研究顯示，與一九八〇年代初期的大學生相比，現在的學生認同「我往往會與比我不幸的人相比較，因而產生較溫柔與關懷他人的感覺」、「我有時候會從朋友的角度去思考，設法去理解他們」之類敘述的比例減少百分之十一。

現在你可能在想這個情況是不是雞生蛋、蛋生雞，怎能就此下結論說是社交媒體引起自戀？難道就不可能是自戀、沒有自我覺察力的人比較常使用社交媒體嗎？這些當然也都是重要的問題，其實也有證據顯示這兩個說法都沒錯。

我們不妨從第二個問題開始說起：自戀者是不是比較常使用社交媒體？東、西方的研究都顯示，自戀者確實把社交媒體當成膨脹的自我觀點的出口，花比較多時間張貼自拍之類的自我宣傳。

現在回到第一個問題，社交媒體是造成自我中心的原因嗎？我們也有支持這個說法的證據。一項研究把研究對象隨機分為兩組，並讓每一組上網三十五分鐘。第一組把時間用在編輯他們的MySpace頁面，另一組則使用谷歌地圖規劃上學的路線。研究員衡量兩組的自戀程度後發現，花時間在MySpace上的研究對象分數明顯較高，顯示社交媒體不但提高自戀程度，而且這個影響幾乎是立即顯現。

當然，喜歡自拍和幫孩子取獨特名字的人通常還未達到可診斷為自戀者的程度，自戀者是一種人格障礙，特徵是自視過高，需要權力與別人的崇拜，無法看出別人的需求。研究顯示自戀者往往會擁有短暫但親密的友誼和戀情，但是對方一旦看出他們的本性，戀情就會結束。他們自認為理應得到尚未獲得的東西，而且無法忍受批評。

在職場上，自戀的領導人會信心十足地設定一個清晰的願景，他們往往高估自己的表

澳洲網路正妹戒斷社群媒體

為了明白社交媒體的自我膨脹對自我形象的破壞力有多大，我們就來看一下十八歲的澳洲模特兒艾塞娜．歐尼爾的情況吧。

她最近宣布要關閉她的社交媒體檔案，震驚了她在Instagram、YouTube、Tumblr、Snapchat上的數百萬粉絲，可謂是自我崇拜抵抗運動的典範。歐尼爾告訴她的粉絲們，她這輩子大部分時間都對曝光，以及粉絲給她的認同和狀態上癮，無止境地追求別人對她的崇拜其實已對她的自信造成重大的損害。上傳的東西愈多，她就愈執著於追求完美，然後對一直達不到那個理想狀態便愈感到氣餒。她說：「我花好多時間看網路上那些完美的女孩子，希望自己就是她們，可是等我成為她們之一後，還是不快樂、不滿足，也不能與自己和平相處。」

歐尼爾後來成立了一個稱為「讓我們成為賽局改變者」的網站，在網站上揭發她稱之為「做假」的社交媒體。這個網站上沒有一張她的照片，只有簡短的自我介紹，標題是「我？」有時候，能破除自我崇拜的人，反而是我們認為最不可能的人。

現，主宰決策過程、尋求過多肯定，顯示較少的同理心，而且比較可能做出不合道德的行為。雖然他們對自己的領導能力自視極高，但團隊給他們的效率評價其實卻最低。研究發現，自戀的總裁對客觀的績效回饋做出的回應比非自戀的總裁少，而且後果通常很嚴重。研究員查爾斯・漢姆和同事測量標準普爾500指數（S&P500）企業的總裁在美國證券交易委員會檔案裡的簽名大小，發現總裁簽名字體愈大者，以許多指標來看（專利權數量較少、評價較低、資產收益率較差、過度投資、未來收益和業績成長較低）公司的表現愈差。

除了社會與專業上的結果之外，就連低度（亦即「非可診斷的」）自戀都能一點一點地削弱自信。想想你在網路上呈現的那個你。如果你和大多數人一樣，那麼呈現出的可能是一個經過粉飾的、「期望中的」你，讓人對你的生活有過於良好的印象。從臉書的交友狀態更新，到選舉年時國會議員經常使用推特等等，這些影響的紀錄無所不在。例如，在社交媒體上說的負面詞語往往少於其他形式的溝通方式，而且更新狀態的目的有一半是為了給外界建立良好的印象。

矛盾的是，這種不斷宣傳期望的自己反而可能摧毀自我，特別是當「實際的」自己和「期望的」自己不相符時（「我去巴黎度假的照片看起來是很棒，可是別人不知道我和老公整個假期都在吵架，我覺得我可能想要離婚」）。當人想方設法說服別人相信自己有多麼成功或多麼幸福或多麼有魅力時，通常不但騙不了人，還會提醒自己有多麼不成功、不幸福或不迷人。

世界不是繞著你轉——從「自我中心」到「自我覺察」

讀過上一章的內容，再看到大部分人並不認為自己自戀的說法，你可能就不會對此感到太驚訝。往好處說，只有百分之四的人真正符合自戀的診斷條件；往壞處說，是有高達百分之九十六的人可能表現出一些自戀的行為，至少有一定比例的時間是如此。

因為這本書全是關於勇敢決定面對和自己有關的事實，我在附錄H列入一個評估，幫助你估量自己現在有多少這樣的行為。可是不論分數高低，只要你有心從自我中心轉移到自我覺察，就值得細看以下三個策略：成為一個信息分享者、培養謙遜、練習接受自己。

一、成為信息分享者

你在日常生活中，花多少時間和精力在自己身上？有可能比你以為的多。有一項研究發現，人們說話時有高達六成的時間是在討論自己，而上社交媒體時這個比例更高達百分之八十。

可是獨角獸們卻不一樣，他們絕大多數的談話（無論是在網路上或是離線時）更關注別人，也就是他們會談論朋友、同事，或是在更廣闊的世界所發生的事等等。有一位獨角獸很貼切地說：「這個世界並不是繞著我轉」，另一位則說他與別人互動的方法包括「對我以外的事情感到好奇」。

可是當大部分社交媒體的形式似乎是為了「自我宣傳」這個唯一的目的而存在時，還有可能關注別人嗎？我們不妨從大方向來看。研究員已發現，使用社交媒體的人通常分為兩類，百分之八十被稱之為「自我信息分享者」，喜歡張貼的訊息全是在告訴每一個人和他們有關的事情；其餘百分之二十是「信息分享者」，貼的往往是和自己無關的訊息，像是有用的文章、有趣的觀察發現、好玩的影片等等。信息分享者的朋友往往比自我信息分享者多，與朋友之間的互動也比較豐富，且令人滿意。

獨角獸是信息分享者這件事或許並不教人意外，可是當我開始鑽研這個題目後，得知他們在社交媒體上花的時間也比非獨角獸多（將近兩成）時的確令我吃驚。然而，他們使用這些時間的方式卻截然不同。他們不是登錄社交媒體貼自拍、更新即將到來的假期消息，或是炫耀在工作上的最新成就，而是以社交媒體作為真正與別人往來和保持聯絡的方式。

一位五十多歲的企業家獨角獸告訴我們：「社交媒體讓我看到我關心的人在做什麼。我不常在臉書上貼東西，但每個星期中會盡量分享幾次能提振心情，或是好玩、不同的東西。如果我貼照片的話，比較有可能是老鷹棲息在樹上或是日落的照片，是我能跟別人分享的美好事物。」和其他獨角獸一樣，她使用社交媒體的目標不是要累積別人按多少個「讚」，而是要分享、娛樂和鼓舞。另一位獨角獸是一位四十五、六歲的經理，他說：「有時候這個世上的肯伊・威斯特（Kanye Wests，饒舌歌手）們需要社會大眾對他們表達肯定『對，你真的很棒』，但是我不覺得自己有這個需要。」

所有這一切都傳達一個很明確的訊息：要從把全副精神放在自己身上轉為自我覺察，就要盡量做一個信息分享者，也就是少關注自己，並且多與別人往來和相處。接下來的二十四小時，我要給你的挑戰就是在上網和離線時，注意到你談論自己的時間有多少，關注別人的時間又有多少。當你想要進行「自我信息分享」的話題或是上傳這樣的內容時，問自己：「我這麼做是想要達到什麼結果？」剛開始這樣做並不容易。我開始寫這本書時，就用過這樣的自我提醒，而自我專注的拉力強度令我刮目相看。這揭露了許多我以前沒有覺察到的行為，自此之後我努力改變自己表現出來的方式，特別是在網路上時。你試著做這個練習幾天之後，我敢打賭你會有些意外的發現。

二、培養謙遜的態度

關注別人對於抗拒自我崇拜並無幫助，我們也需要從比較務實的觀點審視自己的品德，或者換句話說，就是要培養謙遜的態度。因為謙遜表示能如實理解自己的缺點，正確看待自己的成就，是自我覺察的一個主要成分。

安潔拉・阿倫茨小時候就夢想能成為時裝設計師。她會花好幾個小時盯著媽媽訂購雜誌上的美麗圖片，並自己縫製衣服。上大學後，在這個讓青春時期的夢想化為現實的地方，她開始納悶何以其他時裝設計的學生都比她有才華。有一天，一位教授私下給了她一些建議，儘管這些忠告的出發點是善意，但勢必逆耳。他告訴她：「把時尚掛在嘴巴上，卻做不出時裝的人，我們稱之為：商人。」

平心而論，大部分有抱負的學生在被告知自己的能力不足以實現夢想後，便會沉溺在自欺欺人的大漩渦裡。「教授又知道些什麼？她老是跟我過不去。」可是安潔拉不是如此。她是在民風純樸的印第安納州長大，家中有六個小孩，她被教導要努力學習，做人要謙虛，所以她有自我覺察力，能夠明白教授給她的是忠告是金玉良言。

於是她接受了這個忠告，後來成為服飾商，並於二〇〇六年成為英國經典奢華品牌博柏利（Burberry）的總裁。她讓這個名牌的設計、零售及網路商店轉型，並且在全球不景氣中讓公司出現令人驚艷的轉折，接二連三地累積值得誇耀的榮譽，例如五年中四度登上《富比世》最有影響力的女性排行榜，被該雜誌評為年度最傑出企業人士，並獲得甲骨文公司頒發的卓越領導獎。

不過誇耀這些成就不是安潔拉的作風。當蘋果公司總裁庫克找她談負責蘋果SVP的網路和零售業務時，她特別向他強調自己既非科技專家，在電子消費產品這一行也沒有相關經驗，但是庫克知道他要的不是高科技專家，或是能使蘋果辛苦掙扎的零售部門扭轉頹勢的銷售專家。他需要的是一位有團隊精神的領導者，一位能夠吸引和鼓舞員工的無私領導人。

那麼安潔拉上任後頭幾個月是什麼樣子？比較自我中心的領導人可能會嘗試以一飛沖天的願景引起轟動，但這對企業而言未必是正確的決策。安潔拉首先視察一百多家店面、客戶服務中心及後勤辦公室，目的只有一個，就是聆聽。下一步是每星期發一封個人訊息給旗下六萬名零售人員，目的不在於告訴他們她是怎麼樣的人，或者她對零售部門有什麼計畫，而是讓他們對工作決策能有較多的參與感，並且讓員工把自己視為「拿著（蘋果）費時多年製成的產品與顧客接觸的高階主管」。

二〇一五年是蘋果史上最賺錢的一年，營業額增加百分之二十八，高達兩千三百四十億美元，員工留任率更飆升到百分之八十一，是蘋果史上最高紀錄。喔，還有，她現在是地表最有指標性和最有價值企業的最高薪員工之一，估計年薪在兩千五百萬美元以上。

像安潔拉・阿倫茨這樣謙虛的人之所以成功，部分原因在於他們對別人的關注使自己更受人喜愛和敬重。而且他們工作很努力，不把一切視為理所當然；當他們碰到難題時，會承認自己沒有解決的辦法，願意向別人學習，不會故步自封。因此謙遜領導人的團隊對工作更投入、更滿意；而自戀者若是無法學會收斂的話，就特別危險。

三、自我寬容的勇氣

謙遜的美德在這個自我崇拜的社會裡通常是例外而非常態。我看到有三個原因造成這種悲哀的情況。第一，人們通常把「謙虛」與「妄自菲薄」混為一談，因而視之為畏途，然而真實情況正好相反，因為謙遜表示能理解自己的弱點，合理面對成就，所以它其實是深度洞察力的必備條件。謙遜不足的第二個原因在於想要謙遜，就必須先馴服自我崇拜這隻強大的野獸。最後，謙遜需要接受某種程度的不完美，而大多數以目標指向的A型人格並不太能允許自己如此。（請參閱附錄I，可快速評估個人謙遜的程度。）

可是謙遜的意思是應該因為不可避免的缺點而討厭自己嗎？還是應該不斷檢討自己的弱點，以免有大頭症？幸好，用不著以自我厭惡代替漫無邊際的自尊，而是用「自我接受」的心態，這就是對抗自我崇拜的第三個方法。「自尊」意味著不論客觀的現實如何，都自認為了不起；「自我接受」（有些研究員也稱之為「自我寬容」）則意味著理解客觀的現實狀況，同時選擇不論如何都喜歡自己。所以自我接受的人不是努力追求完美，或是誤認為自己零缺點，而是能理解和原諒自己的不完美。

自我接受不只在理論上是個好的做法，對成就與健康幸福也有實質的好處。克莉絲汀・柯涅夫和同事在他們做的研究中，請即將就業的大學生參加一項模擬的求職面試，且那些面談的工作也都是他們夢寐以求的。面試官讓學生敘述自己最大的缺點時，自我接受度高的人在回答時的緊張程度以及面談後尷尬的程度都低很多，假使這是真正的工作面試，他們可能會表現得更好。

所以要如何提高自我接受度？你可以採取的一個做法，就是好好觀察內心的獨白。組織心理學家史提芬・羅格貝格（Steven Rogelberg）與同事透過一項高階主管參加的一周領導力課程，顯示自我接受度高的自我對話作用有多大。課程結束時，每位學員針對學習的課程以及他們想要做的改變，寫一封信給未來的自己。研究員把每封信分為自我接受（他們稱之為「有建設性」）或是自我批評兩種類型。和自我批評的主管相比，採取自我接受語言的主管效率較高，感受到的壓力也較小。此外，自我批評的領導人創造力也比較低。

下一章討論到認知和停止反覆思考時會再談到這個做法，但

華盛頓總統的告別演說

沒有比獨角獸喬治・華盛頓的告別演說更能說明什麼是謙遜和自我接受的例子了，這篇告別演說可能是現代史上最受推崇的總統演說之一。

他向自己於垂暮之年協助建立的這個國家告別時指出：「我並未發覺自己有刻意為之的錯誤，但我也很明白自身的缺點，我不認為自己未犯過很多錯誤。」他還請美國人民讓他能給自己同樣的恩典：「我也將懷著希望，願我的國家永遠寬恕這些錯誤……因我能力薄弱而犯的過失，會隨著我不久以後長眠地下而湮沒無聞。」

是現在，特別是自我感覺欠佳，有罪惡感、恐懼、心煩意亂、無力應對時，留意一下你是在自我批評，（「我又忘記設定鬧鐘！我到底是怎麼回事？為什麼連準時這種最基本的事都做不好！」）還是自我接受。（「這是個錯誤，但我只不過是平凡人，難免會犯錯。」）你可以自問一個有幫助的問題：「我會不會對我喜歡和尊敬的人說我剛才對自己說的話？」[3]

決定謙虛而自我寬容自我接受是需要勇氣的。一位目前擔任全球高科技總監的建築師獨角獸說道：「問題不在於覺察自己，而是要喜歡你在自己身上發現的本性。」這個過程會不會令人不舒服？有時候會，可是能接受這種不舒服，多半表示你有進步了。另一位中年的獨角獸是一家消費產品企業的行銷經理，他是這麼說的：「愈投入建立自我覺察，就會對自己愈有同理心和仁慈。」

探討自我覺察常看不見的障礙（包括無法看清自己的盲點，以及助長錯覺的社會力量）之後，接下來便可以開始學習改善之道。你即將知道，這需要捨棄許多先前對自我覺察的錯誤觀念，所以下一章將破解一些關於內在洞察力常見的愚行和誤解，並且學習該做些什麼。

3　有興趣學習更多方法提高自我接受度者，我強烈建議瀏覽克莉絲汀・柯涅夫（Kristin Kneff）的網站：http://self-compassion.org/category/exercises/。

第二部

內在自我覺察的迷思與事實

第五章
四種錯誤的自省法

我們何不冷靜、耐心地審視自己的想法，並仔細省思，看看這些表象在心中真正的面貌？

——柏拉圖

星期二晚上十一點左右，我躲在暗黑的辦公室裡，只有電腦螢幕刺眼的光線亮著，我坐在那裡盯著一組剛剛分析好的資料。說我感到困惑還是客氣了。一、兩個星期前，我和我的團隊做一項研究，想分析自我反省與快樂、壓力、工作滿意度等之間的關係。當時我相信結果不會有出奇之處。（想當然耳，花時間和精力自我省察的人會更了解自己。）

可是令我大吃一驚的是，資料顯示的結果完全相反。結果顯示，自我反省分數高的人壓力比較大、比較沮喪、比較焦慮、對工作和愛情比較不滿意、比較關心自己，對感覺對生活也比較無法掌控，而且，這些負面的結果又使他們做更多反省！這到底是怎麼回事?!

雖然我當時不明白，但是卻在無意中發現一個自我覺察的驚人迷思，而且是研究員才剛開始理解的迷思。一、兩年前，雪梨大學教練心理學者安東尼・葛蘭（Anthony Grant）也在研究這個現象，他發現洞察力（他定義為「本能地了解自己」）較高的人，戀愛關係較親密、目的感較明確，且比較幸福。其他類似研究也顯示，自我覺察力高的人比較能掌控自己的生活、顯示較大幅度的個人成長、戀情較美好、比較平靜和滿足。到目前為止一切都不錯，對吧？

可是葛蘭也發現，「自我檢視」與「自我認知」之間並無關連。也就是說，「思考自己」與「了解自己」完全是兩回事。事實上，他在一些例子裡還發現完全相反的情形：研究對象花在檢視自己的時間愈多，對自己的了解就愈少（是的，你沒有看錯）。換言之，人們可以花大量的時間自我反省，但是得到的自我認知並不會比反省之前多。

自我檢討的能力是人類特有的。雖然黑猩猩、海豚、大象，甚至連鴿子都可以在鏡子裡認出自己的影像，但人類是唯一有自我檢視能力的物種，亦即有意識地檢討自己的思維、感受、動機和行為的能力。[1]

數千年來，自我檢視被視為一個有益且正確無誤的活動。例如在十七世紀，哲學家笛卡兒主張任何有價值的知識都是得自於自省。二十世紀初，先驅心理學家威廉・馮特（Wilhelm Wundt）便以自我檢視作為他對感知與意識研究的核心部分。再舉一個比較現代但沒那麼科學的例子，晚餐外賣的福餅最近建議我「把思維轉而向內，找到自己」。

—

1　我把「自我檢視」當作「自我反省」或「自我檢討」的同義字使用。

撇開福餅的智慧不談，自我檢視可說是最普遍被譽為通往自我覺察──至少是內在自我覺察的道路，而這正是這一章的重點。畢竟，還有什麼比內觀、深入探尋自己的經驗與情緒、理解自己為何是現在這樣，更能提高自知之明的方法？我們可能都會設法了解自己的感受，（我為什麼在那次會議後這麼沮喪？）質疑自己的信念，（我真的相信我以為我相信的事嗎？）釐清自己的未來，（什麼職業能讓我做起來真正的快樂？）或者設法解釋負面的結果或模式。（我為什麼要為一個小錯誤而這麼自責？）

可是我的研究結果，連同葛蘭和其他人的研究結果，都清楚顯示這種自我反省並不能幫助人提升洞察力。當我決定深入探討自我檢視的文獻後，我知道我的發現只是冰山一角。例如，有一項觀察伴侶死於愛滋病的男性在應對方式和後續調適的研究發現，懂得自我檢視的人（例如思考如何在失去伴侶的情況下面對生活）在伴侶離世後的一個月內精神狀況較好，但是一年後反而比較抑鬱。另一項對一萬四千多名學生做的研究顯示，自我檢視會使身心狀態較差。還有其他研究顯示，懂得分析自己的人往往比較焦慮，較少具有正向的社交經驗，對自己也常做負面思考。

為了解原因，我們不妨看看三十七歲的不動產經紀人凱倫的例子。儘管凱倫的事業成功，但是她的私生活就沒那麼順遂。她十九歲時愛上一個音樂人，短短兩周後便與對方結婚。可是婚後才一年，丈夫突然離她而去。後來凱倫再婚，這次是嫁給她在工作中認識的一位不動產專業人士。她的第二次婚姻歷時雖比第一次久一點，最後仍以離婚收場，她因此想知道自己是哪裡出了問題。

凱倫在仔細檢視自己的過往時，不斷回想到她童年時的創傷。她出生才一周，生身父母就把她送給別人收養。凱倫雖然深愛養父母，但從來無法克服被遺棄的感受。她一再自問，生身父母為什麼不要她？凱倫在幾經長考後，逐漸認為她現在所有的問題，包括愛情和生活，都可以回溯到受到生身父母的排斥。有了這個認知之後，凱倫判斷她的感情問題是從她個人的經歷產生，因此一切都無法避免。

大部分人和凱倫一樣，認為心裡那些謎團的答案就埋藏在內心深處，我們該做的是去挖掘出來，不論是自己發覺或是在治療師或所愛的人協助之下去挖掘。然而我的研究顯示，「自我檢視會產生自我覺察」的假設其實是種迷思。事實上，這有可能遮蔽和混淆自我知覺，引發大量意想不到的後果。

凱倫無疑是熱切抱著想要更了解自己的目的進行自我檢視的練習，但是這個過程卻在不知不覺中變成自我覺察研究員提摩西．威爾森（Timothy Wilson）所謂的「破壞作用」。她不斷自問何以生身父母不要她，但她問錯了問題，因為這個問題不但使她難以專注，而且讓沒有建設性和令人心煩意亂的情緒浮現，並不會幫助凱倫用健康的方式前進。

自我檢視也可能誘發一種確信已經找出真正問題之所在的錯覺，如同凱倫那樣。可是根據佛學家特桑．祖古（Tirthang Tulku）指出，內觀時，眼見不一定為實。他說：「對這個影像的信念，會把我們帶離個性的本質……〔並〕使人無法看清自己。」他用了一個恰當的比喻：檢視自我時，會有類似饑腸轆轆的貓看著老鼠的反應。換句話說，我們會急切地撲向任何「在視線內」的東西，而不去質疑其正確性或是價值。就算看似有所幫助，但是事實上這些事情不太可能有助於提高內在的自我覺察。

如果你重視自我檢視（也許你有心理治療師，或是喜歡走很長一段路邊走邊思考，或者純粹只是看重探索自己的內心世界），這些發現可能令你擔心。但無須氣餒，原來自我檢視的問題並不在於並非明確無效，而是許多人的做法錯了。我將在這一章推翻這個做法的四個最大迷思（或稱為「愚行」），顯示何以每一個迷思都沒有發揮預期的作用，以及用略微不同的方式檢視自我，如何可以讓人對自己有更深刻的了解。

自我檢視的迷思一：我們能透過挖掘潛意識發現真實的自己

貝蒂・德雷珀走進心理諮商師的診療室，取下圍巾，脫下外套，疲累地癱坐在黑色皮沙發上。心理分析師不發一語，鄭重地坐到她後面的椅子上，手上拿著筆記本。貝蒂重重嘆了一口氣，停了一會兒，開始表達她對即將來臨的感恩節的感觸，以及過這個節日對她的壓力有多大。治療師合宜地位在貝蒂的視線外，在她的自言自語中除了發出一些「嗯—嗯」之外，並不插話，只是盯著筆記本。

「這樣對我就很有幫助了。」貝蒂在療程結束時自信地說道。可是，真的有幫助嗎？設定在一九六一年的這一幕，是電視影集《廣告狂人》第一季的場景。貝蒂尋求心理諮商師處理在心中那股長期不減的焦慮感，然而治療數月後，卻不見任何改善，她的丈夫唐恩開始對貝蒂的進展失去耐心。「這是一個過程，」心理師向他保證，「你必須相信這個過程。」

心理分析之父佛洛伊德可能也會跟唐恩・德雷珀說同樣的話。他這個著名理論（於一八九六年開始發展，並且在他的職業生涯實踐四十年）的思想，是指人類心理有個部分隱藏在意識之下，而且這個部分巧妙地壓制了有關自己的重要訊息。心理諮商師要做的就是要透過深入的重點分析，挖掘這些時而令人痛苦的自我認知，而這通常可能費時數年之久。（以貝蒂・德雷珀的例子，若非後來得知心理諮商師把他們的對話回報給她的丈夫，她可能接下來十年都會被局限在心理師的沙發椅上。）你即將看到，不論是否接受治療，佛洛伊德的心理分析方法，製造出有可能是內在自我覺察最強大而持久的迷思。

佛洛伊德的理論在二十世紀大多受到尊重和崇敬，但在二十一世紀就沒有那麼仁慈了。例如心理學家陶德・迪弗雷納（Todd Dufresne）就對佛洛伊德的理論抨擊得不留餘地，他得出的結論是：「史上沒有任何名人對自己非說不可的每一件重要事情都錯得這麼離譜。」佛洛伊德一直因未能以科學驗證他的方法而受到抨擊，甚至有人指責他的不道德行為，像是偽造病人檔案，以便與他的理論嚴密接縫。許多人甚至認為他的方法充其量就是無效，事實上還有可能致使某些病人的心理健康惡化。以著名的「狼人」塞爾吉爾斯・潘克耶夫（Sergius Pankejeff）案例為例，據稱佛洛伊德治好了他嚴重的焦慮症與憂鬱症。可是潘克耶夫並不認同這個說法，後來又接受了六十年的心理分析，並說心理療法對他這一生的影響是場「災難」。

雖然佛洛伊德的大部分工作都受到懷疑，但是他對自我檢視的假設所產生的影響非常深遠，這絕對不誇張。「不論是透過治療或其他專門的自我檢視方法，透過深入的心理挖掘都可以產生自我認知[2]。」上述這個不實的保證現在雖已被揭穿，但大部分人依然對此深信不疑。

雖然佛洛伊德在找出潛意識的存在方面是正確的，但他完全沒有理解它的運作方式。尤其是佛洛伊德認為人的潛意識、動機、感受、行為等都可以透過心理分析取得，但是研究明確顯示我們無法挖掘潛意識，而且無論再努力也都挖不出來。潛意識就像陷在門被鎖著的地下室裡，佛洛伊德認為他已找到開啟這扇門的鑰匙，可是當代科學家證明其實是沒有鑰匙的（不像電影《駭客任務》裡的那支湯匙）。換句話說，人的潛意識不像鎖著的門，而比較像是密閉的金庫。

但若是佛洛伊德的方法無法讓人產生自知力，那麼這是不是在控訴所有以挖掘潛意識為手段（特別是心理治療）、使人產生自我認知的那些嘗試？[3]當然，治療有許多實證支持的效益，像是幫助配偶和家人更了解彼此，以及治療像憂鬱症和焦慮症之類的病症失調，可是有些發現應可讓人停止對「心理治療能夠普遍提高自知力」的假設。

首先，半數治療的功效或可說是安慰作用，換言之，光是想到「治療有幫助」這件事，就是使治療發揮作用的原因。再者，心理諮商師珍妮佛・賴克指出，成功最重要的指標不在於治療師使用的技巧，而是治療師與當事人之間的關係。然而，有的人（包括百分之二十的獨角獸在內）成功利用治療作為獲得自知力的途徑，這表示人們不應再對這個現象完全置之不理。

所以正確的問題不是「治療有效嗎？」而是「如何做治療可以獲得最大的自知力？」[4]因為治療的確是可以有所幫助的——在一定程度上，在某種情況下，特別是在明智的處理，並且承認治療有潛在的限制之下。

當務之急是要選擇適當的方法，也就是一個「少關注自我檢視的過程」，而要「多關注自我檢視的結果」（亦即七支柱，如價值觀、反應、模式等）的方法。洛杉磯臨床心理醫師拉拉・費爾丁（Lara Fielding）說：「治療時做太多自我檢視的危險，在於會把自己陷在自己所講述的故事裡。」換句話說，我們不該把全副精神放在自己有多崩潰上，而應該放在可以學到什麼，以及如何繼續走下去。

有一個這樣的方法，就是認知行為療法。專研認知行為療法的費爾丁說明，這個目標是運用「熟練的自我反視」挖掘自己無意識的思考和行為模式，以便日後能做出更好的選擇。以凱倫的個案來說，這個方法或許有助於辨認出她被領養所留下的創傷，把重點轉移到改變對這件事緊握不放的態度，進而修正自己的行為模式，並且釋懷、往目標繼續推進。

另一個妙招是採取彈性心態，無論是在心理治療師的診療室內或日常生活中都可以應用。彈性

2　平心而論，心理分析已有演進，許多二十一世紀的方法可以讓當事人對自己有一個比較綜合的視角，而不是設法開啟地下室被鎖住的門。這其實類似在第六章會談到「生命故事」的方法。

3　需要注意的是：我說的治療，並不包括領導力的實踐和高階主管培訓在內，因為這和著重於解決方案的方法比較有關，在第六章會討論到。

4　這也是假設你在尋求治療，以處理日常問題和一般性的自我認知，而非解決嚴重的問題，如藥物濫用、憂鬱症、焦慮等。

心態表示對若干真相和說法保持開放的心態，而不是像佛洛伊德經常採取的做法，去找尋一個根本的原因來解釋一個廣泛的感受和行為。這包括放下對某樣東西的渴望，土耳其心理學家歐默・西姆塞克（Omer Simsek）稱之為「對絕對真理的需求」。檢視自我（或者甚至是買一本像這樣的書）的普遍動機無疑是為了徹底了解自己。

然而矛盾的是，對自己尋求這樣刻板而明確的理解，反而是內在自我覺察的大敵，因為這會使人看不到許多思考、感受、行為，以及與周遭世界互動的許多細微差別。西姆塞克注意到這可能會「妨礙對所經歷的問題尋求其他觀點，（因此）可能會影響自我反省的效果。」探索絕對的正確性不但會導致較低的自知力，也可能產生意想不到的後果，如憂鬱症、焦慮症、反覆思考（稍後會再談及相關的議題）。與常理相悖的是，我的研究發現，當有洞察力的人放下這個需求後，自我覺知力反而會更高，不論他是否有就醫。（請參閱附錄J，能快速診斷自己對絕對真理的需求。）

所以，心理治療對內在自我覺知的作用是什麼？最好的做法可能是把它視為尋找新觀點和幫助探索自己觀點的一種方法。一位獨角獸說，心理諮商師的價值就在於「拿一面鏡子照看我們的思緒、感受、行為」。更廣泛來說，自我檢視應該是一個開放而好奇的探索過程，而非尋求絕對的答案。任教於中學的科學老師凱爾西也是獨角獸，他把追求自我了解比喻為太空探索：「我們知道得太少，但這正是它令人興奮之處。」在這個複雜的世界裡為任何事情找尋單一的理由幾乎是不可能的事，更別說是試圖為雜亂的思緒、情緒和行為找出答案，不過放下這個需求有助於為自我覺察力做準備。

自我檢視的迷思二：要提高自我覺察力，應該多問「為什麼」

想一想你最喜歡的電影、書籍或是電視節目。如果我請你解釋喜歡的原因，你會怎麼說？起初可能很難說清楚。「我也不知道耶——《大亨小傳》這本書就是非常精采。」可是經過一番思考，你可能會得出幾個理由，像是：「人物鮮活，費茲傑羅說話扼要機智，而且我一向很喜歡長島。」要是我問你對這些理由有幾分自信，你可能說你相當肯定。可是你可能和你的自信一樣是錯誤的。雖然大部分人認為就自身的思維、感受、行為而言，自己是可靠的權威，但是顯示人們錯得離譜的證據多得驚人。

在一項令人捧腹又兼具啟發性的研究中，兩位哈佛商學院教授讓男大學生閱讀兩份不同期數的運動雜誌，這兩本雜誌當期的封面分別是「十大運動選手排行」及「泳裝女郎」。其中，十大運動選手那期的專題性報導較多，泳裝那期則是運動報導較多。研究員接著詢問受試者比較喜歡哪一期，並請他們將做出此一選擇的原因，按重要性做出先後順序排列（例如是因為運動報導的數量較多，或專題報導內容十分精彩等）。在「大家意料之中的發現」的類別中，男學生們以壓倒性的比例喜歡泳裝那一期。

詢問原因時，有趣的事情出現了。男學生們把那期雜誌其他特點（不論是什麼）的重要性抬高了，以證明自己的喜好（顯然是荷爾蒙作祟）是有原因。如果泳裝那一期報導的運動較多，他們便把這一點列為理由；同樣的情形也發生在專題報導比較多的那一期。

而同樣的情形也出現在高度利害關係的情況，像是在刻板印象中認為是男性才能做的工作，雇用的男性就會多於女性。

然而就偏好泳裝封面的雜誌，或是雇用男性而不是女性這些事情而論，難道不會是他們其實知道自己行為的真正原因，但只是不想對別人承認嗎？為了找出答案，不妨看一項著名的心理學研究。一九七〇年代心理學家唐納・達頓（Donald Dutton）和亞瑟・艾倫（Arthur Aron）在加拿大溫哥華卡普蘭奴河地區公園展開一項有創意的研究。他們的研究對象是到這座公園遊玩，而且剛走過公園內兩座橋梁其中之一的遊客。第一座橋很堅固，看起來也不是特別恐怖；第二座橋則是懸在半空中、距離地面有七十二公尺高的吊橋。

達頓和艾倫雇了一位美女站在兩座橋的末端，邀請過橋的男性接受一個簡短的調查，之後她便會把電話號碼告訴對方，如果這些男子想要「進一步交談」，就可以打電話給她。事實上，他們想要看看有多少男性會在這個實驗之後打電話約美女出來。他們的想法是，走過高空吊橋的人會莫名產生一股興奮感，並把這股興奮感歸因於這個女子，因此比較可能會打電話給她，事實也果然是如此。只有百分之十二走過那座堅固橋梁的男性會打電話，但走過高空吊橋的人則有百分之五十拿起電話。

可是當達頓和艾倫問那些男子為什麼打電話時，你覺得會有人說「走過搖搖晃晃的吊橋使我的自律神經處於覺醒的狀態，可是我沒有把心律加快、口乾舌燥、手心出汗歸因於對墜落死亡的恐懼，而是誤把原因歸諸於在橋的末端看到的那個女子」嗎？當然不會。他們的說法比較像是這樣：「我打電話給她是因為她看起來很漂亮。」事實上，這名女子在兩種情況下看起來都一樣，所以那不可能是全部的原因，比較可能的情況是：這只是最合理、最合邏輯的說法罷了。

為什麼我們不喜歡問「為什麼」？

富蘭克林說過：「當一個理性的動物是很方便的，因為這樣就可以為有心想做的每一件事找到或是捏造一個理由。」

- **一旦找到自認為合理的答案，人們就會停止思考。**

在問「為什麼」時，亦即在「檢討自己的思緒、感受、行為的原因」時，人們一般是尋找最方便，而且貌似最合理的答案。然而悲哀的是，一旦找到一個答案，人們通常就會停止再找其他的可能性，而無從得知這個答案究竟是對是錯。有時候這就是所謂「確認偏誤」的結果——促使人們找各種藉口去證實現有的信念，而又因為這些答案反映出對自己的看法，所以就當它是事實而接受。

比如說，如果我自認為精通文學，就會把費茲傑羅明快的散文體列為喜歡《大亨小傳》的原因；或者假使我自以為是在做人類心理的精闢研究，可能就會以蓋茨比個性的複雜性為我喜歡這本書的原因。這只是一個例子，說明問「為什麼」在自我覺察中讓人自信膨脹的同時，可能也會把情況攪混。

• **大腦會產生誤導**。問「為什麼」也可能使經常偷懶的大腦誤導自己。比方說，我請你列出你的婚姻之所以成為現在這個樣子的原因。比方說，昨天晚上你的老公（老婆）參加辦公室聚會，回家的時間比預定晚了，讓你獨自在家為來訪的公婆（岳父母）煮晚餐。因為所謂的「近因效應」，這可能是你對這段婚姻關係最迅速浮現的想法，於是當你問婚姻關係為什麼會是現在這樣時，大腦有可能誤導你找出第一個可用的解釋——「他在家的時間不夠多，所以我還得應付他的父母。」儘管這個行為其實很少出現，而且他不是這樣的個性。同樣，假使平常沒有空的配偶沒有留你一個人和姻親相處，而是周末帶你去度假，給你驚喜的話，大腦可能會誤導你，認為你的婚姻關係比實際情況好。

• **靠直覺做判斷時，正確度與滿意度常比慎思熟慮還高**。問「為什麼」也可能損害抉擇的品質。研究員在一項研究中，請自稱為籃球專家的人預測全國籃球巡迴賽的結果。其中半數被要求在預測之前先要分析他們預測的理由，另外半數則只需做預測。令人驚訝的是，深入探究原因的選擇者，預測正確的次數遠少於沒有問原因的預測者。也就是說，他們一旦開始想太多，自己的專業就被拋到九霄雲外。其他研究也顯示問「為什麼」會降低對自己所做選擇的滿意度。

- **過慮容易讓人自責與沮喪**。

問「為什麼」具有破壞性的最後一個原因，在於這麼做會鑽牛角尖，並責備自己，而不是用比較健康且有效的方式前進。

在一項研究中，英國大學生在被告知做智力測驗不及格後，要寫下為什麼會有當下的感覺。與對照組相比，這些人寫完原因之後馬上就變得比較鬱卒，而且十二小時後依然如此。

綜合上述這些原因看來，如果問為什麼對深入了解內心真正的想法和情緒沒有幫助的話，那何必要問？對此，心理學家格瑞葛里・希克森（J. Gregory Hixon）與威廉・史萬（William Swann）做的研究提供了一個答案。研究員告訴一群大學生，將有兩個人會依據這些學生所做的一項關於「社交性、令人喜愛程度、趣味性」的測驗，來評估他們的人格，並請學生們判斷這個評估結果的正確性（其實評估的結果是大家都一樣，都是一名評等員給予正面評價，另一人則給予負面評價）。在做出正確判斷之前，先給予部分研究對象時間考慮自己「為什麼」是這樣的人，另一部分研究對象則被要求思考自己是「什麼樣」的人。

結果，「為什麼」組學生會排斥負面的評估，他們沒有接受或思考評估的結果，而是花時間「辯解並證明自己有正當的理由與解釋」。「什麼」組學生則比較能夠接受這個評估結果有助於更了解自己的想法。由此可知，問「什麼」會使人敞開胸懷發現和自己有關的新資訊，即使這個資訊是負面或是與現有的觀念矛盾；而問「為什麼」在本質上的作用卻正好相反。

鑒於所有這一切，獨角獸們說他們經常問「什麼」，但很少問「為什麼」就不無道理了。事實上，我們在分析訪談內容時，「為什麼」這三個字出現的次數不到一百五十次，但是「什麼」的字眼則出現了一千次以上！

多問自己「什麼」，少問「為什麼」

所以就內在的自我覺察而言，有一個可以發揮巨大影響力的簡單方法，我稱之「為什麼不是『為什麼』」。我們來看一個現實中的例子。

我最近和好友丹聊天。丹自己創業多年，日進斗金，住大豪宅，沒有出國旅遊時，一星期在家工作短短幾小時就好。所以我很訝異聽到他說：「我不快樂。我覺得得賣掉公司才行，可是又不知道自己想要做什麼。」

我問他：「你為什麼想要改變現在所做的事？」丹絕望地重重嘆息一聲，開始連珠炮似地說出自己的缺點：「因為我很容易就感到無聊；我變得憤世嫉俗；我不知道自己在這個世界上是不是有用的人。」

這個「為什麼」問題發揮了我預期的作用——不但不能產生有用的覺察，而且讓丹在試圖釐清熱情為什麼消逝時，反而變得更加茫然。於是我很快地改問道：「你不喜歡你現在做的什麼事情？」他想了一會兒說：「我不喜歡坐在電腦前，在遠端遙控領導公司——說到時差我就一肚子氣。我就是覺得心力交瘁，和別人脫鉤。」

我又問道：「那你喜歡的是什麼？」丹毫不遲疑地回答：「講話。我很喜歡表達與溝通。」他告訴我，當他面對觀眾時，精神全都來了。在談話的過程中，丹對自己產生了新的觀點，使他立即變得比較專注，頭腦更清醒，開始思考能不能改變自身的現況，多花一點時間把他的想法告訴別人。

我可以連續問丹好幾小時為什麼的問題，但是談話結束時他可能不會產生更多的自我認知，而且心情可能更惡劣。可是提出什麼的問題不到五分鐘，就引出珍貴的發現，以及可能解決問題的辦法。這個例子充分說明了為什麼的問題會讓人有局限性；什麼的問題則有助於看清自己的潛力。為什麼的問題會喚起負面情緒；什麼的問題則使人感到好奇。為什麼的問題把人困在過去；什麼的問題則幫助人創造更美好的未來。

假設你在工作一天後心情惡劣，自問「我為什

這些時候，你該問「為什麼」

問「什麼」而非「為什麼」對有些人而言可能仍難以融會貫通，尤其是讀過商學院，而且（或者）是受過根本原因分析技巧訓練的人。商業書籍作家吉姆．柯林斯（Jim Collins）在他的書《為什麼A+巨人也會倒下》中說，當企業一心專注於自己「是什麼」，而不理解「為什麼如此」時，就有滅絕的危險。這凸顯出這個規則一個重要的例外，就是在面對商業挑戰，或是解決團隊或組織裡的問題時，問「為什麼」至關重要。

舉例來說，如果員工在處理一個重要的客戶時犯下錯誤，卻不去探討發生的原因，就表示這個問題可能會一再發生。或者是一個新產品失敗時，你必須知道原因，才能保證這個產品能成功地捲土重來。

所以一個好的經驗法則是，「為什麼」的問題通常比較有助於理解所處的環境，而「什麼」的問題比較有助於理解自己。

麼會有這樣的感覺？」時，可能會得到於事無補的答案，例如「因為我討厭星期一！」或是「因為我是一個消極的人！」但如果你改成問「我現在有什麼感覺？」也許你就會明白自己是因為工作繁重而吃不消、疲憊不堪，又或飢腸轆轆。這時你也不該盲目地對這些感受做出反應，而是退後一步，決定幫自己做一頓晚餐，或打電話向一個朋友請教該如何處理工作壓力，並早睡早起。

問「什麼」而不是「為什麼」會迫使人正確說出自己的情緒，光是「把情緒用語言說出來」，而不只是「經歷這些情緒」，就可以阻止大腦啟動杏仁核（也就是戰或逃反應的指揮中心），而這有助於冷靜面對負面感受。若是你覺得這個做法聽起來太過簡單，不妨利用一個星期的時間，把你的情緒說出來，看看會發現什麼。

自我檢視的迷思二：寫日記能增加對自己的了解

查理．坎普松五十多年來一直有寫日記。每天早上旭日升空之前，由教授轉行為畫家的他便會仔仔細細地打出一千字以上，反省他的過往、觀念、家庭，還有他的缺點。（他長期以手寫方式寫作的習慣，在一九八〇年代去逛西爾斯百貨公司，衝動買下一台文字處理機後告終。）他辛苦產生的豐富果實就存放於堪薩斯州曼哈頓一間壯觀的貯藏室內，估計有上千萬字被打印、裝訂、存檔。坎普松說：「這樣做能幫助我理解我的人生……或者是讓我覺得好過些，並且在比較好的心情中開始〔每一天〕。」

可是坎普松（以及任何寫日記迷）可能會失望，因為這個持續不懈的做法其實可能並沒有提高他的自我覺察。

此時，你可能認為我說得太離譜，你會想：「怎麼可能！人人都知道，寫日記是一個與內心溝通最有效的方式！」然而，愈來愈多研究顯示，用寫日記的方式自我檢視會有一些令人意想不到的陷阱，像是可能會減低你的自知力。例如我自己的研究就顯示，通常寫日記的人內在（或外在）自我覺察力並不會比不寫日記的人高，只有一小部分重要的例外，我等一下會說明。另一項研究則顯示，說自己有寫日記習慣的人的確會有比較多的自我反省，但是他們的自知力較差；此外，寫日記的人也比較容易焦慮。

不過，也有百分之三十五的獨角獸有寫日記的習慣。要如何理解這些奇怪而且看似矛盾的發現呢？很簡單，解決之道並不在於質疑「寫日記是不是正確的做法」，而是「找出如何正確寫日記的方法」。

如何正確寫日記？

心理學家詹姆士・潘尼貝克（James Pennebaker）對他所謂的「表達性寫作」研究了三十多年，為找出「如何正確寫日記」的答案提供強而有力的方向。在研究中，他讓人寫出「對生活有重大影響事件的最深層想法和感覺」，每次書寫的時間是二十到三十分鐘。潘尼貝克發現這個做法對於每個曾經歷過重大挑戰的人幾乎都很有幫助，即使有的人覺得寫出自己的掙扎就短期而言令人沮喪，但幾乎所有人都見到自己的心情和狀態有長期的改善。

研究證明，從事表達性寫作的人記憶較佳、平均成績較高、工作較少請假、失業後較快找到工作。表達性寫作甚至還證明可幫助大學網球選手提高打球的水準。有意思的是，對生理的好處可能也和對心理一樣大。像是完成潘尼貝克式寫了四天日記作業的大學生，在將近兩個月後和對照組相比，免疫系統較強，也較少生病。

- **要「探索負面事件」，而非「過度思考正面事件」**。

人們可能直覺認為，在寫日記時記下的正面事件愈多，在書寫過程中得到的心理好處也愈大。然而這也是一個迷思。

一項研究顯示，研究對象一天針對一個最快樂的時光為主題寫八分鐘，連寫三天。有的研究對象被告知要深入分析這段過程，有些受試者則是只要重溫這段快樂時光即可。結果顯示，進行分析者的個人成長、自我接受度都少於只是重溫快樂時光者，狀態也沒有後者好。可是為什麼會這樣？切斯特頓（G. K. Chesterton）敏銳地觀察到：「快樂是一個和宗教一樣的謎，永遠不要對它加以理性地闡釋。」也就是說，過度追究正面的時刻，就會把這些時刻的快樂抽空。反之，若只是把重點放在純粹「重溫快樂的回憶」上，相對容易避開這個陷阱。因此，從寫日記尋求自我認知的首要關鍵，是要探索負面的事件，而非過度思考正面的事件。

透過表達性寫作探索負面事件，在將之視為學習和成長的機會時收穫最大。潘尼貝克指出，寫日記的人「用同樣的方式反覆再三地說相同的事情時，並沒有變得比較好。他們看這些經歷的方式必須有成長、改變，或就此結束才行。」就以坎普松為例，他是聰明地在使用的方法上有所進步。他自稱早期寫得「浮誇」的日記是強烈地關注「自我檢視」這件事，而現在寫的則是「簡短的敘述場景」，這樣的改變幫助他更能理解自己的感受。

從表達性寫作受益最大的人往往是從對自身的問題有不連貫且紊亂的看法開始，最終以連貫而有意義的敘述結束。（下一章會再回來討論這個觀點）[5]用這樣的方式寫日記，就類似接受心理治療的效果。

●勿把寫日記當作發洩情緒的出口。

會寫日記的人可能落入的另一個陷阱，是把寫日記完全當作發洩情緒的出口。相較於此，表達性寫作的無數好處，只有在「寫真實的事件」以及「事件的情緒面」時才會出現，而不是寫日記本身有產生自知力的效果。從邏輯上來說，這很容易理解，因為若是不去探討自己的情緒，就無法充分處理經歷的事情；而如果不探討事實，就會被吸入一個沒有建設性的漩渦中。因此，真正的自我認知只有在處理自己的思維和感受時才會出現。

可是我們也需提防把寫日記變成自我專注。還記得獨角獸花比較多時間關注自身以外的事物吧

5 當寫日記的人使用比較有因果關係和與自我認知相關的字眼，如「假設」、「因為」、「理解」、「明白」等來理解負面事件時，寫日記的好處便會以倍數增加。

（無論是在社交媒體或是和面對面的互動上），他們在寫日記時也是如此。前面提到過，在我們做的研究裡，寫日記的人各方面的內在自我覺察並不比不寫日記的人高，只有一個方面除外，那就是許多人把寫日記視為一個探討自己內心活動的機會，但是真正有洞察力的人知道，這個做法也有助於理解自己對別人的影響，於是寫日記的獨角獸往往會在日記裡探索別人的觀點。

一位獨角獸告訴我們，有次她與朋友相談不歡，後來對方還莫名哭了起來。等事情過後，她心情比較平復，便從朋友的角度在日記上寫下兩人之間的談話。這個做法讓她立刻有了深入的觀察，不但幫助她了解朋友的反應，也對自己的反應有一個比較客觀的看法。

- **不要天天寫日記。**

為確保寫日記獲得最大的好處，不要天天寫日記可能是最好的。真的是如此。潘尼貝克的研究已證明，每隔一、兩天寫日記比連續寫許多天來得好。他說：「我完全不認為一件可怕的事應該連續寫上好幾個星期，因為這麼做可能會落入一種空想或是自憐的循環。不時退後一下，評估你處於生命的哪個階段才是最重要的。」

確實，會每天寫日記的獨角獸寥寥無幾。在前面幾章提到由建築師變身為企業家的傑夫說，他只有在設法做艱難的抉擇時才會寫日記。他和其他獨角獸一樣，藉由寫日記的過程，從更寬廣的層面理解自己的生活，而不是以此作為挖掘內心的方法。

如果你勤於寫日記的話，那麼正確的方法就是需要做一些自我約束。只要有一點點自覺，很容易就可以訓練自己少寫一點，並從日記中多了解自己一點。如果你現在是每天寫，那麼就從限制自己每隔一天寫一次開始做起，然後隔兩天，再試著慢慢變成一星期只寫一次就好。你可以在日曆上把寫日記的日子圈起來，並在手邊備有便利貼，以記下你需要寫在日記上進一步思考的事情。

自我檢視的迷思四：「自省」＝「反覆思考」

若說發生在瑪莎・唐齊格身上最慘的事，是在二十七歲那年就被診斷得了卵巢癌第三期的話，那麼對她來說最好的事就是在術後恢復與接受化療時，從親朋好友那兒得到如潮水般湧進的關愛與善意。瑪莎對此感激不盡，但未料到這些關注會帶來意想不到的壞處。她必須為這樣的盛情而親自向每一個人道謝，也覺得有義務讓大家知道她的最新狀況。她因為打了一通又一通的電話，一再重複說同樣的話而覺得疲累不堪，此時她真正想要的只是休息。

數年後，瑪莎的一個閨密也罹癌，對方建立一個簡單但極富效率的網站和親友們交流。這件事讓瑪莎思考：如果每一位罹癌病人都能夠獲得為他們量身提供的免費服務，包括讓他們能貼出最新狀態、接收訊息、獲取資源、安排治療等，把所有這一切全放在一個地方呢？這樣的服務不但能幫助患者的親友團結起來，給予有效的支持，而且也可以讓病人有時間和精力痊癒。

於是，瑪莎把她的想法化為現實，成立非營利組織 MyLifeLine.org，如今這個網站的註冊用戶號稱有成千上萬。她知道要使一個非營利組織持續可行，在財務上需要大量募款，而且通常是以向潛在捐款人演說的方式。幸而瑪莎非常擅長談論這個非常個人的目標，不過這情況是到一個春天炎熱的午后為止，那個下午她是在MyLifeLine.org於肯德基賽馬會舉行的募款活動中演講。一年前她的演說在此處獲得全場熱烈起立鼓掌，可是今天，不知何故，瑪莎覺得她的狀態不佳，還有劇烈的偏頭痛。當她站在講台上時，腦筋一片空白。

結果，這場演說無疑是徹底失敗了，因為瑪莎的說話速度太快，讓人不知所云。演講好不容易結束時，少許禮貌性的掌聲感覺像是喝倒采。她的心揪得緊緊的，心知自己讓組織失望了。

當天晚上，瑪莎淚流滿面地告訴家人這件事，之後數周更一直糾結在大庭廣眾之下丟臉的事，心中一遍又一遍回想這場演說，以及觀眾尷尬的反應。雖然男友一再向她保證其實沒有那麼糟糕，但是瑪莎沒完沒了地撻伐自己。

英國詩人兼思想家約翰・米爾頓說過，「『心念』可讓地獄變成天堂，亦可讓天堂變成地獄。」幾乎人人都有這種陷在這種永無止境的自我檢討之中的時候，我們可能會在心中回想某段談話，為了自己做過（或沒有做）的某件事自責不已，或是想要搞清楚為什麼自己不是心中想要的那個理想的樣子。「我怎麼會在那麼多人面前讓自己出糗？」「我為什麼還陷在這段可怕的關係中？」「我為什麼不能停止吃這些該死的餅乾，然後在這個假期中甩掉贅肉？」

這種一心一意執著於自己的畏懼、缺點、不安全感有一個名稱，叫做「反覆思考」，它是「自我檢視」邪惡的雙胞胎。[6] 反覆思考除了是精神地獄之外，也是內觀的一大障礙。人一旦掉入兔子洞裡，就很難再爬出來，有時候甚至會發展到反覆思考自己為什麼不能停止反覆思考的地步！

我有時甚至聽到人們用「反覆思考」（ruminate）這個字眼作為「反省」（reflect）的同義字（例如：「這個問題很有意思；讓我翻來覆去想了好幾天。」）這也就是反覆思考何以是所有愚行中最危險的，因為它可以偽裝成積極的自我反省。[7]

反覆思考不利自我覺察的原因

在自我覺知方面，倘若說自我檢視有破壞性，那麼反覆思考就更具災難性。每個人都會反覆思考，只是有些人更常如此。（對了，你可以做一下附錄K的評估，了解自己是否也有同樣的傾向。）研究顯示人們最常在某一個對自己而言特別重要的方面未達標準時這麼做。一個長期的開心果可能會在讓朋友不開心時反覆思考；工作狂可能在考績不佳時反覆思考；慈母可能在兒子抓狂地說她是最差勁的媽媽後反覆思考。

可是不論「正常」與否，強迫性的重複思考讓人付出的代價可能比你以為的多。

6　大部分研究員認為「反覆思考」不等同於「擔心」。反覆思考一般是把重點放在過去或現在的事件上，而擔心則著重於對未來的恐懼。

7　進行「正常的」自我反省時，腦中一個稱為「內定模式」的部分會被啟動。可是史丹佛大學的研究員保羅．漢米爾頓最近發現，人在反覆思考時，大腦有另一個與處理哀傷有關的部位稱為大腦膝下前額皮質區（以及其他部位）也會啟動。這有助於說明何以反覆思考通常偽裝成自我檢視，以及反覆思考如何使人無法得到自我認知。雖然說起來很牽強，但如果你在反覆思考的話，你有可能會說：「我的大腦膝下前額皮質區在作祟，令我不安，讓我無法獲得自知力！」

• **影響身心健康**。

我自己的研究顯示，經常反覆思考者對生活與感情比較不滿意，覺得比較難以掌控自己的命運，一般而言比較不快樂。其他研究則顯示，反覆思考與成績較差、解決問題能力減弱、心情低落，和睡眠品質較差有關。

在心理健康方面，反覆思考可能是個不幸的惡性循環。例如，有憂鬱症的人比較可能陷入反覆思考的模式，使他們更關注自己的鬱卒，結果感覺更糟糕。即使沒有罹患憂鬱症，反覆思考者的壓力和焦慮感也比較大。在迄今對壓力所做的最大規模研究之一，也就是一項針對一百七十二國、三萬兩千人做的調查發現，雖然人們生活中負面事件的數量和嚴重程度是精神健康問題最大的指標，但是他們反覆思考的程度對他們感覺到的壓力和焦慮而言，也是一大因素。

• **鑽牛角尖，無法看清事情的全貌**。

一位獨角獸說：「如果花太多時間察看後照鏡裡有什麼東西，就一定會撞上燈柱。」這就是研究何以顯示，儘管反覆思考者一直在處理自己的感受，但是他們找出自己情緒的準確度卻比較低，因為他們的心思聚焦於單一事件、反應，或個人的弱點，以至於忽略了整體情況。

• **看似自我檢討，實則逃避問題**。

當人執著於負面事件背後的肇因和涵義時，會讓自己陷入隨之而產生的負面情緒，而這可能比反覆思考更令人痛苦。確實，反覆思考與酗酒等其他逃避應對策略有相關性。有一項研究顯示，在完成戒酒療程的人中，反覆思考者故態復萌的機率比非反覆思考者高出七成。反覆思考者也明顯會逃避能引起反覆思考的人和情況，而不願直接面對。

基於上述所有這些原因，反覆思考明顯會減弱正確解讀內在自我的能力。可是即便這個過程主要是著重於內心的現象，還是會損害外在的自我覺察。其中一個原因在於反覆思考者忙於自責，以致疏於思考自己在別人眼中是什麼樣子。他們通常不理會或者避免得到別人的回饋，因為他們往往不只是比較不具同理心，而且比非反覆思考者更為自戀，更只關心自己。

破除反覆思考的思考法

我們可能會假設具有自我覺察力的獨角獸很幸福，他們不會受惡毒的過度思考羈絆，畢竟他們是獨角獸嘛，不是嗎？可是儘管他們在腦中盤旋同樣一件事的次數遠少於其他人，但並沒有完全免疫，只有百分之七的獨角獸從來不過度思考。不過我們發現他們是運用幾種不同的策略。

獨角獸比較擅長在侵入性的想法悄悄出現時就先看出來，隨後也比較擅長阻止這種強迫性思考。事實上，約四分之三的獨角獸會使用某種破除反覆思考的策略。

- **正向解讀反覆思考。**

一般而言，獨角獸們對反覆思考抱持比較自我肯定的態度。一位獨角獸以前是教師，現在是四個孩子的全職媽媽，她解釋：「重點在於不可能完全不讓自己想個不停，因為思考是人生的一部分。我的目標是盡快認出它來，然後想辦法從中解放出來，同時不因為反覆思考而對自己感到失望難過。」

另一位獨角獸（好吧，她就是我妹妹艾比，下一章會再談到她）告訴我們：「反覆思考就像是暴風雨，但在風雨結束之後，就會出現蔚藍的天空。好笑的是，我應付反覆思考的一個方法就是不要理它！」

- **別人沒你想的那麼在乎。**

我們再轉回瑪莎那場公開演講的悲劇上。我之前沒有提到的是瑪莎也是一位獨角獸，這起事件是她在自我覺察旅程中一個重要的里程碑。

瑪莎在陷入不斷自責的同時，她的 MyLifeLine.org 團隊則忙著計算他們在募款活動上募得的資金。當這筆金額終於完成統計時，執行長把所有員工叫到會議室，準備宣布總數。瑪莎覺得很緊張，硬著頭皮等著怪罪她失敗的那一刻到來。可是她聽到的卻是：「這是我們有史以來最成功的一次募款活動。」霎時瑪莎頓悟到：她還在為她的演說糾結時，但是其他人早已忘得一乾二淨。畢竟，別人有更重要的事情要思考。而她不算優異的表現絲毫無損於募款活動的成功。

有了這個領悟以後，瑪莎學會在陷入思考焦慮時問自己這個問題：別人對這件事在乎的程度和我一樣多嗎？答案是否定時，她就會盡量放下，不再多想。事實上，提醒自己，別人對我們的錯誤所關心的程度，通常沒有我們以為的多，是獨角獸們最常用來破除反覆思考的對策。

•「學習好」比「表現好」更重要。

第二個有助於對抗反覆思考的心態最早是由兒童心理學家卡蘿・德魏克（Carol Dweck）和卡蘿・狄納（Carol Diener）於一九八〇年代發現的。德魏克和狄納觀察五年級生解決問題的方式時，發現這些小朋友有兩種明顯的心態。有人比較關心自己的表現（不妨稱之為「表現好」小朋友），有些人則比較重視學習和進步（「學習好」小朋友）。小朋友成功解決問題後，兩組小朋友都有參與感而且很快樂，沒有什麼太大的意外。

然而，當小朋友開始失敗之後，便有顯著的差異出現。表現好的小朋友變得沮喪，把失敗怪罪於個人的缺點（也就是反覆思考開始全面發動）。他們也以各種方式，表現出「不好玩，我要帶我的玩具回家了」的反應，像是吹噓自己在其他方面的能力，或是告訴研究員他們覺得很無聊，這其中有三分之二的人後來解決問題的能力也下降了。

反之，學習好的朋友對自己失敗的反應截然不同。他們完全不把它視為失敗。有一個小朋友還很開心地說：「我喜歡挑戰」，一面摩拳擦掌、舔著嘴唇（這可能也是最可愛的反應）。做得好的小朋友墜入鑽牛角尖的漩渦，而學得好的小朋友的自信心反而提升，幾乎所有人都維持原有解決問題的能力，許多人的能力還大幅提高。

「學習好」的心態，也就是引導思考，讓自己專注在學習而非表現上，這不但是破除反覆思考的好方法，也證明可能改善成人的工作績效。以一項研究為例，這個心態協助醫療用品的業務員堅持面對挑戰。與表現好心態的人相比，學習好的業務員在三個月期間的銷售業績更為強勁。

出現問題時，你是「學習好」還是「表現好」的人？你是胡思亂想，還是打起精神，重新站起來？（如果你對這一點感興趣，附錄L有一份評估，可以幫助你了解。）如果你較傾向是「表現好」的人也無妨，因為研究一再顯示人都具有改變心態的力量。

- **去做能讓自己分心的事**。

去做能轉移注意力的事情，是第四個破除反覆思考的方法，這其實就是個分心的技巧。雖然這個我稱為「暫停一下」的策略，感覺像是在被某件事困擾時不應該做的事，但卻是可以用來自某些揮之不去的念頭中脫困的最簡單方法。

研究顯示，最有效的分心辦法就是做某種能夠快速有積極收穫的事，像是打掃、和朋友見面，或是運動。我雖然不建議永遠躲避難題的做法，但是按一下暫停鍵，有助於稍後再回來，頭腦冷靜地解決問題。

- **停止思考**。

第五個方法是「停止思考」，這是種奇怪但卻有用的方法。這個方法類似暫停一下，但我們並不是真的付諸於行動走開，而只是在心裡暫停。

有一項研究是這樣的。精神病患者被要求讓他們的思緒隨意飄浮，隨便哪一種強迫性思考的意念浮上心頭都沒有關係（這項研究的實例包括：他們的牙齒有蛀牙；摸到過嘔吐物；無法不去想女人的臀部）。接著，他們的治療師喊「停！」同時突然製造一些噪音。聽起來雖然很荒謬，然而這個做法確實硬生生打住了患者無法停止的念頭。

雖然一般人沒有治療師跟在你旁邊並對你大聲喊停，但或許你可以想像一個大大「停」的信號，或是對自己說：「我這麼想一點好處也沒有，該停止這些想法了。」這樣都會有所幫助。

停止思考在對抗我所謂「做出決策後仍想個不停」時特別有用。反覆思考者在做出棘手的決定之後，喜歡用「你確定做的是正確的選擇？」和「你知道萬一做錯選擇的話會有多危險嗎？」之類的問題來嘲諷自己。可是如果做出決策後的反覆思考引起如此嚴重的自我懷疑，就有可能在需要向前推進

把錯誤丟出船外

一位獨角獸分享了一個很棒的故事，説明如何改變心態。

多年來在製藥廠擔任高階主管的提姆，未做詳盡調查便錄用一名高層經理人，當這位經理徹底失敗後，提拇自責多日。幸好他和家人之前早已訂好在事情發生的下一周坐船出遊十日。

一個風景如畫的早晨，提姆比其他人早醒來，於是決定到甲板上走一走。可是即使是四周瀰漫著海洋清新的空氣，他發現自己又再度在冥思苦想犯下的錯誤。就在無法鬆開大腦的死結時，他望向海洋，意識到：「儘管我犯下這個錯誤，但世界並不會毀滅，而且這個錯誤也已經讓我學到教訓了。」這時他想到一個名副其實的比喻：「我必須把它扔出船外！」（I have to toss this overboard ！）於是他便這麼做了，並因而得以與家人歡度那一周接下來的日子。在重返工作崗位後，他也成為一個更聰明也更有智慧的領導人。

和成功執行決定時使自己不能動彈。

所以在面臨艱難的決定時，務必三思不同的情境，尋求建議。可是一旦做出決定後，就必須信賴這個決定，果斷前行。但這並不表示對決定的後果置之不理。反之，做出決策後就別再多想，這樣才能夠在沒有那些徒勞無益的雜亂想法干擾之下專心致意。

• 別人說的是正確的嗎？

最後，我要透過一個不太愉快但卻有所助益的個人故事，介紹最後一個破解反覆思考的方法，就是「現狀核實」（reality check）。

不久之前，我把一項為期一年的領導力發展計畫送交到客戶那裡。在課程進行六個月後，我們發出一項調查，想要知道大家對這個課程有什麼想法，得到的結果是極為正面的，每個人對我們可以如何改進的意見也無所保留，我們聽到了許多有建設性的建議。我的心情挺好的，直到看到這一條：「我從這個課程的最大心得，是知道原來顧問可以把一些陳腔濫調、微不足道、自我感覺良好的大眾心理學和常識觀念，藉由重複利用和重新包裝，再拿來當作革新的領導力訓練課程後，可以賺多少錢。」

哎喲喂呀，是吧？我最初的反應是仰天大笑，儘管我其實一點都不覺得好笑。接下來我開始覺得像是有人朝我的肚子打了一拳。「他有可能說對了嗎？」我開始納悶。「其他人是不是也這麼想，只是不敢告訴我？」接下來就是絕對的恐慌。「我在這段時間裡的表現是否完全不稱職?!」這些執念霸占了我所有的思考空間，在我和客戶會面或是演講時，它們就會出現。

滾油煎心地過了幾個星期後，我決定打電話給一位比我優秀許多的顧問朋友。「真是的，你竟然聽到那樣的說法。」她在耐心聽我說完後說道：「我的第一個反應是為這個人感到遺憾。你是一位非常出色的顧問，所以我猜他的評論比較是和他自己有關，而不是針對你。」我之前因為很難過，所以完全沒有這樣想過。「不過，」她繼續說，「姑且假設他的回饋有一點點建設性好了，但妳有任何客觀的證據證明妳的想法不是原創的嗎？」

她的詢問立刻把我的心態從「害怕工作」轉變為「或許能從此事學到什麼」。我想了一下，回答道：「在領導力方面，太陽底下其實沒有太多新鮮事，而且我當然不是世上最有創意的人。不過人們告訴我，我能使一些模糊的概念被接受和執行，但是在領導力方面，我告訴他們的的確未必是他們原本不知道的東西。」這時我發現了明擺著的事情。「或許我應該在課程一開始時就明白說出這一點。」自此之後，我便這麼做了。

寫那則令人不愉快回饋的人十之八九並不是想幫助我，但是我朋友的現狀核實幫助我從中獲益。事實上，當我們無法克制強迫性的思考時，我們能做的最好的事，就是和自己信賴的人做現狀核實。這麼做的時候，通常就有希望，並獲得學習的機會。

你現在已了解自我檢視的四大迷思：根本沒有鑰匙可以進入門被鎖住的地下室；問自己「為什麼」這個問題既無意義又危險；寫日記未必能增加對自己的了解；偽裝成「自我檢視」的反覆思考

造成的傷害比我們以為的大。

你也已經知道該如何小心避開和這些愚行一起出現的陷阱，以及五個可以立即派上用場的破除反覆思考策略，就是記住別人對我們犯下錯誤所在乎的程度沒有我們以為的多、讓自己分心、按下暫停鍵、停止思考，以及現狀核實。下一章你會學到三個更有力，而且經過實證檢驗的內在自我覺察法。

第六章
真正有效的內在自我覺察法

很少有人能活在當下，我們永遠在期盼未來或是回憶過去。

——路易斯．拉默（Louis L'amour），美國小說家

我從丹佛的家駕車出發前往香巴拉山脈中心，三小時後我和妹妹艾比在羅斯福國家森林狹窄的泥土道上顛簸行進。

好不容易駛入落滿灰塵的停車場。「唔，我真是迫不及待。」她呼吸著山上的空氣說，「一整個周末什麼都不用做，只要跟妳一起在科羅拉多落磯山脈修習正念就好！」

「可是我想回家啊。」我帶著誇張的哀號說道。

「天哪，塔莎，」她說，「別人可是遠從世界各地特地來這裡靜坐的吔。」

「還有參觀大佛傻（The Great Stupid）。」我說了一個蹩腳且帶有奇怪敵意的笑話，咯咯笑出聲來。

「是大佛塔（The Great Stupa），」她說，「法身大佛塔（The Great Stupa of Dharmakaya）。」

她伸手去握車門把時一臉嚴肅地說，「我想要到一個正念靜坐之地已有好多年了，所以絕不讓妳破壞。」

從後車廂抬出行李時，我決定保持緘默，把注意力放在我藏在口袋的緊急抗焦慮用藥贊安諾上。

我非常疼愛妹妹，可是我們姊妹的個性南轅北轍。簡單地說，若說我是冬季肆虐的暴風雪，艾比就有如溫暖的夏日。我真的無意冷嘲熱諷，只是在努力克服自己對正念和靜坐的刻板印象。雖然目前看來美國幾乎人人都在練習正念靜坐，但我是一個注重實際的科學家，所以靜坐在我看來總是有點「空洞」（亦即缺乏科學證據，只是以一些謬論為依據）。

然而在發現有七成的獨角獸都在以某種形式練習正念後，我只得去一探究竟。還有什麼地方比香巴拉山脈中心更適合了解正念的呢？這個地方是佛教靜坐大師丘揚創巴仁波切於一九七一年創立，為他而建造的著名一〇八英尺高的法身佛塔就位於此，根據官網所說，這裡是一個「沉思的安全之所……是能讓人放鬆進入本初善、發現平衡感，和理解這個世界的神聖綠洲。」

我和艾比拖著行李沿著那條又長又冷的小徑前往登記中心時，碰到一群穿著黑色瑜伽褲、身材非常苗條、十分嬌俏的女孩子，看得出來她們不是頭一次參加靜坐營。我們經過時，她們用品頭論足的眼光瞪著我和我的名牌行李箱，顯然知道箱子裡沒有任何麻製衣物，而她們倒也沒猜錯。比我小十歲的艾比表現出對情緒獨到的洞察力，停下腳步安慰我。「別理會那些沒有正念的女孩子。」她說，「妳試試看，這個周末會很棒。」

「妳說得對。」我終於妥協，「都是神經緊張的關係，我只是必須克服自己的心理。」

「給自己二十四小時，」她樂觀地笑說，「我保證妳會喜歡上它。」

我們在上一章了解自我檢視的愚行，以及如何避免這些愚行，以提高內在的洞察力。好在出奇有效的方法不一而足，例如佛教徒練習靜坐已有數千年，而且靜坐已證明能夠強力提高自我覺察力。除非你與世隔絕，否則可能已經發現靜坐正在復興。可是就算靜坐是通往內在自我覺察最古老的方法之一，它也不是唯一的法門。

我們在這章中將會學到三個互補的方法，可大幅提高內在的自知力。其中一個是用來檢視自己**現在**的本質，另一個是探索根植於**過去**的模式，第三個則是確保自我檢討在**未來**能有相應的收穫。

現在我們不妨從一個可以幫助大家了解現在的大眾化方法開始，那就是正念——包括靜坐和非靜坐的正念。

正念，是最紅的關鍵字

如果自我檢討的意思是分析自己的思維、感受、行為，那麼反覆思考的意思就是徒勞無益地停留在這些事情上。但正念正好相反：就只是注意到自己當下在思考、感覺，但是不做批判，也不做反應。

然而和一般觀念不同的是，正念不一定等同於靜坐。人們往往把正念與瑜伽，或靜修，或禁語閉關聯想在一起，但近年來，正念涵蓋的活動更廣泛，也更多元，這有很大程度是因為哈佛心理學家艾倫・蘭格（Ellen Langer）的研究。蘭格自一九七〇年代起就一直在研究這個題目，她的研究使正念「脫離禪宗靜坐的洞穴，走進日常生活，發揮功能」。

大部分人都誤以為正念只是靜坐，但是蘭格提出更廣泛和更實用的定義：「主動注意到新的事情，捨棄先入為主的觀念，然後按照……新的觀察發現行事。」所以即使靜坐是一個練習正念的方法，卻不是唯一的方法，也不是人人適用的方法。事實上，蘭格在接受訪問時被問到靜坐時，曾自嘲地說：「我認識的人們連五分鐘都坐不住，更何況是四十分鐘。」

我知道這種感覺。說老實話，「放鬆進入當下這一刻」的說法，總是讓我有點壓力過大。我和很多A型人格的同胞一樣，我的涅槃是要靠畫掉每天待做清單上的所有事項才能修得。我在度蜜月時，就因為太著迷於生產力和工作，結果老公不得不拿走我手中的黑莓機，把它鎖在旅館的保險箱裡。

當然我不是唯一有這種癮頭的人。研究員提摩西・威爾森和同事在一系列十一個實驗中，請研究對象單獨在一個房間裡待六到十五分鐘，期間沒有電話在手，除了思考之外，無事可做。他們不太喜歡這樣，許多人更覺得很不愉快。[1]這促使威爾森想知道人們為了避免獨自沉思，願意做到什麼程度。於是他設計一項讓人們二選一的追蹤實驗：在獨自度過寧靜的時間和輕度電擊（這是項客觀來說比較不那麼愉快的活動）之間做出選擇。不可思議的是，有一半以上的研究對象選擇接受電擊，而不願忍受區區五分鐘的獨處。威爾森和他的研究小組在得知這個相當引人注目的結果後表示：「人們寧可做點什麼事情，就算這件事情是做起來不舒服或者非常痛苦，也不願意無所事事。」

儘管人們對注意力分散上癮（抑或者是對注意力分散的反應上癮），正念（特別是正念靜坐）目前仍有一點點文化的氛圍。畢竟，當安潔莉娜・裘莉、安德森・庫珀（CNN當家主播）、艾倫・狄珍妮（美國脫口秀主持人）之類的名流大力宣傳（或者該說是，在推特上發推文）做某件事的好處時，社會大眾加入他們的行列只是遲早的事，而事實上他們也已經加入了。

不只是名流酷愛正念，如谷歌（Google）、麥肯錫（McKinsey）、耐吉（Nike）、通用磨坊（General Milss）、太吉（Target）、安泰（Aetna）之類的大企業，也用正念來掌握提升的生產力以及可能帶來的身心健康。許多人更把正念帶進課堂，學校開立的相關課程在全美各地吸引的學生人數高達三十萬人以上，從東岸著名的預備學院到市中心的公共學校皆有之，就連美國海軍陸戰隊和職業運動球隊（如：波士頓紅襪），也在學習靜坐以及其他正念練習。於是產生了一個將近十億美元的小型服務產業，而且這個趨勢只會有增無減。

矛盾的是，儘管正念蔚為潮流，但是我並不認為時下有很多人認同人們更善於持正念的說法，反倒像是背道而馳了。以其中一例來說，我最近在機場排隊等候時，為了消遣，也或者是讓自己分散注意力，我決定數一數我們那個登機門有多少人在滑手機。登機門前全部四十二個人的眼睛都盯在自己的小螢幕上，你聽到這個數字可能並不覺得有什麼大不了，可是這是一個艾倫・蘭格所謂正

1　或許有必要指出研究對象不論年齡、教育程度、收入高低，或平時是否有使用社交媒體，都同樣會感到不愉快。

念的顯著例子：讓自己專注於電子郵件、簡訊、臉書、Instagram、寶可夢，或是任何正好是當天的新流行等讓人分心的事，而不是專注於當下。這裡有一個令人傻眼的數據：逾三千八百萬名美國人承認自己坐在馬桶上時會以手機購物。

不只是3C用品在干擾正念；人們自己的心念干擾也一樣多。蘭格在哈佛的同事麥修・季林斯沃基與丹尼爾・吉伯特追蹤兩千人在日常生活中的即時想法後，發現不論是在做事、看電視、照顧子女，或者是在做其他絕大多數的事時，近半數的人都說他們心有旁騖，而不是專心在做當下的事。事實上，他們追蹤了二十二件事，而至少有三成的研究對象在做其中二十一件事時，心中還想著其他事情，像是過去、未來，以及生活中的「如果」。（唯一的例外，一如所料，是在進行魚水之歡時。）

所以缺乏正念到底讓人付出什麼代價，尤其是在自我覺察方面？蘭格的研究發現，其中一個代價是注意力分散會降低幸福感。更重要的是，還會失去監看和控制自身思緒、情緒、行為的能力，而這會使自我覺察幾乎成為不可能的事。研究員在一項研究中請節食者看著一段大角羊的影片集錦或是看著影片中的自己十分鐘，之後允許他們隨心所欲地吃冰淇淋。結果，開懷大吃的人會是哪些人？當然是心不在焉的節食者。當他們的注意力不在自己的行為上時，覺察力和控制力就降低了。不論是在吃冰淇淋或是和同事一起處理一個棘手的狀況、做一個重要的抉擇，或是其他任何事情，這個原則都適用。當正確練習時，正念可以直接對治這個問題。我們就從對正念比較主流的觀點開始吧。

告別壞情緒，讓心學會鬧中取靜

我是一個心不在焉的人，所以我知道自己在香巴拉山中心會像離水的魚，不得其所。因此之故，我說服妹妹艾比，她是家族的獨角獸代表，正巧最近也熱心倡導靜坐。

然而在妹妹「保證」我會「愛上」靜坐課程整整二十四小時後，我就在試著決定到底是要歇斯底里地大笑還是尖叫逃走。你想像一下有二十個成年人在一個闃然無聲的房間裡繞圓圈，而且以超級慢的速度走路，弓著肩膀，雙手放在特定的位置（因為一些從不深入解釋原因的緣故），一隻手握拳並翹起大拇指，另一手包覆其上，兩手按在肚臍下方的腹部。

每一個人都在非常嚴肅地跑禪，至少是除了我以外的每一個人。我們緩慢地走著，一圈又一圈，走了據說是二十分鐘，但感覺像有兩小時之久。我所能想到的只有我在成長過程中暗自嘲笑的那些人，他們通常住在科羅拉多州博爾德，而且超級認真、超級煩人地追求他們那種另類的生活方式，而我不想成為他們那樣的人！

可是我也決心要把這個周末的活動進行到底。我是一個科學家，受的訓練就是按照數據指引的方向前進，但令我大受刺激的是，正念靜坐的結果既清晰又有說服力。研究顯示，練習正念的人比較快樂、健康，更有創意、生產效率更高，更具權威，更能控制自己的行為，對婚姻滿意度更高，更放鬆，侵略性較低，比較不會疲憊不堪，甚至比較苗條。所以儘管我覺得荒謬，但我至少有足夠的洞察力，知道自己的偏見正在不理性地影響我對從未嘗試過的事情的看法。

再者，我交書稿（就是這本書）的最後期限也要到了，這次的靜修對我的深度洞察力研究而言很重要。有一項研究是讓從未靜坐過的人進行十天密集的正念練習，研究對象和對照組相較之下比較不可能做自我檢視，在練習結束後以及數周後皆是如此。相形之下，對照組自我檢視的水平則提高了。受正念訓練的研究對象消沉與煩躁的程度也比較低，甚至記憶力比較好，專注的時間也比較長。而正念之所以能降低壓力、焦慮、憂鬱的原因，是因為自知力提高了。

當然，正念本身不足以圓滿自我覺察力，畢竟，為了真正了解自己，就必須再深入一點，不過正念確實有助於察覺和控制自己的反應，同時避免自我檢視的愚行。當人有正念時，會感受到自己的情緒，但不會過度思考或過度反應，而且會記住當下這個感覺並非永遠不變。如耶魯醫學院精神科臨床副教授梅根・華納所說：「正念提供一個讓人能從被思維、情緒、痛苦牽引之處斷捨離的方法。」

靜坐是讓人充滿活力的情緒鎮定劑

靜坐也可以對講究實際的商業世界產生真正的影響力。馬克・特榭克（Mark Tercek）在被任命為美國自然保育協會的理事長兼執行長時就見證了這個影響力。他之前在高盛投資公司擔任總經理及合夥人，事業成功，離開華爾街時本以為逃離了高壓生活，但他是在二〇〇八年金融危機開始時，擔任這個新職務。在馬克上任的頭幾個月，便發現自己面臨一些棘手的抉擇，儘管自然保育協會度過難關，但是他仍然感覺到有點不太對勁，不論是工作層面或是個人生活都是如此。於是他打電話求助於我們共同的朋友，也是一位全球頂尖的高階主管教練馬歇爾・戈德史密斯（Marshall

Goldsmith）。馬歇爾和馬克的高階主管團隊、董事會，還有他的家人談話後發現，馬克在工作上衝勁十足的風格讓人惴惴不安，而且他也把這種作風帶回家。

馬克很訝異自己沒有意識到迅速衝動做決策的傾向會對別人產生多麼大的影響。在馬歇爾的協助之下，馬克信誓旦旦要努力做到三件事：做一個更好的聆聽者、採取比較正向的心態、不再為小事操煩。之後幾個月情況雖略微好轉，但程度仍不如馬克預期。

大約在同一時間，馬克開始對正念感興趣，每天會靜坐十分鐘，若是他早上無法早起，就會在辦公室練習專注呼吸，讓自己進入正念的狀態。隨著日子一天天過去，馬克感覺愈來愈開心、平靜，明白自己何時該克制本能，做出不同的決定；他也更能夠靜下來聆聽，比較不會反應過度，不會吹毛求疵，防禦性也較不那麼強。

他對少許的靜坐能為家裡帶來不同氛圍這件事也很開心。在他靜坐的日子裡，他的兒女會說：「爸爸，發生什麼事了嗎？你現在變得人好好喔！」他會開玩笑回道說：「喂，怎麼說話的啊。」然後孩子們就會巧妙地回答：「不是啦，爸爸，你以前也很好，但現在是更好。」

馬克了解到研究員也知道的事實，亦即正念能幫助人更覺察到自己的思緒與感受，所以更能控制自己的行為，並且立即做出更明智的決定。

用正念找回平靜力

正念深受尋求內在自我覺察力的人喜愛，對外在自我覺察力也有莫大的好處，因為當人的自我平息下來，就會比較願意接受別人的回饋。

心理學教授惠特妮・海普納（Whitney Heppner）與同事做了一個相當有創意的實驗後，發現這個效應。他們請學生們寫一篇文章介紹自己，而這篇自我介紹據說會被其他研究對象用來作為選擇合作夥伴的依據，以便進行後續的一項電腦作業任務。有三分之一的學生被告知他們被另一位研究對象選中（接受組），三分之一被告知沒有人選中他們（被拒絕組，基本上相當於體育課分組時最後一個被挑選的人），另外三分之一在得知自己沒有被別人選中之前，被要求用正念方式吃五顆葡萄乾（正念被拒絕組）。[2]

之後在進行電腦作業任務時，研究員讓研究對象可以隨心所欲選擇對競爭對手發出噪音的音量大小，並預測被拒絕的研究對象會比較容易被激怒，因此會積極處罰那些沒有選擇他們共事的人。結果確實是如此，至少非正念被拒絕組是如此。相較之下，儘管正念被拒絕組同樣也遭拒絕，但是他們的攻擊性降低了三分之二，事實上，他們的反應與接受組幾乎相同。正念似乎防止了隨批評性意見或認知的失敗而來的防禦性和怒氣。畢竟，儘管知道別人對我們的看法很重要，但是那些看法並不能完全決定我們是什麼樣的人。

無須靜坐的正念法

我們看到了正念靜坐可以在自我覺察力和身心調適方面產生相當大的改善，可是要記住的是，正念的定義不只是靜坐而已。所以如果你和我一樣對靜坐有矛盾心理，相信會很樂於知道有許多經過科學研究證明、而且不需要持咒的正念方法。

例如，有少數非靜坐族群的獨角獸說，光是去戶外做一些健行、跑步、騎自行車，或走一段很長的路，就能幫助他們專注於當下。有些人認為這些活動是他們能持續自我覺察很重要的工作，有時候只是真正清靜短短幾分鐘，就可以產生奇效，讓人重新與自己的思維與感受接軌。雖然只是寫出下面這件事（關掉手機）就會讓我產生焦慮感，但是許多獨角獸在某個時候關掉手機（最常是在晚上和大清早），就能獲得這樣的安靜。有的獨角獸則是經由禱告誦經找到類似的平靜。

正念≠放鬆

在討論一些非靜坐的正念方法之前，有個觀念非常重要，就是正

2　用正念吃一顆葡萄乾的進行方式像是這樣：「想像你以前從未見過葡萄乾……接下來拿葡萄乾輕輕摩擦嘴唇，注意摩擦嘴唇的這種感覺。現在，把葡萄乾放進口中，再用舌頭慢慢地把葡萄乾捲入口中……咬非常小的一口……現在慢慢咀嚼葡萄乾……」等等。

以正念旅行的方式生活

心理學家蘭格指出，正念的本質就是用全新的方式看自己和這個世界。他以旅行為例，當人置身陌生環境時，往往會把注意力放在自己身上和周遭世界的新事物，像是看見的事物、聽到的聲音，以及人。而在日常生活中，人們關注的往往是熟悉的事物，且只用平常的角度去觀看。然而人們不需要前往遙遠的地方，只要養成以正念方式注意自己或周遭事物的習慣，就可以大幅提高對自我的認識。

念並不等同於放鬆。儘管這兩個活動看起來大同小異，但是結果全然不同。

有項研究是讓失業者參加三天的正念靜坐課程，或是偽裝成正念的放鬆課程。兩組人參加許多同樣的活動，但只有第一個課程是使用真正的正念技巧。例如，兩組都做了伸展運動，但是放鬆組被鼓勵在練習時和彼此聊天，正念組得到的指示則是專注於身體的感覺，包括不愉快的感覺在內。

三天活動結束時，兩組人同樣都感覺神清氣爽，而且比較能夠處理找工作的壓力。但是研究員掃描他們的大腦時，核磁共振掃描的結果告訴我們並非如此，只有正念組是真的比較專注和平靜。四個月後，當研究員測量研究對象發炎的指標介白素—6（interleukin 6，是有壓力的跡象）的含量，放鬆組的含量增加百分之二十以上，正念組則降低百分之二十以上。這個研究讓我們學到什麼？就是不論做任何事情讓自己專注凝神時，務必主動留意新事物，而不只是在心裡檢查自己有沒有專心。

換個角度看事情

有一個非靜坐的正念方法是「重新建構」，意思就是從一個不同的新角度來看四周的環境、自己的行為，以及人際關係。

不妨來看一下艾薇娜的故事，這位獨角獸是兩個孩子的媽媽，也是無線電信業的經理。在生下小兒子後數周，她收到一個讓她五雷轟頂的消息，就是她工作了十一年的客戶服務中心要結束營業了，包括她在內的每一個人屆時都將失業。更糟的是，她的丈夫也在同一個部門上班，所以她的家庭將在一夜之間從雙薪收入變成零收入。

艾薇娜驚慌失措又害怕擔憂，躺在床上夜不能眠，瞪著天花板心想，我要怎麼辦？她決定提早結束產假，目的很簡單，就是盡量增加手頭的現金。可是回到辦公室後，同事們個個人心惶惶的反應讓她更焦慮。就在每一個人把她的心情搞得更糟了幾天之後，艾薇娜不禁想知道有沒有另一種看待這個情況的方式。她暗忖，與其緊緊抓住即將失去的東西不放，如果我專注思考可能獲得的東西又會如何呢？對，她的工作即將不保，但這也可能是一個成長的機會，甚至有可能找到一個比原本更好的工作。

有了這個新視角後，艾薇娜很快明白原本應該顯而易見的道理。她在高中畢業後，曾上了幾學期的大學課程，但是她對這些課程毫無興趣，於是便輟學進入職場工作。現在她明白這是個錯誤的決定，也正是修正這個錯誤的大好機會——倘若不重返校園，就會對長期的工作前景造成不利的影響。因此，在中學課業十一年後，艾薇娜上網註冊大學課程，同時也在公司內部申請其他工作。

與自己脫鉤

如果你和我一樣是舞台劇迷，就會知道戲劇裡的角色有時會脫離演出，直接與觀眾對話，或是從另一個角度看整齣戲。許多獨角獸讓我們看到，現實生活中也可以運用同樣的技巧，從一個比較客觀的角度重新建構自己的經驗，獲得寶貴的自知力。

一位獨角獸說，她和丈夫意見分歧時，她會在心裡與自己脫鉤，從旁觀察這件事，這時她不是做一個氣憤不平的妻子，而是變成一個旁觀者。（這或許可以讓你想到換位思考；可是換位思考是設身處地從別人的角度思考，而重新建構則是從一個比較超然的、客觀的角度觀察事情。）談判專家威廉·尤里稱之為「走到陽台」，可是不論是什麼名詞，這種重新建構都非常有價值。

到了工作的最後一天。當她要交回識別證時，手機鈴響，是人事部經理打電話來跟她說公司有一個職缺。經理還沒有把要提供的這個工作內容說完，艾薇娜已經忙不迭地大聲說道：「我做！我星期一就可以上班！」

這個新職務帶來了新氣象。之後，艾薇娜獲得兩次升遷，而且因為公司有補助學費的福利，她可順利讀完組織領導力的學位。

艾薇娜把失去工作視為機會，而不只是深陷於無助的心態，這個重新建構想法的彈性，大幅改善了她的職業生涯和生活。

不過有趣的是，重新建構不只是在人生不順遂時才有用，在順境時重新建構也常常可獲得寶貴的觀點。我在前面提過我有個朋友被丈夫離棄，而且是她完全意想不到的原因。若是她在之前曾想過：「我的婚姻現在看起來甜蜜幸福，可是萬一有一天不再如此呢？」她可能會在為時太晚之前，先想到一些問題。我當然不是要你做一個掃自己興和掃別人興的人，而是建議你要從多種角度看事情好的一面和壞的一面，這樣做會幫助你獲得最大的自知力和成就。

在處境艱難時，你可以自問：我能找到什麼機會？我的弱點可能變成優點嗎？我從最具挑戰性的個人和職業生涯中得到的最大成就是什麼？

同樣地，當一切順心時，你則可以細想：我的優點在哪些時候可能會變成缺點？我個人和工作中最大的風險是什麼，我可以如何降低這個風險？

將現在與過往做比較

第二個非靜坐的正念方法是「比較和對照」，這是在比較你今昔經驗、思維、感受和行為的異同，可看到以往自己可能不了解的模式。

可是你可能想知道，如果正念注意的是「當下」，那麼檢視「過去」又有何幫助？答案很簡單，因為把過去的經驗和目前正在發生的事情做比較和對照，可以使人非常清楚當下的情況。舉例來說，你可以自問：「我上星期對工作很滿意，這個星期是有什麼地方不一樣，才讓我感覺這麼淒慘？」或是「我在大學選擇主修時，好像是對商業相關課程最感興趣。我在目前的工作中是不是也能發揮同樣的熱誠？」又或者「如果我在每個工作中都面臨同樣的困境與挑戰，這代表了什麼？」

就我個人而言，我職業生涯裡最重要的「頓悟」就是多虧有了這個比較和對照的方法。我畢業後的五年在學術環境裡工作，一面攻讀博士學位，一面擔任研究員和兼任講師。可是我在本質上是一個商業人士，同時也盡可能做商業諮詢，先是在研究所教授監督之下進行，然後是在丹佛市一家小公司擔任顧問。我完成學業並且愛上商界工作之後，便在企業擔任公司內部組織的心理學家，最後得到我夢寐以求的工作——為一家有我崇拜的團隊和老闆的公司工作，而且老闆放手讓我自由做我認為對公司最有幫助的事。

可是不到兩年，我便開始有一股坐立難安的感覺。儘管我竭盡所能地壓抑，但這股躁動的感覺卻愈來愈強，到最後我無法置之不理。

有一天晚上，我與老公討論這種不安的狀態。「如果我沒記錯的話，」他說，「妳上一個工作在妳做了兩年後也有這樣的感覺。」我自己並沒有注意到這件事，可是他說得沒錯。我當時的感覺並非苦惱，反而是陷在人、計畫與決定這些可改變的情況裡。我常常在上班途中，在和前一天相同時間，沿著同樣的路線前往同一個辦公室時，心中感到惶恐不安。

但人絕對不能衝動行事，所以我決定讓這些令我不安的結論在腦海裡竄跳幾星期再說。然後有一天晚上，我下班後從辦公室走去開車時，就像肚子猛挨一拳似地腦中突然出現答案：我必須自己開公司，就是這樣。而且我必須很快著手，免得到了五十多歲醒來時，不知道自己當年為什麼無法鼓起勇氣去冒險嘗試。儘管這個領悟的本質令人猶豫，深怕會做出錯誤的人生抉擇，但我卻同時也有了豁然開朗的感覺。要離開賺錢輕鬆容易的大企業並不容易，但老實說，以前我從未想到自己可以像現在這樣喜歡我的工作。我可以把這個轉折，回溯到當初我花了好幾個星期比較和對照工作生涯高點和低點的這段心路歷程。

如果你想嘗試為自己做比較和對照，這裡有幾個問題可以幫助你開始，這也適用於每一件你想要更深入了解的事情。例如，關於某事（X）有什麼是一成不變，又有什麼和過去不一樣的？我的心情有沒有什麼模式（正面或積極的）與X的變化不謀而合？我對X的感覺是不是讓我想起過去在某個情況下有同樣的感覺？我現在對X的滿意度和過去對X的感覺比較後有何不同？當我回想這一生中的X時，事情是變得更好或更差？

每天做一次重點式而簡短的自我反省

現在再來看最後一個練習正念的方法。研究顯示，人們無法從經驗中汲取教訓的一個原因，在於不太花時間仔細思考自己的發現。在這個忙碌紛擾、缺乏專注力的世界，要找出時間靜下來自我覺察，感覺可能並不容易，可是每日自省用不著花很多時間（就像寫日記一樣，寫得多未必就會比較好）。事實上，大部分的獨角獸說他們有習慣做重點式的簡短檢查（和富蘭克林一樣）。由建築師轉為企業家的傑夫這樣說明他檢查的過程：「我是從局外人吹毛求疵的觀點來看自己，並且自問：『我今天表現得如何，我對今天發生的事情又有何感覺？』」

別把時間花在自我檢視上面（或者還更糟糕地花在反覆思考上），而是應該每天反省，檢討當天做的抉擇，找尋自己的行為模式，並且觀察做什麼事有成效，又有什麼事沒有發揮效果。有一項研究顯示，客服中心的員工在每天工作結束後只要花短短幾分鐘反省，績效平均就能提高百分之二十三。

所以不妨嘗試每天晚上花五分鐘，以正念問自己：今天有什麼事情進行得很順利？什麼事情進行得不順？我今天學到什麼，明天如何能變得更聰明？你挖掘的答案未必得是能夠改變生活的重大決定，因為即便是當時看似無足輕重的自我認知，也能讓你成為更好的自己。每天若能稍微多一點正念和自我覺察力，這些累積下來的自我認知效應就會非常驚人。

有自知力的人，會這樣寫自傳

我老公是個大宅男，而這正是我會嫁給他的原因。白天他是在一家工程公司擔任資訊系統建築師，說些別人聽不懂的術語，到晚上則是卯起勁來研究天文學還有其他東西。幾年前他做了一個決定，就是自己的這項嗜好已經認真到需以要同樣認真的心態使用望遠鏡。因為這樣的設備售價極其昂貴，他便和八個家人討論，請他們每一個人貢獻若干金額給這個不久之後被稱為有史以來最棒的生日禮物。每次他用這個心愛的東西前，就會進行需費時一整晚的例行工作：把它架起來、安裝好，有時候還要連接一台攝影機，看看何時會有不同的物體出現在天空等等。然後，他會在屋頂的天台上花好幾小時觀看木星上的紅點，或是月球上的某個火山口，或是土星的光環，臉上散發出孩童般的喜悅。

有個周末，我們在科羅拉多山脈上的小木屋。那天晚上清爽晴朗，我猜想望遠鏡隨時都會出來亮相。我聽到後門砰的一聲關上時，便已準備好很快就會從後院的露台上聽到這句「嘿，妳來看看這個！」過了一會兒，一直沒有聽到這句驚呼，於是便去外面看看他，卻訝然發現老公就只是坐在那裡盯著天空看，而望遠鏡竟然還在他旁邊的盒子裡。

「你的望遠鏡壞了嗎？」我嚇了一跳，問道。

他笑著讓我安心，說沒事。「我到了外面，眼睛適應黑暗後，」他解釋，「就開始看著所有的星星，妳有沒有看到今天晚上銀河有多美？」他還是感覺到我的疑惑，又再說道：「有時候退後一步觀看全貌，還真不錯。」

自我檢討也是同樣的道理。如果剛才看到的正念方法能幫助你理解現在的自己，那麼撰寫自己的生命故事則可幫助你回顧人生，學習你過往的總和如何塑造出現在的你。如果說每一個生活事件是一顆星星的話，每個人的生平透過望遠鏡的鏡頭看過去就是星座了。如果把所有的時間用來透過望遠鏡的鏡頭看一顆顆的星星，就無法欣賞到星座陣列點綴天際的遼闊和美麗。為達到這個目的，提摩西・威爾森形容，成為「為自己的人生立傳者」的過程是可以更了解自己是什麼樣的人、想成為什麼樣的人，以及可能成為什麼樣的人，這是一個強而有力的方法，但令人訝異的是這方法並未被充分利用。

心理學教授丹・麥克亞當斯（Dan McAdams）三十多年來也大量研究人生故事，是「敘事認同」方面的專家。他認為人們透過敘述自己的故事，能進而認識自我。他和同事用來協助人們撰寫自己故事的方法是這樣的：

「把你的人生想成一本書。將這本書分成一個個代表人生主要階段的篇章，在這些階段中想出你故事裡五到十個明確的場景，包括高潮、低潮、轉捩點、早期的記憶、兒時的重要事件、成年後的重要事件，或是任何影響自己的事。就每個場景提供至少有一個段落長的敘述，這些敘述要包括：

1. 事件的內容以及時間？有哪些人參與其中？

2.當時你和其他人是什麼想法，有什麼感受，以及這個事件對你特別重要的是什麼？
3.這些事件如何說明了你是什麼樣的人，隨著時間發展你心境有何轉折，又或者你可能會成為什麼樣的人？

寫完這個敘述之後，再退後一步，從整體去看你的人生，包括：

1.你在你的人生裡看到什麼重大啟發？有何感受？
2.你的人生如何說明你是什麼樣的人和會成為什麼樣的人？
3.你的人生如何說明你的價值觀、熱忱、志向、適合的環境、模式、反應和影響力？

在蒐集了成千上萬人的生平故事之後，麥克亞當斯教授和同事得知這些故事的主題包羅萬象，而找出這些主題可能有助於理解自己看似矛盾的層面。例如有位名為崔斯的獨角獸，他是個性內向的非營利組織募款員，而且熱愛自己的工作。他的工作性質必須與人閒聊，這與他害羞的個性並不搭嘎，但是當崔斯檢視自己的人生後，發現他每一個生命的高潮都與行善有關，即使他的工作要求他得走出辦公室，多與人打成一片，這些通常不是內向的人喜歡做的事，但這些工作特性卻讓他活出自己最重要的價值，那就是為善最樂。即使做這件事需要與人多一點社交互動，崔斯也會很樂意去做。

不妨來看下列幾個能產生真正自知力的方法，讓你也可以成為自己人生傳記的優秀作者。

較複雜的敘事方式

研究顯示有洞察力的人往往會為重要的人生事件編織比較複雜的敘述，也就是他們比較可能從不同的角度敘述每一個事件，包括多種多樣的解釋，探討複雜甚至矛盾的情緒。他們不是尋求簡單歸納的事實，而是理解人生中重要事件的複雜性質。或許正因為如此，複雜的人生故事與後來持續的個人成長以及成熟有密切相關。

有主題連貫性

如果人們能夠在人生中多個重要事件中找到一致的主題時，就可以收集到驚人的自我認知，就像崔斯發現他立志行善的主題。有的主題會同時包括成就（亦即個人成就）、人際關係（亦即與別人形成和保持聯繫）和成長（亦即把人生視為發展與改善的機會）。

另一個特別有趣的生命故事主題是麥克亞當斯長期以來重視的，就是「挽救」的主題。有「汙染性敘事」的人會看到好事變成壞事的模式，而有「挽救性敘事」的人則認為壞事可以變成好事。自我覺察研究員麥克亞當斯曾進行一項研究，是關於有個年輕人的挽救性敘事例子，尤其打動人心。我們姑且稱這個生活裡充滿艱辛的年輕人為詹姆斯吧。詹姆斯是因母親遭強暴而誕生，他人生中也面臨一個又一個挑戰，包括被刺傷去鬼門關走了一趟。可是在許多人只看到黑暗和絕望之處，詹姆斯卻看見了希望：「我都已經斷氣了，可是醫師還把我救回來……我的人生哲學一向是在面臨任何情況時，都保持積極正面，而不是消極負面的想法。只要保持積極的想法，就會進步。如果有負面的想法，就會溺斃。」

詹姆斯很容易被貼上過度樂觀的標籤，但是對像他這樣的人們做的研究清楚顯示，只要正確看待挑戰，並且把挑戰視為救贖的機會，那麼即便是最恐怖的經歷也能夠幫助人學習、成長，讓人生逆轉勝。

以「奇蹟式提問」尋找解決方案

這一章到目前為止，已探討了有助於更了解現在（以靜坐和非靜坐方式練習的正念）以及過去（人生故事）的方法。現在，還有一個重要的話題：未來如何擁有更高的內在洞察力並且更成功？或者就如同一位獨角獸所說，「認識自己還不夠，你必須設定目標和做出改變，以便真正過你想要的生活。」

很多時候，我們在追求自我的過程中可以發現，「目前到達的程度」和「想要，或需要未來到達的程度」之間的不同。比如說，在留心做一些比較和對照之後，你可能會發現目前的公司並不適合你；也或者在書寫人生故事後，顯示出家庭對你的重要性，但是你目前每周工作八十小時的生活方式卻不符合這個價值觀。很多時候，是否選擇按照新發現的自我認知行事，就是人生成功或停滯不前的差別。

以麥特為例，他是一位聰明、有抱負的金融服務專業人員，除了擁有豐富的專業知識，也以勤勉又嚴謹的方法獲得諸多上司、同儕和客戶的好評。我第一次見到他時，他正在為公司執行一個極具前景的發展專案，當時我便已看出他的潛力。

麥特最近才被錄用，公司準備培養他成為未來業務部總監的接棒者。公司的執行長告訴我，這個計畫是讓麥特在未來三年跟著總經理工作，從中學習，然後在總經理退休時順利接棒。可是，正如現實中常見的情況，計畫趕不上變化。麥特工作一年後，他的上司健康突然出現危機，必須離職。在一番長考後，只是他也不確定麥特是否已經可以勝任這個職務。這使麥特處於一個相當尷尬的位置：他的師父走了，沒有人被指派帶領這個團體，但總得有人填補領導人的空缺才行。於是麥特去找執行長，提出在公司找到一個永久性的解決辦法之前，他先暫代這個職缺，執行長也同意了。執行長決定暫時不從外面找人接手他的職務。

麥特知道他會感受到一點生長痛，就是除了面臨所有領導人都會面對的挑戰，像激勵團隊、管理績效、展現成果之外，還有一個額外的問題，就是擔任部分現任同事的非正式主管。但是麥特沒有灰心喪氣，而認為這是把問題變成解決辦法的絕佳機會，亦即設定目標，培養自己獲得這份永久性工作所需的本事。

當我們面臨挑戰時，找到解決辦法是最有效的選擇，心理學界更以注重找尋解決辦法可帶來自我認知、身心舒暢與成功的前提，形成一個學說。一九八〇年代由史提夫・德・沙澤爾（Steve de Shazer）和茵素・金・柏格（Insoo Kim Berg）夫婦發展出一個稱為「焦點解決短期心理諮商」的方法，為諸如憂鬱症、累犯、壓力與危機處理，以及像是家長、犯人、有行為問題的青少年、醫療保健工作者、努力解決婚姻問題等，帶來非常大的改善，這個方法也與更大的自知力和心理成長有關。

如果你想要提高為問題尋找解決辦法的能力，有一個簡單而有力的方法就是「奇蹟提問法」（你或許在奇普・西斯與丹・西斯所著的書《轉變（Switch）》中看過這個方法）。由沙澤爾與柏格研發出假設性的奇蹟式問句可為人們帶來自我認知，甚至被證明有助於高爾夫球友減少的推桿失誤。那麼，奇蹟提問法到底是什麼呢？

「想像你今天晚上睡覺時，因為發生一件神奇而重要的事情，徹底解決了困擾你已久的問題。說不定這個奇蹟的力量也開始蔓延，涵蓋並且全面影響你生活的其他層面……思考一下……現在你的人生將會有何不同？你早上醒來時注意到的第一件事又會是什麼？把這些答案具體描述出來。」

我們再回到麥特的事。從團隊獲得的回饋顯示他最大的問題在於「授權」，於是他便運用奇蹟提問法探索可能的解決辦法。麥特心想，假使他的問題神奇地解決了，首先，他會不再把求助於人視為示弱的表現，反而會把它當成使團隊有更多人參與、獲得更大改善、具有更大榮景的機會。

麥特繼續深入描繪在這個問題解決後他想要的未來榮景（就如同西斯兄弟在《轉變》一書中所說的「目的地明信片」）。其中一個要提高的是團隊參與度和績效，同時要讓大家感覺工作負擔沒那麼重，並提高效率。可是要注意的是，麥特並沒有過度簡化他欲採行的辦法（例如，「我在工作委派方面要做得好一點」），反之，他清楚地預想他與同仁們會如何有更深層的轉變。

最後，執行長正式升他的職，而一年多後的現在，麥特還在超越預期。他是個最佳實例，讓我們領悟到愈早探索如何讓挑戰帶來成長，就愈容易操之在我，心想事成。

當我們從「要如何學習成長」的角度來展望人生目標時，就能為自己建立自知力與成就的全新高度。一項研究要求大學生寫下兩段文字，分別是敘述一個重要的人生目標，以及如何設法去完成這個目標。當學生們敘述與學習成長有關的目標時，在將近四年後，自我覺察、成熟度、身心健康都有所提升。[3]

現在，你可能好奇我的正念世界之旅最後如何，以及我有沒有熬過來。

靜坐課的最後一天，我們那一團長途跋涉穿過雪地來到法身大佛塔。當橫越上面插有五彩經文旗幟的優雅木橋時，我抬頭看到聳立在上方的兩道白色拱門，上面有個閃閃發光

3　如果你是美劇《24小時反恐任務》的粉絲，或許會想知道這項研究報告的第一個撰稿人就是……聽好囉……傑克·鮑爾。

確立目標，行進就不會偏離方向

奇蹟提問法之所以如此有效的部分原因，在於這種方式會強迫人們更深入思考自己的理想抱負，而這是自我覺察之旅中的一個重要支柱。我們訪談的一位獨角獸就十分認同這個觀點。

愛蜜莉在一個有八個小孩、努力要使收支平衡的家庭中長大，所以她下定決心不重蹈家人的覆轍，要把慘澹的童年化為成就事業的動力。

她說：「缺乏目標便無法做到自我覺察，我要為必須完成的所有事情都設定明確的目標，例如，我進入一間新公司時，必須先建立良好的人際關係和取信於人，而唯一的方法就是獲得團隊的信任，培養他們對我的信心，犯任何的錯誤都會給我帶來麻煩，所以我必須經常自問：我現在所做的事，對我的目標會有何影響？」

的金色錐體，完全嵌在被白雪覆蓋的松樹林這個天然凹地之中，那時我出乎意外的感動。

懷著驚嘆的心情，從遠處眺望這個令人驚艷的景色數分鐘後，我們脫掉鞋子和冬天穿的外套，走進這座神龕。「哇。」走進去時我輕聲對艾比讚嘆著，一面伸長脖子參觀在圖案繁複、蔚藍色天花板下高聳的金色佛像。那時我訝然發現自己正想著：「真希望能在這裡靜坐。」

等我們果真在這裡靜坐之後，我感覺這整個周末，我的心就像是一杯在晃動的水，裡面充滿了灰塵。而現在，在令人敬畏的幾分鐘內，我的心卻是清澈的。我那焦慮、A型、思考過度的腦子停止每小時一百萬英里的奔馳，完全平靜下來。在這個當下，我明白了這一切是怎麼回事。

在開車回香巴拉的途中，和妹妹光是靜靜地坐著我都感到開心，這種情況前所未有。我和艾比從那個神奇的空間返回嘈雜的城市後，我便考慮買一個靜坐的蒲團，把辦公室一半的空間改造為靜坐的麥加。

返家的次日，我興致勃勃地靜坐。再之後的一天，我又靜坐了（雖然我那隻需要主人關心與陪伴的貴賓狗讓我很難好好靜坐）。可是之後的一天我沒有靜坐，再之後的一天也沒有。再再後面的一天，我心想或許改變辦公室格局的工程應該往後延。我承認之後我都沒有靜坐，不是因為不明白靜坐可能帶來的效果，而是因為發現非靜坐的技巧對我比較有效。

內在自我覺察的方法不一而足，可以用撰寫生平故事的方式探索過去，用靜坐和非靜坐的正念察覺現在，也可以用找尋解決辦法規劃未來。這些方法都值得一一嘗試，畢竟，加強自知力有一部分就是要了解哪些自我探索的方法對你的效果最好。

第三部

外在自我覺察的迷思與事實

第七章
從鏡子和稜鏡裡看見不同的自己

在街上朝你走來的陌生人一眼就可以看穿你，用你不能，也絕不會採用的方式說出你是怎麼樣的人，儘管你已與自己共度一輩子……應該最了解自己才對。

——沃爾克・珀西（Walker Percy），美國作家

有一句合乎科學的老話說，酒後吐真言。最近一個周六深夜，在老家一家擁擠的酒吧裡，我了解這句話說得多麼有道理。

這一切都是從丹佛市區一家很時尚的餐廳開始的。我和老公以及他的六位老友剛吃完一頓豐盛的晚餐，大口吃菜、大口喝酒。我雖然（身為代駕）清醒地喝著蘇打水，但是心情愉快無比。我和聚餐的每一個人都認識有十年以上，那天晚上大家默契十足，朋友們發揮他們的幽默風趣，讓我笑到肚子痛。帳單送來時，大家都覺得這麼開心，還捨不得回家。

「去凱爾特如何？」我的朋友特瑞莎說，「我們好久沒去了！」

「那家愛爾蘭老酒館嗎？」我老公睜大眼睛說，「我愛死那裡了！」

一小時後，那些喝得已經有點茫的朋友很快又出現更陶醉的懷舊之情。我們把幾張桌子併在一起，在背景音樂大聲喧嘩下，他們開始追憶往事。我想像這些現在衣冠楚楚的中年專業人士做著年輕時的那些惡作劇，自己咯咯笑起來。

我們分成三三兩兩地聊天後，特瑞莎把椅子朝我拖近一點。「塔莎，」她夢囈般地說，「我們真高興大衛帶妳和我們認識。」真好！我心想，同樣也感謝他把他們帶進我的生活。可是我還來不及回話，她又繼續說，「而且妳在我們第一次見到妳之後有很大的進步。」

我停頓了片刻，立刻感到莫名其妙。「怎……怎麼說？」

我永遠忘不了接下來發生的事。在那家嘈雜擁擠的酒吧裡，特瑞莎站起來，用有力的雙手緊握我的頭顱，把我的頭扭轉一百八十度。喔，她當然沒有這麼做——只不過感覺上就是如此。細節就不說了，不過顯然當年二十六歲的我，一個剛從學校畢業、自以為無所不知的博士，之前一直是相當傲慢和難伺候的。

「謝謝妳，」我結結巴巴地說，「謝謝妳的坦白，真是振聾發聵啊。」

「不客氣。」她笑容燦爛地說。

當時我能做的只有阻止自己把她從椅子上踢翻。

等我冷靜下來之後，便認識到這是如假包換的鬧鈴提醒時刻，提供了一個寶貴的機會。我希望這個機會是證明特瑞莎不知所云。但是無論如何，我都必須進一步地探究。

於是開車回家時，我便對我老公描述了這段對話。

「你覺得呢？」我問他。

「什麼意思？」

「她說得對嗎？」

「唔，這個問題有陷阱嗎？」

「並沒有——但說無妨。」我向他保證，盡量讓自己的口氣聽起來滿不在乎，「我真的想知道你的看法是不是和特瑞莎一樣。」

他停了一下，開始說：「沒錯……而且我可以明白她這話是從何而來。」我保持沉默，深吸一口氣，他則繼續往下說，「我的意思是說，妳還記得妳工作不到六個月就提出要有個人辦公室的要求嗎？」

「有嗎？」我裝傻說。

「不對，妳其實是強烈要求，」他說，「那在我看來是很誇張的事。」

那時年輕氣盛的我堅定地認為，我所有的同儕都有辦公室，就我沒有，這是很不公平的事。可是現在經我老公突然之間這麼一說，我便從另一個角度來看這件事：我這個自以為是的新進人員強烈要求要有一間辦公室，就像個任性的孩子。現在回想起來，我可以了解這件事給人什麼感覺。真是丟人啊。

之後好幾個星期，我的心情都翻騰不已。是因為聽到這個關於年輕自己的事實讓我驚訝嗎？絕對是。我對自己的行為感到無地自容了嗎？的確是。可是最重要的是，我對將近十年來沒有人——

沒有半個人！對我就此事說過一言半語感到失望。不幸中的大幸是我顯然在這十年裡有所改進，但二十六歲的我曾有這些傾向，這對現在的我而言仍是一個警訊。對於這個寶貴的自我認知，我一直記在腦海，並從這個認知掂量自己的行為，客觀地看自己可能給人什麼印象。那些酒後之言透露出關於我自己最發人深省的真相。

為何從來沒人跟我說過？

如果內在的自我覺察力意味著由內觀得到自我認知的話，外在自我覺察力就意味著把眼光轉向外面，了解別人對我們的看法。不論多麼努力，這都不是自己能獨力完成的。遺憾的是，通常有一個簡單的事實會阻礙了解別人對自己的看法，那就是即便最親近的人也不願意說出這種訊息。（如果幸運的話，或許可借助對方在酒後能吐露真言。）

人們通常不會把和我們有關的真相告訴我們。而且詢問真相也會引起自己不安，所以人們通常不願意開口詢問，而我們也有盲目樂觀的祕訣。事實上，光是想到發現別人對自己真正的看法，就可能引起許多驚恐與不安（「你穿這件牛仔褲看起來真的很胖」，或「你的簡報前後不一致，而且引不起聽眾的興趣」，或「你二十六歲時傲慢得令人受不了」）。雖然得知別人對自己的看法令人提心吊膽或非常痛苦，但是這遠比不去探究真相要好得多。

想像一下，你在辦公室裡，上完洗手間回座位後，鞋底黏了一長條衛生紙，但你毫無所覺。你走了一大段路回到辦公室後，同事們開始竊笑。「你看到沒有？」他們詢問彼此，但是卻什麼也沒對你說。他們並不知道你即將要去和一個重要的客戶開會。

當你不經意地帶著腳上的這個附件一起走進會議室時，客戶一臉困惑地微笑，但也保持緘默。然後，儘管會議很成功，但對方的結論卻是你的注意力不集中、散漫，決定不把更多的業務交給你負責。先前但凡只要有一個同事把你拉到一旁說一聲，就不會發生這件尷尬的事，而讓人對你的工作專業度大打折扣。

當然，這是刻意舉了一個荒謬的例子，但事實上不論是蠻橫僵化的管理風格、社交能力低落、緊張時有說話結巴的傾向或是其他情況，大家都有某種比喻性質的衛生紙黏在鞋底的情況發生過，而且當事人往往是最後一個知道。

你眼中的自己VS.別人眼中的你

別人看我們通常比我們看自己要來得客觀。心理學家提摩西．史密斯做的研究就強而有力地證明了這一點，這是以三百對夫婦為對象進行的一項研究，並先檢查他們有沒有心臟病。他們請這些夫婦分別評估自己以及配偶的憤怒、敵意、好爭辯的程度（這些都是可能罹患心臟病的強力指標）後，發現人們做的自我評估的準確度遠低於配偶對他們做的評估。另一項研究是請一百五十多位海軍官員與他們的下屬評估軍官的領導風格，結果發現只有下屬能夠正確地評估上司的績效與升遷。這些都證明別人比自己更能預期我們未來的行為。（如果你見到朋友顯然不適合他的新情人，並正確預測這段感情不會持久的話，就可以證明這個事實。）

事實上，就連素昧平生的陌生人也能看出我們是什麼樣的人，而且準確得令人感到不安。研究員大衛・方德和同事比較大學生由非常了解他們的人（父母、朋友、室友）、普通朋友（在大學和家鄉認識的人）、從未見過的人（只看五分鐘和他們有關的短片的陌生人）針對大約七十項人格特質對他們進行評估。這三組人做的評估都準確得驚人，除了三項特質之外，其他的評估都吻合！三組人也全都看到研究對象的相似特質，不論他們對這些人有多了解。這個令人意外但值得深思的結論，就是即使不熟悉的人也可能是意見回饋的寶貴來源。

綜觀以上論點，人們還是忍不住認為自己比別人更了解自己。（畢竟，我們天天和自己在一起，不是嗎？）用前面的比喻來說，當人看到鏡子裡的自己時，很容易下結論認為這是唯一可以代表自己的，因此最準確。

然而，就像人無法只看著鏡子裡的自己就能全面深入了解自己，光從別人的眼中看自己也無法讓我們窺見自己的全貌。因此就完整的自我覺察而言，「稜鏡」這個比喻可能會比「鏡子」更好。小學的自然課，告訴我們朝稜鏡照射白光時，會從另一側出現彩虹形狀。外在的自我覺察就像這個自然現象一樣，每次找尋別人看我們的新角度，就是往這個畫面裡添加一個顏色。這時看到的不只是一道平淡無奇的白光，而是開始用比較豐富、比較完整和多面向的方式看自己。

簡單來說，自我覺察並非一個事實，而是把自己和別人對我們自己的看法複雜地交織在一起。這兩個不同的觀點是捕捉到我們不同的面向，而不是捕捉多餘的信息。從前面已經知道，如果只有內在或外在洞察力，都會遺漏拼圖裡的一大塊，所以就算是應認真看待別人的回饋，這些回饋也不能定義或是完全推翻你心中的自我形象。關鍵在於學習如何評估收到的回饋，以及決定如何採取行動，或者要不要採取行動。

你在這一章中會學到幾個方法，有助於你獲得誠實以及可據以採取行動的回饋，並且比較全面地分析你在別人眼中是什麼樣子。首先，我們會探討培養外在自我覺察力的兩個最大障礙，然後我會用三個方法指出如何處理這些障礙，幫助你找出包括在職場上和在個人生活中適當的回饋意見。

不同的鏡子，會照出不同的事實

獨角獸耶利米最近發現透過多面向的稜鏡觀察自己的重要性。他最早的自我覺察里程碑比較是內在方面，例如發現剛畢業後的工作並不適合他，於是重返校園追求他熱愛的品牌管理。雖然耶利米自認為相當了解自己，但卻沒有發現別人對他的看法也很重要，直到後來有機會參加公司的一個培訓課程。

耶利米對於工作的心態，一直是秉持著自己做事的方式究竟是「正確的」或「錯誤的」。可是等他學習去指導別人工作時，才明白其實很多事並不會只有一個正確的答案。此外，他也發現幫助別人找到解決之道的最好方法，是了解自己會如何產生影響事情的發展。好比說，如果他因為一個客戶不實話實說而覺得沮喪，這時又無意間表現出這個感受，就有可能使對方產生防備心態，而無法客觀地思考。由此可知，為了能夠真正了解自己的表現，他明白自己必須獲得並重視別人的意見回饋。

他告訴我們：「當你知道別人對你的看法時，他們是拿起他們的鏡子，而且他們鏡面反射的影像有可能與你的鏡子不同，但這並不表示其中任何一個影像就是真實的你。」

當事人毫不知情的緘默效應

想像你被找去參加一項消費者喜好的研究測試，在到達實驗室後，得知是要針對男性體香劑提供意見。研究員，姑且稱他為羅森博士吧，他把你帶到一張上面放了各種品牌體香劑的桌子旁，鄭重宣布今天你要根據像是顏色和氣味等若干因素評估每一個商品。羅森博士結束說明之後便離開房間。

數秒之後，他突然走回來，問：「對不起，你是葛蘭・雷斯特嗎？」（或者如果你是一位女性，「關・雷斯特？」）你搖搖頭。羅森博士說：「噢，那葛蘭應該隨時會到。有通電話要找他——我去看看是不是有留言。」過了一會兒，羅森博士回來，嚴肅地說：「如果你看到葛蘭，就告訴他要打電話回家。他的家人顯然有非常不好的消息要立刻告訴他。」你忍不住納悶會是什麼消息，也不禁對這個素昧平生的人感到同情，並想著在大庭廣眾之下公開得知可怕的消息會讓人多麼措手不及。等葛蘭終於來了以後，你會怎麼做？如果你告訴他的時候，會透露其實那是個壞消息嗎？

這是喬治亞大學心理學家席尼・羅森（Sidney Rosen）和亞伯拉罕・泰瑟（Abraham Tesser）在一九六八年設計的巧妙實驗。你可能已經猜到，這項研究其實無關男性體香劑的喜好。羅森和泰瑟真正想知道的是人們會不會比較不願意傳達壞消息，而他們的發現正是如此。要傳達給葛蘭的消息是好消息時（另一個對照組的研究對象是被告知，葛蘭的家人打電話來是告知有好事），等葛蘭走進房間之後，有半數以上的研究對象會迫不及待透露這個消息。可是如果這個消息是壞消息，完整傳達訊息的人數只有五分之一。事實上，即使當「葛蘭」（他其實是研究員的合作對象）問他們是什麼樣的消息時，有高達八成的人會拒絕回答。即使在多次要求之後，也有大約四分之一的人完全不透露這個消息的性質。可憐的葛蘭・雷斯特完全被蒙在鼓裡。

為了形容這種傾向，羅森與泰瑟發明「緘默效應」一詞，代表人們會對不好的訊息保持沉默。後續的研究也證實，當人要傳達可能使別人不舒服的消息時，往往會選擇最不會令對方無法接受的做法，就是決定什麼也不說。

我最近聽說有一個工作團隊的經理閃電辭職，他的五個下屬都認為自己會是接任這個職務的人。但是升遷的消息遲遲沒有公布，因為這個團隊的資深經理其實是從外面聘請了繼任者。這五個人都不知道，原來在雇主的眼中他們沒有一個人的工作表現合他的心意，更別說是考慮給他們升職。可是領導者（或者任何人）有沒有告訴過他們呢？當然沒有！若是曾被告知，相信他們每一個人都會有機會改進。這位經理保持沉默的結果，不只是對員工升遷的前景造成不利影響，也損害團隊的整體表現。

更糟糕的是，別人不願意告知對我們的真實看法，但把這個看法告訴其他人時，卻沒有同樣的問題。一九七二年，當時還是約翰霍普金斯大學心理學研究生的赫伯・布倫伯格（Herb Blumberg）針對這個現象做了一項研究。他讓女大學生從她們的生活中挑出四個人，分別是一位至友、兩位麻吉程度次一等的好友，跟一位她不喜歡的人。接著請她們列出這四個人的優缺點，然後問她們有沒有向對方提過所列出的任何一項缺點。（例如，「妳認為好友吉娜自負，但妳有沒有把妳的觀察發現告訴過吉娜？」）

他發現這些研究對象會很輕易就把自己的看法告訴別人（比如說是吉娜很自負），即使對方是他們不喜歡的人，但卻幾乎從未告訴過當事人。布倫伯格的結論是，社交的世界就是「使人無法得知太多別人對他們真正的看法」。

這項研究顯示出許多人所擔心的事，亦即我們的下屬、同事、朋友、家人可能都在互相交流對我們的看法，唯獨不和我們交流！

這個嚴峻的事實在職場可能更為殘酷。上一次老闆要你坐下來告訴你該如何改進，是多久以前的事？上一次同事（樂意、自願且主動的）聚在一起互相批評以求改進，是什麼時候？除了人力資源部門強制執行的績效檢討之外，你上一次獲得誠實而嚴格的回饋，又是什麼時候？

其實從進化的角度而言，人們緘默的傾向是在情理之中。人類早期的生存端賴歸屬於一個群體，打破這個傳統意味著會被放逐，必須獨自過活，而這個命運可以說就是穩死無疑的意思。所以就像人們本能地會把手從火爐上迅速抽回一樣，也會直覺地避開任何可能危及自己社會地位的事情。（確切地說，遭社會排斥在大腦啟動的部位，和身體疼痛時會啟動的部位是一樣的。）

我們已經看到大家寧願保持緘默，也不願透露讓人難受的訊息，不過，他們願意說徹頭徹尾的謊言嗎？前面提到艾莉諾・艾倫由專案經理轉為非營利團體的執行長，她在副手埃維里歐的幫助下提高了自我覺察力。儘管艾莉諾的表現可圈可點，但她和許多工程師一樣，是個內向的人，在工作中一直在辛苦且艱難地應付公開演講[1]。尤其是早期，她會為每一場簡報感到痛苦不已，而且簡報結束後通常會陷入對自己表現的反覆思考。

在波多黎各那段時間之後，她帶著團隊競標另一項大型水利基礎設施工程。當她得知他們已成為進入最後決賽的兩家公司之一後，心中的第一個想法是：「天哪……我得在最後一輪面談做簡報。」雖然這對她不擅言辭的個性而言是項艱鉅的挑戰，可是她還是盡心盡力地準備。

令艾莉諾大失所望的是，她的團隊沒有得標。她是一個深信外在自我覺察力的人，於是決定徵詢別人對這場簡報的看法。也許她漏失了什麼，而她的同事們可以幫助她了解問題。於是艾莉諾向一位團隊成員（姑且稱他為菲爾）詢問對她最後做的簡報有什麼想法。「噢，妳說得很棒啊！」菲爾熱心地回答，「只是不知道為什麼會沒有得標。」聽到這話，艾莉諾鬆了一口氣，推論沒有拿到這項標案想必是有其他原因。

直到幾天後，她接到一位同事的電話，慰問他們此次的失利。突然，對方壓低聲音問艾莉諾：「面談時出了什麼事？」艾莉諾告訴她簡報其實進行得很順利。「哦，可是菲爾不是這麼告訴我的啊，」她回答，「他說簡報做得糟糕透頂！」

艾莉諾震驚至極。之前她還特別問過菲爾的想法，可是他卻徹頭徹尾地說謊，以避免跟她說實話的尷尬。不幸的是，菲爾不是唯一有這種傾向的人。研究顯示，人們在說善意的謊言比說冷酷的實話容易時，會很樂意這麼做。

研究員貝拉・德保羅與凱西・貝爾曾做一項研究，他們先邀請受試者私下評論一系列的畫作，然後再請他們當面對這些畫作的原創者說出之前的評論。這時許多人乾脆說謊，特別是當畫家說某一幅畫對他而言很重要的時候。一位受試者就從私底下說某幅畫「醜死了，就是難看！」改口對畫家說：「我喜歡這幅畫，這是我在這些畫中第二喜歡的。」

德保羅和貝爾的結論是，人們不只是為了要「表現出有禮貌」而已，當別人對我們要提供意見的東西投注很多心力時，我們特別可能說謊。

對艾莉諾而言，菲爾善意的謊言是一個鬧鈴事件，是催化關鍵性的自我認知。她在明白只是隨口問一聲「我做得如何？」並不夠之後，下定決心主動向會告訴她實話的人尋求確切而且言之有物的回饋，而她也因此迅速成長。

艾莉諾以及她的獨角獸同類發現，當你成為老闆之後，有自我覺察力就變得格外重要，但是也更加困難。研究顯示，有洞察力的領導人成就較大，獲得的升遷也比較多，而且有些研究甚至顯示洞察力是領導成功的最大單一指標。然而，在企業食物鏈的層級愈高，有自覺的可能性愈小，而且這些人還會被貼上「總裁病」的標籤。畢竟，誰會真的想告訴老闆他的管理風格是在失去人心，或是客戶覺得他控制欲太強？

皮克斯動畫工作室的總裁艾德・凱特穆（Ed Catmull）就親身經歷了這個不願意直接對當權者

——

1 這當然不表示內向的人理所當然就是一個公開演說表現很差的人，而是說對有些內向的人而言，公開演講的挑戰特別大。

說實話的情形。在他與人合作創立這家公司，並成為迪士尼動畫工作室總裁之前數年，他是猶他大學新興計算機圖形學博士生。當時他極喜歡與教授們以及其他研究生之間的同袍情誼，他們之間沒有階級之分，且大家都是獨立作業，通常每一個人都能和別人相處得很好。凱特穆非常喜歡這個環境，所以在畢業後的第一個工作便與同事間運用類似的相處之道。他擔任紐約理工學院一個電腦動畫研究小組的組長時，對大家都一視同仁，也尊重他們的工作自主權，員工亦會回報他所有正在進行的事情。他更積極參與公司內的社交活動，和大家打成一片，一切都感覺很好。

可是在凱特穆被聘請去領導盧卡斯影業公司全新的電腦部門後，他才明白自己必須重新思考如何管理大家。新團隊的陣容更龐大，有更好的資源，也更有知名度。凱特穆推斷，為了實現喬治・盧卡斯把電腦科技帶進好萊塢的壯志，他必須建立比較嚴謹且層級分明的員工架構，每一個製圖、影像、音效小組都由一位經理負責。這麼做了之後，他立刻就發現工作氣氛不同了。只要他一走進辦公室，原本隨興的聊天馬上就會變得鴉雀無聲。而且他聽到的多半是好消息，壞消息常祕而不宣，他的人也不再邀請他參加他們的社交聚會了。

凱特穆不太喜歡這樣，也搞不清楚為什麼會如此。他不覺得自己與在猶他大學時或是紐約理工學院時有什麼不同。可是對這個問題糾結多月之後，他終於明瞭他的新角色是老闆，加上他在學術界的地位日益重要，改變了大家看待他的方式。他告訴我：「儘管我沒有變，但是我意識到，情況就是如此，久而久之還會更糟。」以凱特穆的情況來說，這個「如此」就是緘默效應，而且這不只對他自己的績效是一大障礙，對團隊集體的覺察力也是一個巨大的障礙。

為什麼我們總是願意當鴕鳥？

若外在自我覺察力的第一個障礙是別人不願意實話實說，那麼第二個障礙便是自己不願意去問出實話。大部分的人，至少理智上知道自己應該多去尋求一點回饋意見，然而就算是有合理的理由，心理上可能還是裹足不前，於是就想方設法證明自己無視事實是有道理的。

就我的經驗而言，人們會找三個主要的藉口，讓自己比較心安理得地躲避問題，所以我稱之為「三合一的鴕鳥心態」。不過幸好推開這些藉口完全是可能的事，而且只需要做一個簡單的決定就好，就是自己去尋找事實，而不是把它交由別人的善意（但緘默）做主。

藉口一：認為自己不需徵求回饋意見。

我們不妨從第一個藉口開始：「我不需要徵求回饋意見」。在知道緘默效應是怎麼回事之後，便知道這麼做完全不對，對領導人而言更是錯誤。為證明起見，只需要看一看商業史即可。

費爾・吉倫哈默（Pehr Gyllenhammar）在一九七一年擔任富豪汽車（Volvo）執行總裁時，那些漆得光亮的新車使這家汽車製造廠看來前途似錦。三十六歲的神童吉倫哈默出身於商業王國；他的父親老吉倫哈默是北歐最大保險公司斯堪的亞（Skandia）的總裁。在瑞典聲名遠播的隆德大學以及瑞士產業政策研究所受教育的吉倫哈默，工作認真、有自信，而且擅於利用他的人脈。事實上，他在接下父親的棒子，成為斯堪的亞保險公司的總裁後僅數月，便在這家業務蒸蒸日上的瑞典汽車公司接替岳父的職務。

吉倫哈默打從一開始就無意保持低調。他每天早上意氣風發地去上班，志滿意驕地開著他那輛量身訂製的一九七九年二四四馬力渦輪增壓的車子，或是有一九八〇年二四〇系列B21ET引擎，又或是一九八一年製二六二Coupe，每一輛訂製的車都漆成鮮紅色，搭配車內的裝潢。雖然富豪其他汽車都沒有這樣的配色，但是吉倫哈默要求他的車就是要「張揚」、「挑釁」、「大膽」。而這也是他經營公司的方式。

這個做法似乎發揮了作用。至少剛開始是如此，可是這個成功不久就為他的禍根埋下種子。後來幾年，隨著公司的獲利增長，吉倫哈默愈來愈目中無人，因此得了一個「皇帝」的綽號。他的傲慢、過度自信、拒絕接受別人的意見，導致他追求高風險的交易，但報酬卻微不足道。後來幾年富豪財務虧損，關閉一些工廠，而吉倫哈默卻是斯堪的亞最高薪的總裁。因為他在富豪的董事會有些有私交的朋友，他知道這些人絕不會責問他的錯誤，所做的抉擇也不會受到任何質疑，因此表現得愈來愈肆無忌憚。

一九九三年九月，富豪宣布與法國國營的汽車製造廠雷諾合併，此舉將使合併後的公司成為全球第六大汽車製造廠。這時是誰自認為主要股東的主席非他莫屬？當然是吉倫哈默！他與雷諾的總裁路易・施偉策，豪氣萬丈地打算共同打造一個跨國的新事業。

可是富豪的經理人與員工從聽到消息的那一刻起，便斬釘截鐵地不表贊成。然而吉倫哈默對眾人的請求充耳不聞，對這項併購交易具有驚人的自信，還一度把這項交易的金額從四十八億美元大幅提高到七十四億美元。

很顯然，吉倫哈默並沒有興趣聽員工的請求，於是員工們決定把這個消息透露給媒體。這時開始有少數股東反對進行這項交易，接著較大的股東如斯堪的亞保險公司（是的，他父親擁有這家公司）也跟進發表類似的聲明。

後來因為富豪的投資人聯合起來表達強烈的反對，於是董事會只好撤回合併案的提議。同一天，吉倫哈默也辭職下台。他不願意聆聽員工的請求，拒絕徵求資深顧問們的意見，也不能質疑自己的假設，終使股東的財富損失十一億美元。短短五年後，這家公司就被福特汽車公司收購。

雖然這麼大規模的公司不會單單因為一個因素就倒閉，但是吉倫哈默的狂妄自大與缺乏自我覺察力卻是重大的原因。多年後，吉倫哈默把這個失敗的交易歸因為一個「眼紅的死對頭」對他的報復，可笑地顯現他持續與事實相違的堅定信念。

不論是不是經營一家身價數十億美元的企業，但凡只願認定都是自己對而別人錯，藉此以保護脆弱自我的做法，不但風險極高，在最壞的情況下更具有殺傷力。然而，要拒絕「三合一鴕鳥心態」的第一個藉口很簡單，就是必須把頭從沙子裡伸出來，意識到對自我認知而言，別人的意見和自己的意見是一樣重要的。

藉口二：認為自己不應徵求回饋意見。

一項研究顯示，表現最佳的領導者有百分之八十三經常主動尋求他人的意見，而表現最差的領導者只有百分之十七會這麼做。事實上，徵求批評性的回饋意見，在社交和專業方面都會得到好的回報；這麼做的領導人也會被認為比較有效率，不只是他們的上司這麼認為，他們的同儕和下屬也都有此同感（有趣的是，以徵求肯定回饋為主的人會被視為比較沒有效率）。

另外，有將近四分之三的獨角獸會擬定積極的策略，向會對他們說實話的人徵求回饋。所以只要效法他們，並且鼓起勇氣執行，就會獲得自我認知以及改進自己的新觀點。

藉口三：不想徵求回饋意見。

最後這個藉口可能是最可以理解的。用不著有組織心理學的學位就可以知道別人的回饋可能令人痛苦；即使理智上明白它的價值，但是卻懼之怕之，因為這帖藥可能苦口。

我在職業生涯中，已做過數百場演講和研討會，可是直到今時今日，我每次坐下來看聽眾給予的評價時，內心還是會緊張不已。我相信你知道這種感覺，就是和上司一起做績效評估，或是坐下來做婚姻諮詢，或是與朋友或同事在發生衝突進行第一次交談時，心中的那種害怕是一樣的。

大部分的人都害怕聽別人的回饋，但相信這件事對獨角獸們應該是輕鬆自在地聽吧！可是事實證明，他們的反應和大家一樣（儘管有這個綽號，但他們畢竟還是凡人啊）。一位業務主管就打趣說：「你在開玩笑吧？我當然討厭聽到別人說我不完美！」

可是獨角獸們與眾不同之處在於，他們會打敗這種畏懼、防備與弱點，仍勇往直前。美國總統羅斯福曾說：「勇氣並非無所懼，而是判斷出有些事情比『害怕』更重要。」對我們而言，這個「有些事情」就是自我認知。

顯然，落入「三合一鴕鳥心態」藉口的圈套，是外在自我覺察極可怕的障礙，然而這個障礙是可以克服的。我們不是等著別人來反映問題，冒著被蒙蔽的危險，或者更糟糕的是把頭埋在沙子裡，而是可以選擇自己決定了解真相。所以就讓我們把它們變成三個可行的策略，分別是：三百六十度回饋、對的回饋，還有與人共進「真相的晚餐」，然後採取行動。（我也建議你用附錄M做一番快速的評估，就你目前徵求多少回饋進行一次基礎的檢查。）

克服自我覺察障礙法一：三百六十度回饋

第一個方法「三百六十度回饋」，最早是始於一九五〇年代，現今已有三到九成的公司或組織都會以某種方式使用這個方法。之所以稱為三百六十度回饋，是因為從四面八方取得資料，目的是讓人深刻理解不僅僅是主管會評估我們，還有很多部門及不同族群的同事也都會對我們進行評估，像是直接下屬、同儕、客戶或是董事會成員。

此外，三百六十度回饋不只適合商業人士，也可以運用於家庭、學校、各式組織，而且成效非凡。

不具名，無須擔心緘默效應

相信已有很多人寫過三百六十度評量（有可能在你的職業生涯中至少已做過一次），所以我就不再多做著墨，只簡單提一下這個方法在提高外在自我覺察方面的優缺點。（如果你還沒有做過，請參閱附錄N的一些免費資料來源。）

三百六十度的最大優點之一，就是不具名。因為回應是來自受訪者的均值，所以評估者可以放心提供回饋，不用擔心個人的意見被放大檢視。對領導者來說尤其是如此，因為他們的下屬會擔心太誠實可能會帶來惡果。幸而，當回饋不會追溯到我們身上時，緘默效應通常就會消失。

能將自我與他人觀感相互比較

三百六十度評量的第二個好處，是讓人看到自我觀感與別人對我們觀感的比較。例如，你可能發現你自認為是認真努力工作的人，但上司卻不以為然；或者同儕認為你是一個擅長溝通的人，但你自己完全不這麼認為。然而，不論我們得知的是什麼，當很多人都告訴我們同樣的話時，就難以用「哦，他嫉妒我，因為我比他早升官。」這樣的說法搪塞了。

一位最近做過三百六十度回饋的經理就說：「要是我看到有任何批評的意見，我的第一個反應會是：『他們在胡說些什麼啊？』可是如果批評意見重複出現，有好幾個人都說同樣的話，那你就必須面對事實。這代表這些意見是真實無誤的，再不然這就是他們對你的看法，而這件事也一樣重要。」

以數值方式難以判讀評量結果

三百六十度回饋雖然有明顯的好處，但也有一些缺點。

首先，因為大部分三百六十度回饋使用的是數值，所以難以用有意義或可行的方式判讀結果。我們可能心想：「好吧，在建立關係的項目中，滿分是5分，我得了2分，可是這是什麼意思呢？又有什麼地方是我該改進的呢？」有個解決的方式是把一個我在行政指導工作中常用的方法稍加改變，我稱之為「質化的三百六十度回饋」。我不只是把調查表交給大家，還會追蹤並與他們交談。之後在提出這些回饋結果時，就可以提供客戶說明詳細的具體實例。

因此我認為，即使三百六十度回饋有些缺點，也不表示我們應該完全捨棄這個做法，而應該與其他方法併用。尤其是三百六十度回饋在了解自己的模式、反應、對別人的影響之類的洞察支柱時，是極為有用的第一步。

現在就來檢視一個互補的方法，我認為是可供大家使用的最強大回饋方法。

克服自我覺察障礙法二：選「對的人」+問「對的問題」+使用「對的程序」=對的回饋

一個寒冬的午後，我坐在一家嘈雜的咖啡館等我的新客戶金姆走進來，是她的老闆葛雷格委託我與她合作。葛雷格指出，負責稽核部門的金姆正在辛苦處理最近做三百六十度回饋收到的一些令她難以接受的意見。而且她的狀況愈來愈令人擔心，光是過去這一個月來，就收到兩起其他部門的主管對她的投訴。

我知道凡事都可以從兩方面去看，所以迫不及待想聽金姆的觀點。咖啡館的門打開，有人進來了，也帶進一陣嗖嗖寒意，我抬頭看到一位衣著得體、一頭棕髮的嬌小女子不耐煩地掃視店裡。她炯炯有神的眼睛最後和我對視。「妳是塔莎嗎？」她以口形問道。我點頭，朝她揮手。我看得出來她並不願意來此。

「我們就開門見山地說吧，」我說，「不如妳多說一點我最能幫上忙的是什麼事。」

金姆深吸一口氣，開始說她的故事。在葛雷格應聘領導她的單位後幾個月，要每個人做三百六十度評量，以取得同事與下屬對自己的看法。結果，她得到的回饋顛覆了她的世界及自我認知。

「我感謝葛雷格請妳來幫助我，」她說，「但是我必須告訴妳……這個回饋的殺傷力很大，我有點招架不住。或許我們可以從嘗試理解每一個回饋意見做起。」

為了有一個正向的開始，我問金姆她的回饋裡面有沒有什麼愉快的意外。「唔，我很高興聽到我的小組說我充分授權給他們，」她說，「大家也多半認為我是擅長策略性思考的人，能全心投入做有利於業務的事。」

「這些都是很棒的優點，我知道有的人只要知道自己有一個這樣的特質就樂壞了。」我回答，「那麼，是什麼回饋讓妳感到震驚？」

她嘆了口氣說道：「和我共事的人認為我刻薄、咄咄逼人、自負。有個人說到我在一次會議上，明顯猛烈抨擊某人。另一個人則說，我問問題的方式咄咄逼人，做決定太草率又太莽撞。」

我問她以前有沒有聽過類似的話。「從來沒有。」金姆難過地說：「我會這麼震驚的原因，就是因為我一直很沒有安全感——因為隨便誰都可以把他們眼中的我當成全部的我……這太教我難過了。我不知道是做了什麼事給人這種印象。」

我與太多有相同處境的客戶合作過，知道當了解別人對自己的看法和自己不同時有多麼令人難受。這些人會如此傻眼的原因，就在於他們一直沒有徵求過正確的回饋，又或者是從來沒有徵求過回饋。不過我欣賞金姆邁出的一大步，我確信不久後她再回顧時，會把這一步視為生涯的轉捩點。

等金姆有時間處理我們的第一次談話之後，我們再次見面，訂出她接下來幾個月要努力的一些目標。可是我看得出來她還有事情在煩心，便問她是什麼事。「我現在明白，」她對我說，「我花太多時間追求結果，所以忘了人際關係的部分。可是我還是不懂我是做了什麼，才會讓別人有這樣的印象。如果我不知道需要改變的是什麼，又要如何改進呢？」

這是一個值得深思的問題，說明光是得到回饋意見是不夠的，因為如果不明白是什麼行為得到這樣的回饋，就沒有力量做出更好的選擇。

「我覺得必須幫妳找一點更好的資訊來源，」我說：「而唯一能做到的方法就是妳要去問其他人對妳的看法。」我猜想，金姆擔心這麼做會表示自己示弱。（還記得「三合一鴕鳥心態」的第二個藉口吧？）可是經過一番說服後，她同意試試看。

為幫助她從別人對她的看法中獲得更多的自我認知，我和金姆用了一個我所謂「對的回饋過程」。這個想法是並非所有的回饋，以及所有回饋的來源都有幫助，所以必須選擇「對的人」，問他們「對的問題」，使用「對的程序」，以獲得有價值的訊息，使人得到可以化為行動的自我認知。

注意！這些人不會對你說實話

我首次開始研究這些獨角獸時，以為他們會說自己會向每個人尋求回饋，包括同事、朋友、鄰居，甚至是在雜貨店排隊時站在身邊的陌生人。可是令我驚訝的是，他們使用的方法正好相反。有一位在菲律賓的獨角獸，是年輕聰明的顧客服務經理，他說：「我無時不在得到回饋，但並不是從所有的人那裡得到，我靠的是一小群我相信會對我說實話的人。」事實上，獨角獸這個群體顯示，他們在這方面一直很有選擇性。他們確定質重於量，以及並非所有的意見都能夠帶來真正的自我認知，而這也正是他們一直努力選擇對的人的原因。

在了解應該向誰尋求回饋之前，先從認識不應向誰尋求開始。以下就是你必須遠離的兩種類型。

- **類型一、缺乏愛心的批評者**

第一類是沒有愛心的批評者，這類型的人會批評我們做的每一件事，像是嫉妒的同事、心懷怨恨的前任，或者缺乏理性的上司。不論他們的動機是不想要我們成功、不信任我們，又或純粹只是愛挑剔，他們的回饋都很少會客觀地反映出現實。

- **類型二、從來不批評的愛護者**

第二個要避免的是從來不批評的愛護者。雖然缺乏愛心的批評者討厭我們所做的一切，因此提出的意見會不夠客觀；但從來不批評的愛護者若是要仰賴我們生活，就不會批評我們，這些人的說法同樣也有待商榷。這些人可能包括認為你很厲害，根本不可能會犯錯的人（例如我們的媽媽），以及不敢告訴我們實話的人（例如一味討好別人的人或是膽怯的下屬）。雖然從來不批評的愛護者的回饋總是聽起來比較順耳，但是未必能採信。領導力教授約翰・傑可布・賈德納就說：「夾在沒有愛心的批評者與從來不批評的愛護者之間的領導者，是值得同情的。」

有愛心的批評者的特質

所以，若是不該向沒有愛心的批評者以及從來不批評的愛護者尋求回饋的話，那麼應該問什麼人呢？答案是：有愛心的批評者，也就是會對我們坦誠，同時也會為我們著想的人。可是做這件事的理想人選未必一眼可見。人們很容易會假設最親近的人（配偶、至交等）是最有愛心的批評者，可是最了解我們並不表示他們就能勝任這個角色。還有以下的因素需要考慮。

・特質一：你們彼此能相互信任

第一個是相互信任的程度。有愛心的批評者不需要是會幫你掩埋屍體，或是半夜兩點願意從監獄把你保釋出來那種願為你兩肋插刀的死黨，而應該是你明確知道會為你著想的人。親密未必等同信任，通常認識一個人愈久，尤其是與這個人關係愈密切，想從對方身上探知回饋的情況也會愈複雜。（我相信「亦敵亦友」一詞是特別針對這個情況發明的字眼。）選擇一個與自己有長久而複雜關連的人未必不會得到有助益的回饋，但卻可能使回饋過程增加不必要的複雜性和情緒。

出於同樣的原因，可能有某個人你未必那麼熟稔，例如某位同事或點頭之交，但對方是真心希望你成功，也渴望自己能幫助你成功。以金姆的情況來說，她有個充滿愛心的批評者是位共事多年的同儕，但她與對方並不算熟，不常一起出去，但金姆知道對方為了現在的成就付出很多，是認真負責的好員工，如果有機會深交的話，也會是個良師益友。

• 特質二：提出批評後會陪你一起改進

找出有愛心的批評者並不容易。皮克斯董事長凱特穆事業生涯早期的故事，便是如何找到有愛心的批評者的最佳例子。

前面提到過，早在凱特穆成立皮克斯之前，他是猶他大學電腦科學計畫的博士生，到了要寫論文的時候，他非常緊張。就算他發現了Z緩衝區（一個運算法則，允許電腦追蹤三次元物件的深度）是項突破，但是他這一生中沒寫過長篇大論的東西。

等凱特穆好不容易完成論文，交到論文委員會後，第一位委員會成員給予的回應是大為讚賞，他因此鬆了一口氣，也對此人至為感激，在那星期後他又收到另一位委員會成員的回饋，這個人是他那個科系的主席，而他的意見就沒那麼客氣了，對方直言不諱地表示這份論文寫得糟糕透頂。這讓凱特穆對於這兩相矛盾的反應不知所措，無從得知自己的表現究竟是好還是壞。

然後有一天下午，那位原本稱讚論文的委員會成員突然出現在凱特穆的辦公室，一反之前的說法，不但貶損他的論文，還指出一長串論文上的錯誤。儘管這個回饋與他從系主任那兒聽到的幾乎完全相同，但是凱特穆氣憤地納悶著，這傢伙到底是有什麼問題啊？他沒有否認這個回饋的正確性，問題在於這位委員會的成員給予這個回饋的動機。凱特穆細想之後恍然大悟，其實這個人之所以改變意見，只不過是不想與系主任有不同的看法，要拍馬屁罷了。凱特穆沒有多想，便決定把這個人從他的委員會名單中剔除。

雖然這個現在已成為前委員會成員的人顯然並不是出於善意而提出批評，但是凱特穆覺得系主任是為他著想的，因為在此之後，系主任在百忙中抽空邀請凱特穆到他家，花了一整天與他討論該如何修改論文。後來他的論文被視為對電腦繪圖領域做出最重要的貢獻。然而凱特穆從這個經驗獲得更重要的心得是：任何人都可以提出批判性的回饋，然後一走了之，但是只有願意在你身邊幫助你堅持到底的人，才是你真正可以信賴的人。

不同領域的互補之道

在回饋方面，光有善意是不夠的。為了能讓你產生真正有用的自我認知，提出回饋的這個人，必須也要充分理解你想要得到回饋的方向，並且知道要怎樣給予建議才能幫助你成功。

舉例來說，我的一位至交是律師，因為已有多次經驗證明她會替我著想，所以她是絕佳有愛心的批評者人選，只不過不是每一件事都適合向她諮詢。例如如果我要請她對我的公開演說技巧提供回饋，就會遇到兩個問題。第一，她幾乎從未聽過我演講，所以沒有足夠的資料針對我的演說提出評論。另一個問題是，因為她對做公開演講的領域並不是很熟悉，所以儘管她會給我坦白誠懇的回饋，但可能不是特別有幫助。然而，她能幫助我了解在社交場合該如何表現，因為她是我所認識最有社交頭腦的人之一，所以她的意見會很有建設性。

● 特質三：願意對你說真話

選擇有愛心的批評者之後，還要留意他們是不是樂意並且能夠對你說真話。最好的衡量標準就是對方有沒有跟你說過殘酷的事實。當某人不怕說出心中真正所想，即便說出來可能會讓人覺得心裡不舒服，那麼這個人可能會是一個有愛心的好批評者。像是金姆之所以選擇那位同儕的理由，是她曾看過對方在會議上勇於提出棘手的問題。

然而，有這些想法之後，也應該相信自己的直覺。如果你覺得某位有愛心的批評者候選人不太適合，那麼他們可能就真的不太適合。

這樣問問體，別人更願意回答你

在還沒有與有愛心的批評者進行實際的回饋談話之前，就應該先想出要詢問對方的適當問題。藉由先整理思緒，看看你想要如何進行談話，以及要如何運用這個談話更了解你想要呈現給世人的那個「你」。

一、提出的問題要具體

所謂「適當的問題」，最重要的就是提問要很具體。有一個構思問題的方式，就是看看科學的方法。科學家或心理學家在建立理論時，會先驗證某個與現正研究的現象有關的假設。同樣地，如果你提出一、兩個關於別人對你看法的初步假設（例如：「我覺得我跟客戶碰面時，容易給人膽小、不專業的感覺；你是不是也覺得是如此？」）這會讓你的談話有個主要的框架，幫助你證實或推翻你的懷疑。

有一種在許多公司或組織裡常用的「開放式回饋方法」（像是：開始／停／繼續模式[2]），雖然也有其優點，但就我們的目的而言，提問的範圍卻太廣泛了。首先，如果不具體地詢問有愛心的批評者的回饋意見，可能會讓他們搞不清楚狀況，不知該怎麼回答才能對你有所幫助。例如，假使我對客戶說：「我歡迎你提供對於我表現的任何看法。」客戶會不明白我想知道的是什麼。我想要的回饋是關於我在指導課程裡有沒有提出好問題？我說的笑話好笑嗎？還是我的穿著時髦嗎？模稜兩可的問題會使雙方都對回饋談話感到不自在。想像一下，假使我談話的目的是想要知道我的專案做得如何，可是得到的回饋卻是我用的化妝品顏色不對（我的朋友在與她的導師們談話時就真的發生過這種情形），這不是很令人傻眼嗎？所以，最重要的是你想要對方回答的方向是什麼，而問題是由你決定的。問題愈具體，對你和有愛心的批評者來說，這個過程就會愈順暢、成功。

現在，我們已從具體的假設提出了適當的問題，可是要如何建立這個假設呢？有一個方法就是細想你對某些洞察支柱的看法（例如你的志向、行為模式、對他人產生的影響），或是回想你以往得到的回饋。不妨看一看金姆是如何做的。

她的志向是未來承擔更大的責任，所以若是別人認為她說話唐突、咄咄逼人，就不可能如願。

2 這個模式是詢問你應該開始做哪些你未進行的事，應該停止做哪些對你而言不盡理想的事，以及該繼續做什麼才能成功。

三百六十度回饋的結果，清楚顯示她在這些方面尚需努力，可是她需要更多訊息助她一臂之力。於是金姆的初步假設是：我在工作上的行為很傷人，尤其是在開會時。因為已經有訊息顯示她的同事們有這種感覺。所以，我們預期這個假設會得到證實，可是我們真正想知道的是，她到底做了什麼事情才給人這個印象。此外，金姆所做的這個假設並不是針對她個人的指責，而是一個她想要更清楚了解的具體行為。

二、一次只聚焦一、兩件事

一般而言，一次把重點只放在一、兩個初步假設上是好的做法，否則你可能很快就會筋疲力竭，招架不住，並且心生防衛。(「你是說我不只是化妝的色彩不對，大家還認為我憤世嫉俗，所以才會在會議上搞得人人不舒服囉?!」) 你不能也不應該試圖在一夜之間就改造自己，我見過改進幅度最大的人通常都是一次只聚焦在一件事上。

另一位有愛心的批評者則指出，有一次金姆曾不必要地對某人直言不諱，這個回饋的意見也讓她產生另一個頓悟。金姆是在一個說話非常直接的家庭中長大，她現在已明白在她看來正常的事，對別人而言常常是不舒服的，所以她必須用別人的方式，而不是以自己的方式與人相處。

在有愛心的批評者協助之下，金姆比較清楚她的行為給別人造成什麼印象。她嘗試新的做法，開始明白圓滑一點不只會使她的人際關係變好，而且在傳達自己的觀點的同時也不會造成間接傷害，反而更容易完成工作。她發現當別人不對她心生畏懼的時候，她絕對能夠溝通得比較好。

金姆也開始試驗在自己怒火被點燃的時候，用新方法克服自己的反應，並發現只要給予內心聲音有表達的機會就有所幫助。例如，光是在心中想著「我覺得現在被人挑釁或是受到批評」，就能幫助她保持冷靜。現在當她步入她認為有可能觸發怒意的會議之前，她會先保持冷靜和開放的心態，並且以詢問替代指責別人的看法。

在金姆和我完成合作後大約一個月，她的上司葛雷格找我去他的辦公室討論事情。這位一向沉默寡言的男士竟給我一個熊抱。葛雷格除了分享他個人發現關於金姆的巨大改變之外，也說其他部門的投訴消失了（之後兩年多，他完全沒接到任何投訴電話）。金姆棘手的人際關係開始有所改善，她的人生也有所轉變。她在工作和在家庭中都沒那麼沮喪，而且更有自信，也更快樂。葛雷格開始信任她之後，便給她更多機會和挑戰，而她也全部搞定。事實上，葛雷格最近告訴我，金姆是他最重要的團隊成員。這是我見過最顯著的轉變之一，也是個把自我認知付諸行動且具有啟發性的好例子。

克服自我覺察障礙法三：與人共進「說出真相的晚餐」

在我的經驗裡，對的回饋過程可能是外在自我覺察力最強大的助力。但是還有另一個略微簡單的方法，可以得知在個人領域中，自己給人的印象如何，我稱之為與人共進「說出真相的晚餐」。如果聽起來有點不祥的味道，那是因為它的確不祥。然而對勇敢選擇嘗試的人來說，這個方法不只是對外在覺察力有驚人的影響，也能改善人際關係。

那麼，要如何吃這頓「說出真相的晚餐」呢？那就是邀請一位有深交的朋友、家人或良師益友，亦即非常了解你，而且你也想要加強彼此關係的人，一起吃頓飯。在用餐時，請對方坦誠不諱地告訴你他對你最惱火的事。不過你要先告知對方你為什麼要這麼做，並且你不能為自己辯護，只能用心聆聽。

現在，我以真正過來人的身分（這可作為我以研究之名無所不做的證明）告訴你，答案並不中聽。我做過兩次，那種經驗比去牙醫診所還可怕。曾和學生一起進行這個練習的傳播學教授喬希・米思納教授也告訴我：「我一對學生提出要做這個練習時，我看得出來他們的臉色霎時變得蒼白，而且驚訝到連嘴巴都合不攏了。」他完全理解做這件事需要勇氣，但是有數以千計的學生熬了過來，而且變得更有智慧了。

此外，米思納建議在用餐（而且最好是晚餐）時進行這個談話是有原因的。「與人一起用餐有一種神奇的作用，」他說，「吃東西是一種親密的行為，而這個行為也包含了信賴。」而且說實話，難以接受的真相在搭配能令人放鬆神經的含酒精飲料後，會容易下嚥得多了。[3]

米思納多年來收集了一些如下列的進行之道，引導學生們順利完成這個練習。

一、**做好心理準備**。

他說，首先，做好心理準備是關鍵。花一些時間揣想你可能會聽到的話，並且準備好迎接最壞的情況。

二、**你想談得多深入。**

其次，決定你要「深入」的程度。所選之人與你的關係愈親密，你得到的自我認知會愈多，但是對話的內容也有可能愈嚇人。

三、**讓對方暢所欲言，毫無顧忌。**

米思納提醒學生，你詢問的對象可能尚未準備好對你暢所欲言，若是如此，他建議告訴對方，這麼做的目的是要幫助你成長，而且你只是想要將自己的認知和他們的觀察做一番核對。這樣的坦誠會讓他們據實相告，而不是謹言、客套。一旦共進晚餐的同伴開始說出回饋，你要做的就是讓對話持續進行下去。對，我知道你會很想盡快結束，但是為了讓這個練習發揮最大作用，米思納建議，必要時要用提問的方式做進一步的探究與釐清。

說出真相的晚餐剛開始感覺可能很嚇人，但你會訝然發現，了解你摯愛的人對你真正的看法是多麼令人開心的事，而且無比受用。雖然訓練自己內觀通常感覺比較安全，但是躲在用錯覺織成那個安全而溫暖的繭裡，可能會太過舒服，根本不知道自己被包覆其中。這正是人們需要回饋的原

一3 不過喝一杯以上的話，你可能會有影集《新澤西貴婦的真實生活》（Real Housewives of New Jersey）式想掀桌子的危險。

因，所以選擇一位有愛心的批評者，擬訂計畫，準備享受全新的自我認知吧。

得知別人對我們的看法，不論是經由三百六十度回饋、對的回饋過程，或是與人共進「說出真相的晚餐」，都只是邁向外在自我覺察的第一步而已。回饋雖然可能令人大開眼界，如果想要把它化為可以使生活品質更好的那種自我認知，就必須多培養幾項同樣重要和值得的能力，亦即優雅地接受、下決心反省、明智地做出回應。接下來我們就來看看如何把得到的回饋化為實際行動。

第八章
處理外在回饋的三步驟：接收、反省、回應

如果你希望從他人之處得知訊息與獲得進步，卻又同時表達自己堅定不移的觀點，這時謙遜、通情達理，且不喜歡爭議的人，可能會任由你繼續錯下去。

——富蘭克林

若說多年來我有什麼心得的話，那就是即使是最偉大的心理學家，有時也會是最需要藉由心理學獲得幫助的人。

我有個學期擔任一位資深心理學教授的教學助理，但學生們都認為她講課含糊不清，態度又孤傲，對他們的學習是種阻礙。我也很認同他們的看法。學生們數度拜託我把他們關切的問題提請她注意與改善，可是我實在想不出委婉轉達的好方法。

一周接著一周過去，然後是痛苦而緩慢的數月，我無能為力地看著這種情況發展下去。後來，在一個春光燦爛的早晨，我在辦公室裡，收到這位教授寫來的一封電子郵件：「學年已接近尾聲，我想要聯絡一些共事的人，徵求你們的回饋。希望你們坦白告訴我，我有哪些地方做得好，又有哪

些地方需要改進。請安排一個會議時間，讓我們一起討論你的想法。」

我感到錯愕。因為在此之前，她完全無視於學生對她的看法，但是現在卻勇敢地選擇主動出擊。等我的震驚終於平息下來以後，我真心覺得充滿希望。教授是在給我機會，只要我回應得當，就有可能改善未來學生們的學習經驗，因此我傾盡全力為我的會議做準備。

開會當天早上，我的胃揪得很緊。我還記得那時站在教授辦公室外面，緊緊抓著我的資料，等候她叫我進去時，那股亢奮快速變為恐怖。我用冒汗的雙手把文件推過桌子，開始我精心設計的獨白。

「所有的學生都非常重視您豐富的學識和經驗，但是有些時候他們可能認為您難以親近。」我對她說。

她蹙眉。「當然，」我很快接著說道：「我毫不懷疑您會盡全力幫助學生，但是我也認為有一些講課的障礙使您無法淋漓盡致地發揮。」她眉頭皺得更緊了。「例如，有個學生說，他有一次請您針對上課時提到的某件事做進一步說明，可是您卻只是指出在課本的哪一頁。他後來在書上查到了，雖然還是不明白，但他不想再問一次，就讓問題晾在那裡，後來考試時就有兩題沒有寫。」

現在她看起來明顯不太自在，如坐針氈。可是看到她在這個過程中自我克制的努力讓我更加欽佩她，於是我繼續竭盡所能，恭敬而坦誠地把我認真記錄的例子告訴她。終於說完之後，我如釋重負，等待她接下來無疑會表達的感激之意。

接下來發生的事情至今還會出現在我的腦海。教授把我的文件滑過來給我，斷然地說：「說得不錯，不過，這些難道不全都只是你的個人意見嗎？」

我愣住了。原來從一開始根本就不是真心想要坦誠的回饋。她要的是那種官腔官調的讚美與奉承，就是我說她課教得非常好，所有的學生都喜歡她，儘管這個說法離事實有十萬八千里遠。

尋求真相對擁有外在自我覺察力而言，是必要的一步，而且仍嫌不足。要獲得真正的洞察力，也必須學習聽取這個真相的方法，而且不只是全心全意地專注，還要隨時隨地傾聽。

這一章是把重點放在如何成功接收回饋意見，仔細思考回饋的內容並做出回應。我們將透過一個稱為「3R模式」的方法，學習如何抵抗否認的誘惑，打開耳朵、敞開心胸聽到令人難受或出乎意外的建議。

人們聽到的回饋有幾種可能的形式：可能帶有批判性而且出乎意料；或是雖不表贊同但仍支持我們的信念；又或者是正面的，也就是確認抑或讓我們發現原先不知道自己所擁有的優點。然而在收到回饋之後，真正的挑戰才要揭開序幕，因為要仔細權衡回饋的來源，找到有價值的元素，並且決定該如何處理這些回饋。

可是無論如何，能否善用這些回應的意見，取決於我們如何理解所聽到的內容，然後把洞察力支柱在自己和別人眼中的樣子做一個比較。就讓我們從這裡開始吧。

接收、反省、回應的3R模式

我們先來看佛蘿倫絲，她是在第一章中提到的那位奈及利亞女企業家、政治活動家以及獨角獸。她在奈及利亞首都阿布賈一家石油天然氣公司擔任經理時，與上司建立了良好的關係，並獲得他在工作上的全力支持。可是有一天，他不經意給予的一個回饋，徹底動搖了她的自信。

那時，佛蘿倫絲即將參加的一個訓練課程有個事前準備工作，就是要請她的上司填寫一份評估她工作能力的調查表。到了該交出這份調查表的當天，她坐在上司的辦公室，等候他到來。當她看著掛在他辦公桌後面牆上的一幀幀全家福照片時，有一樣東西映入她的眼簾，就是那份回饋表。他已經填好了。

佛蘿倫絲迫使自己的目光重新回到那些全家福照片上，不去看一些她知道不該偷窺的東西。可是這招行不通，於是她閉上眼睛，開始低聲哼唱，後來又擔心路過的人可能會覺得她看起來很奇怪，於是再度張開眼睛。最後，她做了每一個身在她這個處境的人幾乎都會做的事，就是偷看那份回饋表。佛蘿倫絲瞄到一個問題：「你會如何形容要上課的當事人？」下面是她老闆的回答——「只有五個字：『企圖心十足』」。她吃驚得下巴都掉到地板上了。

對一般西方人而言，這個回饋毫無問題，事實上，還可能是種讚美。可是在奈及利亞，強大的社會標準決定了什麼人被「允許」有企圖心，而且那種行為是男人的專利。對女人而言，有企圖心（亦即想要事業成功、能自給自足、經濟獨立）與她為人母、人妻、家庭主婦的身分等這些社會期望背道而馳。因此，一個有企圖心的女人也會被視為傲慢、霸道、刻意迴避她被預期應扮演的角色。

佛蘿倫絲從不認為自己傲慢或霸道，可是在這個鬧鈴響起的一刻，她明白自己是有選擇的。她可以進入防禦模式，或者把它當作一個自我覺察的機會。雖然做起來不容易，但佛蘿倫絲決定探討這個意想不到的新資料，往更勇敢、更有智慧的方向發展。

她一向是獨角獸，所以用一個最能說明對回饋的接收、反省、回應的3R模式處理這個過程。我多年來都利用這個模式自助與助人。這個方法有助於把自我以及對自己先入為主的觀念放在一旁，只專注於眼前的資訊，抗拒「戰或逃」的本能，並把這個回饋轉為獲得深度洞察力的機會。

步驟一：獲得意見回饋

3R模式的過程是從接到意見回饋開始。

不論佛蘿倫絲是否想要，她已經收到這份禮物。雖然聽到自己被人認為有企圖心令她心驚，但是她也決心不受情緒左右。她深吸一口氣，問自己當下有什麼感覺。她向自己坦承：我很生氣，可是這個回饋對我可能還是很寶貴。她決定要從老闆的回饋中發掘自我認知的潛力，因此她想知道，自己是做了什麼事讓他這樣看待？

接收回饋並不表示被動地聆聽，更意味著提出問題，主動尋求理解。這不但能讓人有更清楚的訊息可以理性地繼續自我探尋，也使人不至於只是情緒化地勃然大怒或是轉而否認。因此，佛蘿倫絲意志堅定，平靜地詢問老闆一些問題像是：「你可以多告訴我一些你所說的『有企圖心』是什麼意思嗎？」「你可以舉幾個例子嗎？」「你第一次注意到我有這樣的行為是什麼時候？」她把他的回答一字不漏地記在筆記本上作為參考，然後向他道謝，返回自己的辦公室。

步驟二：仔細思考回饋

接下來幾天，佛蘿倫絲仔細思考老闆的回饋。但畢竟在情緒仍激動之下，她不能靜下心來明白那是什麼意思，更別說是採取行動改進。在3R模式的第二步「仔細思考回饋」方面，她的做法恰好與之相符：在聽到真正出乎意料或令他們心煩意亂的回饋後，獨角獸們會明智地避開立即採取行動的誘惑，先給自己幾天甚至幾星期時間重新振作。

獨角獸們會明智地避開立即採取行動的誘惑，她自問了三個問題。第一，我了解這些回饋的意思嗎？她決定和幾位有愛心的批評者聊一聊，盡量多收集一些其他人的看法。雖然佛蘿倫絲的直覺反應是把老闆的回饋貼上「負面」的標籤，但她不久便從那些有愛心的批評者得知更深入的想法。她的自信有時候確實會使她與人產生摩擦，至少開始時是如此，但是等他們更了解她後，就會明白她不是專橫跋扈或者一意孤行，而且她的自信也讓她有一種獨有的優勢。

於是佛蘿倫絲自問，這對我的長期成就和自我期待有何影響？要記住的是，並非所有的回饋都是正確或重要的，一如羅馬哲學家馬可・奧里烏里斯（Marcus Aurelius）提醒我們的：「我們聽到的每一句話都是意見，而非事實；看到的每一件事都是一個角度，而非真相。」要了解什麼樣的意見值得重視，有一條好的經驗法則就是看回饋意見所出現的次數多寡。某一個人的回饋是一個觀點；兩個人的回饋是一種模式；但是三個人以上的回饋就有可能接近事實了。佛蘿倫絲從太多人那裡聽到她「有強烈企圖心」的說法，所以她就必須虛心接受。不過她已明白，儘管有企圖心所代表的文化內涵對她不利，但對她長期的成就並未產生負面影響，反而有助於達到目標。

步驟三：決定是否對回饋採取行動

上述的領悟促使佛蘿倫絲提出最後一個問題：我要對這個回饋採取行動嗎？若答案是肯定的，又要怎麼做？有時候，就算了解回饋是重要的，也可能會決定不立刻做出回應。基本上，做某一個改變付出的精力和時間是否會帶來充分的回報，是要由自己做決定的。

而佛蘿倫絲在幾經長考後，決定對回饋做出回應，這也是3R模式的最後一步。她認為，即便在她的文化中，身為女性是某種程度上的弱勢，但她用不著膽怯。謙遜與自信這兩種特質的結合其實並非弱點，反而能幫助她成就大事。雖然她向來重視別人的感受和情緒，但她會用自己的方式生活。

於是佛蘿倫絲沒有改變自己，而是決定改變敘事方式：她的企圖心並非缺點。有這個新的理解之後，她把她的文化對這個名詞的偏見拋到一邊，欣然接受了。「總是會有人說：『別爬得那麼高——你會摔下來。』」她說，「但我再也不聽他們的了。」

佛蘿倫絲的實例發人深省，顯示一個人只要能夠有風度地接受回饋，勇敢地思考，並且目標明確地做出回應，就能夠從最不可能的地方發現難以想像的自我認知。

利用自我肯定，強化心理免疫系統

當你想像一位西洋棋大師時，腦海中會浮現什麼影像？可能是一個安靜而嚴肅的人，也可能是鮑比・費雪之類彎腰駝背地看著棋盤的影像，或者是穿著高領毛衣和粗花呢夾克之類好學模樣的人和超級電腦對抗。不論心中的影像是哪一種，你認為這位大師是何種性別？十之八九，你想到的這位大師會是男性，而且會這麼想的不只你一個。這只是許多無意識刻板印象的其中之一，就連最開明的人也很難避免。

許多人或多或少都會覺察到自己對別人持有刻板印象，但是對一種比較令人驚訝的刻板印象卻常常缺乏自知力，那就是對自己抱持的自我設限觀念以及別人對我們的看法。

這些刻板印象為何與處理回饋意見、提升外在自我覺察力有關？簡單來說，接收到令人難受的回饋會令人產生不安全感，可能感覺心如刀割。有時候回饋可能是批評和確認，換言之，就是證實了我們自認為的缺點。這些想法獲得證實後可能會使人感到無助，或者乾脆自暴自棄。我們馬上就會學到一個簡單的方法，能先幫自己打預防針以避免產生這樣的反應。不過首先，還是先來看看自我設限的想法害處有多大。

二〇一四年，心理學家漢克・羅斯嘉寶（Hank Rothgerber）和凱蒂・沃爾席法（Katie Wolsiefer）想知道「西洋棋的棋手是男性」的這種刻板印象，會不會影響女性棋手的成績。他們用美國西洋棋聯盟的資料分析十餘所學校西洋棋錦標賽的統計，依對手的性別尋找男生和女生的表現模式。一如預測，女生在與男性對手對弈時，表現明顯比和女性對手廝殺的女生遜色兩成，[1]為什麼會如此？因為對自己的能力持負面刻板印象時（女生認為男生的西洋棋棋藝較高），對證實這些印象的懼意可能成為自我應驗的預言，甚至是在接收到任何回饋之前就先產生。

這個作用被心理學家克勞德・史迪勒（Claude Steele）和約書亞・艾倫森（Joshua Aronson）稱為「刻板印象的威脅」。他們曾進行一項研究是，非洲裔美國籍學生們被告知要做一項標準化的智商測驗（讓他們對「自己比歐洲裔美國籍學生能力差」的普遍刻板印象先發酵）後，發生的情況正是如此。可是當學生們沒有被告知這是測試智商時，兩組學生的成績就差不多。另一項研究是，研究員提醒向來被認為學業成績比一般學生差的大學運動員他們的「運動員」身分時，他們在研究生入學考試（GRE）的成績就比非運動員低了百分之十二。

刻板印象的威脅不只損害個別考試或工作的表現，也可能嚴重限制長期的成就。例如，在與科學相關的職場中，一直存在著陽盛陰衰的性別鴻溝。（儘管兩性在能力上沒有差異，但在美國科學與工程領域的女性就業率只占百分之二十二。）許多相關的解釋都著重於文化期望或標準之類的事情，但是在雪柔・桑德伯格（Sheryl Sandberg）出版《挺身而進》整整十年之前，喬伊斯・爾林爵（Joyce Erhlinger）與大衛・唐寧（David Dunning）便已發現的另一個影響因素。他們請男大生與女大生評量自己的科學推理能力。數周後，再邀請同一批學生參加一項據說與科學推理無關的研究。結果顯示，不論測驗成績如何，女生對自己能力的看法比男生對自己的看法平均低了百分之十五。

1 為達到這個效果，她的對手必須是一位棋力中等到高等（與棋力差者做對照）的男棋手。

這些發現顯示，女性自我設限的想法以及後來對於要追求職業的選擇，可能是在科學界有性別差異的重大因素。

所幸可以運用一個簡單的方法防止這些自我設限作用，這個方法就是克勞德・史迪勒所稱的「自我肯定過程」。當你碰到會落入自我設限想法的回饋時，只要花幾分鐘提醒自己有另一個身分比現在受到威脅的身分重要，就可以強化「心理免疫系統」。假設你辛苦工作一年卻沒有達到業績目標，現在即將接受績效考核，有一個方法可保護自己不受這個急迫壓力的威脅，就是告訴自己是一個有愛心的父母，或是投入社區工作的志工，又或是一個對人友善的好朋友。

這聽起來或許過分簡單或不現實，可是這個做法有實證支持。例如，心理學家杰弗里・科恩（Geoffrey Cohen）讓一群有可能受刻板印象威脅的七年級非洲裔美國籍學生，在學期一開始用十分鐘時間寫出自己最重要的價值觀。等學期結束時，有七成學生的成績比另一群沒有做這項練習的學生高，這個進步的結果是使種族成績差距縮小四成。還有證據顯示自我肯定可以減輕威脅引起的生理反應，降低壓力荷爾蒙皮質醇的含量，這一點有助於理性的思考，而不會顧此失彼，忽視大局。[2]

正向回憶法能為自己打氣

自我肯定不是使人淡化聽到的事實，而是幫助人們對難以消受的回饋持開放的態度。雖然自我肯定可能讓人自我感覺良好，但策略性運用它來支持自己，卻有助於接受殘酷的事實，能使人「對痛苦得難以接受的觀念持比較開放的態度」。畢竟，當人想起自己是怎麼樣的人，就能更正面看待具有威脅性的批評。

我自己是在幾年前得到這樣的體驗。就在我寫這本書期間，有天我要參加一個高中老友舉行的假日聚會。我那天過得很不順，而且就在赴約之前不到一小時，我得知一位出版社朋友對於我這本書的初稿很有意見。我那時一直沮喪又生悶氣，並猶豫到底該不該赴約。後來我心想，管他的，去了的話，起碼可以有好幾個小時不去想這本書。

我到達相約的那家餐廳時，店內正播放耶誕頌歌，我很高興看到許多年不見的熟面孔。與老友們緬懷過去，正切合我想逃離當下的需要。而且令我訝異的是，聚會期間我完全沒有想到我的書。

那天晚上回家時，滿心都是溫暖的懷舊感。而在此同時，我發現自己對寫作也重新燃起鬥志。高中的我絕對不會在面臨挑戰時退縮，所以現在的我怎會如此懷憂喪志？我平靜地帶著堅定的決心進入夢鄉，無論如何，明天我會解決這本書惱人的問題。那是我長期以來睡得最好的一晚。

第二天早上，我端著咖啡走進辦公室時，又重新感受到之前心中的那份忐忑。「我會解決這個問題的！」我不斷告訴自己。就在快要落入另一個絕望的反覆思考坑洞時，突然我靈光一現，想到用另一種新的方式看我的書稿，這個方式也具有更大、更重要的意義。那天下班之前，我把修正後的內容傳給朋友看，結果他很喜歡，讓我徹底鬆了一口氣。我意識到那個聚會不只是和老友們共度

2　在一項研究中，完成自我肯定練習的第一期和第二期乳癌患者，在三個月後和沒有做這項練習的患者相比，抗壓性較高，出現的生理病症也比較少。

的愉快夜晚，它更為我帶來強大的自我肯定，幫助我正確對待朋友的回饋，使自我設限的想法遠離，並激勵我重新處理這個挑戰。

撇開我的親身經歷不談，研究員最近發現回憶過去對自我肯定而言，確實有可能是一個強力的機轉。例如，研究員馬修・維斯（Matthew Vess）和同事們請心理系的大學生們回想一個以前的正向記憶，再讓他們接受一項分析推理測驗成績的負面回饋。回憶過往的人不但防禦性比較低，而且也比較不會對自己的能力抱持幻想。其他研究也顯示，回想過去可減少反覆思考，促進身心健康。

所以不論是用勾起對往事的回憶，或以想起自己最重要價值觀的方式，來加強自我肯定，都可以幫自己打預防針，對抗有威脅性的回饋，而且在面對批評時比較能夠放下防衛心。

不論你採用哪一種方法，在接收有威脅性的回饋意見之前，先做一番自我肯定，效果最好。當你知道可能會收到難以消受的負面回饋時，不妨先花幾分鐘幫自己打氣。自我肯定猶如保險，你聽到的未必是大災難，萬一是的話，你也已經買好了保險。

接受無法改變的事實，專注於可以改變的事情

企業家李維・金恩（Levi King）是在愛達荷州鄉間的一座農場上出生和長大。他在一家電子招牌製造公司半工半讀，大學畢業後便自己當老闆經營招牌生意，年僅二十三歲就把公司賣掉大賺一筆，然後又成立一家金融服務公司。在數年之後，一個看似無傷大雅之舉，讓他獲得對他的職業

生涯而言最艱難但也最重要的洞察力。

他因為一些極為明確的原因，開除了一個新進的業務代表。可是他的合夥人，也就是錄用那個業務代表的人，並不同意這麼做。當然，雙方都認為自己是對的一方，最後這個衝突演變成「誰才是比較好的領導人」的爭執。兩位合夥人決定各自進行三百六十度評估，從他們的團隊成員中了解真相，再比較彼此的發現。

當評量結果出爐時，李維相信證明正確的人會是他。可是真相並非如此愉快。他的團隊在許多評量項目給他的分數都低於預期。更糟的是，他自以為最拿手的事情，比如說溝通能力，卻被他的團隊認為是最差的。這對李維是一個轉捩點。他說，他明白自己可以「加倍下注，然後成為一個更混帳的人；或者了解自己到底是什麼地方做錯。」他選擇了後者，虛心檢討自己的溝通風格和領導方式。

然而，就在李維閱讀許多關於腦科學與人際溝通的書之後，他得出一個結論，就是他永遠無法表現出和藹可親的態度，因為這根本不是他做事的方式。你可能以為我接下來就會告訴你他如何克服這個障礙，努力改進自己，最後成為一位溝通大師，但是事實並非如此。反之，李維接受了溝通從來不是他的長項的事實，他覺得對他而言這不是困擾。

可是這是明智之舉嗎？他在獲得這些得之不易的自我覺察後，難道不應該再努力一點，把這份覺察化為行動嗎？事實是：在從鏡子轉到稜鏡的過程中，人有時候會發現一些難以改變的事情，因為這些缺點已內化為性格的一部分。處理缺點的最佳方法未必一定顯而易見，但是第一步卻是要坦然接受這些缺點，也向別人承認自己有這些缺點。有時候人有可能只做一些小小的改變，卻得到極大的回報。然而在少數情況下，正確的反應則是應接受自己改變不了的事情。李維做的正是如此。

李維有了這個覺察之後，便召開一次全員參加的大型會議，他先從感謝大家對他提供回饋開始說起，接著說明他為何認為努力改善他的社交技巧並不會帶來有意義的回報。「未來，我不太可能跟大家道早安。」他告訴他們說，「我不會記得你的生日，或是你生了小孩，這些時候我都不會記得要對你表達祝福。」一股不安的氣氛瀰漫整個會議室，員工們想知道他們的老闆到底真正要說的是什麼。

李維彷彿看出大家心中所想，繼續說：「但是我確實非常關心你們。我想要告訴你們的是，我以後會如何表現出我的關心。我會從給大家一個安全的地方工作來表達這一點；我會從確認你們的薪資獲得給付來讓你們知道這一點；我會確使大家找到工作意義來讓你們知道這一點。這些是我可以向你們保證的事情。」

李維進行三百六十度回饋已經是十年前的事了（之後他又成功創立五家新公司）。他發現承認自己的缺點，也能接受他的團隊開他玩笑，這些方式幫助他在人生里程碑與工作成就上都更上層樓。

就出人意表和批評的負面回饋而言，雖然做出改變通常是好的做法，但並不是唯一的做法。有時候有自我覺察力是要接受自己有這些缺點的事實，也能坦然向同事、部屬、朋友、親人承認。當人放下自己無力改變的事情時，就轉而專注於改變自己力所能及之事。

令你發現自身優點的驚喜回饋

建立外在自我覺察力並不一定是要學習所有自己做不好的事情，因為這個過程也是在更理解自己特有的優點、能力、貢獻，利用這些自我覺察創造出個人更大的成就。在得知別人對自己看法的過程中，有可能聽到令人驚喜的觀點，也有可能接收到令人不快的看法。

我幾年前的一個經驗，可以作為獲得正向但令人驚訝的回饋時的最佳範例。

我在教導企業領導人策略課程時認識了湯姆，他自稱是「工程師中的工程師」，也就是典型「非常不擅長與人交際」的內向型。湯姆告訴我，他雖然熱愛工程，但感覺在現有的職務上停滯不前，沒有成就感。我問他，假使這世上的工作隨他選擇的話，他想做什麼。他想了一會兒後答說不知道，但他可以確定的是他想做的事肯定與工作升遷無關。「我無法讓別人專心聽我說話。」他說，「我也沒有什麼影響力。」我問他為什麼這麼說，他只是聳聳肩回答，工程師通常都不擅長處理「人的事情」。

「我這星期先觀察你一下，再告訴你我是不是認同你的看法。」我這樣提議，他也同意了，於是我們就此說定。

最後一天晚上，班上進行一個精心設計的團隊合作活動。大夥兒聚集在飯店裡一間很大的舞廳，四周用建築材料堆得高高的，包括ＰＶＣ管、木頭、槌子、梯子等等。這項任務是要架設一個可以把一塊大理石從房間的一端推移到另一端的裝置。可是情況一開始就不妙，因為這些領導人習慣當房間裡發號施令的那個人，所以聽不進別人的想法。想當然耳，任務也毫無進展，我看得出來他們愈來愈沮喪。

突然之間，我聽到一個宏亮自信的聲音穿破房間裡的嘈雜，令我極為驚訝的是，這個聲音是來自湯姆。他站在差不多一個梯子那麼高的地方，滿面笑容，顯然已知道該如何解決這個工程問題。可是根據他告訴我他不擅長處理人際關係之故，我已經做好迎接他徹底失敗的準備。「各位，」他開始說，「你們許多人都知道我是搞工程出身的，我雖然不是萬事通，但有幾個想法。在此之前，先請各位說一說你們有什麼看法。」

就這樣，對話的基調改變了。突然之間大家是在聽而不是講，是在合作而不是爭執，是在進行而不是查核。最後他們完成的速度比我預期的快很多。

我坐在一旁觀看，看到湯姆那些興高采烈的團員們和他握手、擊掌致意時，完全驚呆了。後來，我衝到他跟前，抓著他的雙肩大叫：「湯姆，你知道你剛才做了什麼嗎?!這是我這星期以來看到最有影響力的表現！」看到他茫然地看著我，不知道自己剛才做了什麼竟然博得如此盛讚時，更讓我倍感驚訝，他竟然對自己擁有的潛能毫不自知。

會後，我和湯姆熱烈討論，並看著他努力消化這個關於自己的正向新資訊，這對我是一個重要的提醒：令人詫異的回饋通常能讓人看到自己從來不知道的優點。雖然這個新訊息一開始使湯姆質疑自己的形象（畢竟他一向都自認為無力影響他人），但現在他可以更全面而完整地看到自己是什麼樣的人。他一直是個天生的領導者，只是需要一點點幫助讓他看到自己已經擁有的天賦罷了。湯姆從此對人生有了新的看法，不只是他的職業生涯，在生活層面也是如此。「你知道嗎？我要去申請升職。」他對我說，「我相信我會處理好的。」結果也的確如此。

湯姆的優點的發現時機雖然有些出人意表，但有時候別人的觀點可以幫助你確認自己是否擁有你希望的正面特質，進而幫助你更自信地做出決定。

還有另一個因為獲得正向回饋更堅定自我信念的例子。

獨角獸凱爾賽在職業生涯的頭八年是地質學家，但他想轉行去當老師的念頭一年比一年強烈，最後，他終於辭掉這個工作，申請就讀師資培養的碩士班。

凱爾賽向親友宣布這個決定後，他們的回應令他訝異和感謝。大家都很高興地說：「你會成為一個很棒的老師！因為你很有耐心！我的孩子以後要是能被你教到，就三生有幸了。」甚至連

虛心接受回饋，我們有機會變得更好

正如富蘭克林在本章一開始所說，當我們「希望能從別人的知識中得到訊息與進步」時，會產生很多不同的結果，與之相應的行動方式也大相逕庭。

結果一：得知「有批判性和令人意外的回饋」時，你可以著手改變，就像史提夫那樣；可以為回饋換個新的架構，如同佛蘿倫絲的做法；也可以接受它並且坦然面對，就像李維一樣。

結果二：得知「有批判性和確認的回饋」，亦即這些意見加強了你先前的不安全感或弱點時，你可以運用自我肯定加以引導，並努力使這個弱點對工作以及生活產生的影響降至最小。

結果三：對於「正向和出乎意料的回饋」，你可以勇於承認，並且加強投入心力於新發現的優點，就像湯姆一樣。

結果四：就如同在凱爾賽身上看到的，「正向和確認的回饋」會給人信心，讓你持續走在自己所選擇的道路上。

一些凱爾賽不太熟識的鄰居都特地來告訴他，他做的選擇非常明智。儘管他們從未見過他教書，但他的名聲好像已經先一步傳開了。

凱爾賽最初做這個決定時，其實不太確定這個選擇是否正確，但鄰居和朋友們的回饋讓他增強信心。再說，他覺得，假使別人都這麼看他，那麼他現在就有義務去實現他們的期望。時至今日，他是一位表現亮眼的中學科學老師，受到學生們的愛戴，而且他已證實自己在教室裡可以發揮強大的力量。

不論回饋有多麼讓人跌破眼鏡，或沮喪，或感激，仔細思考和做出回應都遠遠比選擇逃避或停滯不前來得好。作家瑪莉安・威廉森（Marianne Williamson）說過：「我們需要有勇氣，才能忍受自我發現的銳痛，而不是選擇不知不覺，並且持續一輩子的鈍痛。」最成功、最有成就、最具深度洞察力的人不會滿足於這種鈍痛，他們會鼓起勇氣，勇敢根據自身的情況找出真相，釐清事實，在能力範圍內予以改善，在此同時也明白自我認知產生的銳痛絕對值得忍受。

第四部

從洞察力到領導力

第九章
建立有覺察力的團隊

真理無可辯駁，惡意可以攻擊它，無知可以嘲笑它，但是真理就是真理。

——邱吉爾

當麥克出現在門口時，他的上司露出熱情的笑容。麥克是航空工程師，不但天資聰穎，還是這位二十五歲經理的第一個員工，而且在非常短的時間裡，麥克的上司就非常喜歡他。

「麥克！」他說，「真高興見到你，進來啊。你有沒有帶你修改好的協調單給我？」

「有，」麥克說著，同時也以驚人的力道拍在辦公桌上。「但是在你建議修改之前，我要告訴你，我不幹了。」

麥克的主管一陣錯愕。「什——什麼？你為什麼不做了？」他結結巴巴地說，臉上的笑容現在已變成滿臉驚惶。

「因為你快把我逼瘋了！」麥克說，「這是我做的第十四次修改。我必須離你遠一點！」說完便甩手離去。

這位愕然的經理霎時明白，自己的管理事業好像沒有一個很好的開始。

數天後，經理問麥克願不願意說一說問題到底出在哪裡，怒火已然比較平息的麥克如實說出他內心積壓已久的不滿。顯然，年輕主管的問題很大，他吹毛求疵已經到了微觀管理的地步，他認為自己的方式才是王道，要麥克的想法和做事的方式都要完全和他一樣。麥克雖然有心向經理學習，但他當然不想要成為另一個他。

麥克的上司永遠不會忘記那個回饋。雖然不中聽，但鬧鈴響起的這刻為他作為一個領導人的奇妙旅程揭開序幕。麥克當時的老闆就是二十五歲的艾倫．穆拉利，這位獨角獸以及未來的執行長將拯救兩家美國最有代表性的公司——波音商業飛機公司以及福特汽車公司。

二〇一二年穆拉利在母校堪薩斯大學的畢業典禮中發表演講，為那些意外得到洞察力、對自我的想法提出質疑的時刻發明了一個名詞。「寶石，」他解釋，「就是一種學習，使我們重新評估自己正在做的事情。」他那天從麥克那裡得到的寶石，就是「要按照自己的形象去打造員工的做法並不正確」。身為領導人，他的作用並不是要控制員工的每一個動作，而是幫助他們和大局相連，給予適當的方法，提供犯錯的空間，但還是要讓他們為自己做的事負責。

穆拉利講述這個故事時，拉著我的手高興地說道：「我真是幸運，麥克在我管理事業的初期，就讓我覺察到這樣的行為！你可以想像如果我行之多年，甚至是幾十年，一直沒有人告訴我實話，會是什麼情形？這真是天上掉下來的禮物！」

一直到目前為止，我們都是著重在個人的洞察力。但是這一章將探討有自我覺察力的團隊和組織是什麼樣子，以及作為領導人的你可以如何帶領團隊和組織到達這樣的境界。

這一章也將幫助你發現在你領導的團隊或企業裡的「寶石」類型。我們雖會將重點放在商業環境中的團隊，但你可能會發現在職場之外也很有用，像是家庭、宗教或社區團體等等。（如果你不是處於正式或非正式的領導地位，我會在下一章教你如何應付沒有自我覺察力的老闆和同儕。）

極救福特公司的傳奇CEO

在密西根州迪爾伯恩十一月一個寒冷的早晨，福特汽車公司總裁馬克・菲爾茲（Mark Fields）走進總公司十一樓的雷鳥廳時，他估計自己走出會議廳時會有五成的機率被撤下美洲地區總裁的職務。

那年是二〇〇六年，福特正瀕臨破產邊緣。公司背負著極高的產品周期、直線下降的品質、巨大的勞工成本，以及不斷上漲燃料價格的諸多壓力，市占率在過去十五年來下降高達百分之二十五，已無法繼續經營。可是，這些頹勢都不是這個居於最高職位者不夠努力造成的。

四十四歲的總裁兼執行長比爾・福特（Bill Ford）四年前執掌公司經營大權時，曾試圖挽救曾祖父創立的這家公司不致破產。他是一位敏銳、有自我覺察力的人，為人謙虛、有職業道德，不太像是有如此優越成長背景的人。他於二〇〇一年擔任這項職務時，保證公司在五年內利潤可達七十億美元。雖然他那年暫時使福特轉虧為盈，但到二〇〇六年公司就面臨史上最嚴重的虧損——將近一百七十億美元。在卯盡所有心力長達五年之後（期間他從未支薪），福特終於被迫面對事實，他救不了他珍視的公司。

事實上，福特公司的問題不只是在於流程中有瑕疵，或是無法應對與日俱增的國際競爭。記者布萊斯・霍夫曼在他所寫關於福特力挽狂瀾的《勇者不懼》（American Icon）一書中，就做了深入的分析：「〔比爾・〕福特發現自己無法克服根深柢固的野心家文化，而這樣的文化排斥了所有的改變，把個人發展置於企業成功之上。那些高階主管在辦公室裡謀畫破壞彼此工作力度的方法，同時工會的主管們全神貫注地只想要保護員工優渥的福利，對提高生產力這件事完全不屑一顧。」

二〇〇六年七月，比爾・福特向董事會宣布他不足以處理拯救公司的挑戰：「這個公司對我的意義非常重大，我有很多東西都跟公司禍福相倚，而唯一不受束縛的自我……幫助我找到一個解決方法。」[1]雖然他的繼位者因為在企業史上締造最令人讚歎的扭轉乾坤紀錄而受到好評，然而卻是比爾・福特堅定不移的自我覺察力才使他有可能成就此事。

現在我們來說說福特公司之後的神救援——是六十一歲的艾倫・穆拉利，當時他是波音公司商業飛機部門的董事長兼總裁，這位紅髮的堪薩斯州人擁有卓越的技術，創造企業利潤的輝煌紀錄，最重要的是，還是他讓公司戲劇化地轉虧為盈。在波音公司任職三十七年後，他不但在九一一事件之後為瀕臨破產的波音公司救亡圖存，還主持為期五年、耗資五十億美元的七七七機型計畫，後來有許多年讓波音公司在業界獨領風騷。

——
1　一位董事會成員稱這個簡短但感人的致辭，是他在開會時聽過最感人的發言。

從他於二〇〇六年九月五日抵達福特公司全球總部的那一刻起，穆拉利顯然便與他的那些前任領導者截然不同。在這個狂妄自大、諱莫如深的行業裡，他坦率、平易近人、謙遜，在員工餐廳用餐，並以擁抱、親吻或是輕拍肩膀的方式和陌生人打招呼。可是把穆拉利的親和力誤認為弱點的人很快就會醒悟。他的一位朋友曾說：「別把艾倫的笑容錯當成沒有目標或是缺乏洞察力，這個人的龍骨是鈦製的。」

穆拉利知道福特想要逆轉勝的挑戰，不只是提高燃油效率、簡化他們的產品組合，或是控制成本，還要把公司抗拒改變且孤立的企業文化，轉變為更開放、合作而透明的工作精神。穆拉利首次以執行長的身分在記者招待會中亮相時，清楚表示在他的領導下，真相才是王道。在被問到開什麼車時，他的回答讓記者們傻眼：「凌志（Lexus），這是世上最好的車。」（不是開福特車的福特高階主管，都偷偷把他們的捷豹（Jaguar）、路虎（Land Rover）車停在福特全球總部下面的車庫裡，他們就是不敢向記者們坦承自己開的不是自家公司的車。）

穆拉利認為，如果要改革公司的文化，就必須從他的管理團隊開始著手。他帶來的第一個改變是每周召開一次業務流程檢討會議，目的就是要員工們自我覺察，確使每個人知道公司正在進行哪些計畫、這些計畫目前進行到什麼狀態，以及公司正在面臨挑戰的現實。

會議在每星期四早上七點舉行，高階主管團隊的所有成員都必須參加。他們用三百二十個指標檢討從汽車啟動器到收入流到生產力，每一項指標有各自的顏色，例如走上正軌的是綠色，有潛在問題的是黃色，絕對有問題的是紅色。穆拉利的九位高階主管各有十分鐘的時間報告。穆拉利強調這項會議的安全性：沒有人應猶豫該不該提出問題，也沒有人會因為說實話而受到懲罰。

首次的業務流程檢討會是在二〇〇六年九月二十八日舉行。當時，穆拉利重申他的願景，就是大家身為全球性企業的一員，都必須為汽車業的領導地位而共同合作。他說：「我們必須讓每一個人參與其中，也必須讓每一個人都有所覺察。我們會一起努力把紅色變為黃色，再變成綠色。」

但是到了十月，儘管福特面臨破產的危險，每位高階主管在每次會議中提出的每張圖表卻清一色都是綠色的。

穆拉利在會議中忍不住問道：「各位，我們今年即將虧損七十億美元，但是所有的圖表都是綠色的。你們覺得有任何地方進展不順利嗎？哪怕就只是一件芝麻綠豆的小事。」

會議室鴉雀無聲，瀰漫著一股不安的氣氛。默不作聲的高階主管們其實心裡非常清楚成為全公司第一個亮出紅色幻燈片的傻瓜會有什麼下場，那就是：在午餐之前，原本放在他們辦公桌上的全家福照片就會壓在離職紙箱的最底下。穆拉利的做法根本就是在設圈套。

日復一日，情況依然如故。綠色幻燈片，綠色幻燈片，更多的綠色幻燈片。當然，現實並沒有那麼美好。以大肆炒作的第一輛混合多用途休旅車福特Edge為例，已進入全面生產，然而就在萬眾期待此車發表的前幾周，加拿大安大略省奧克維工廠的技工卻發現這款新車後車廂蓋的馬達有問題，於是負責Edge的高階主管馬克・菲爾德斯（Mark Fields）只好暫停整個生產作業。

一萬輛寂寞的福特Edge在停擺的生產線上獨憔悴，菲爾德斯則是繃緊神經，揣測這場大難將斷送他的工作。畢竟，在穆拉利到來之前，福特轉虧為盈的計畫是由他負責，他懷疑自己已成為新任執行長的眼中釘。雖然Edge之事來得太不是時候，不過他覺得自己至少可以幫同事們最後一個忙，就是逼穆拉利攤牌。總得有人去弄清楚這個傢伙是不是表裡如一，他心想。就算我走了，說不定也會走得很光彩。

於是菲爾德斯懷著豁出去的無懼心態，決定在和他的團隊參加業務流程檢討會議時，以紅色標示發表會的指標。

那星期的會議和往常一樣開始，幻燈片也和平常一樣，是一片如假包換的綠色森林。輪到菲爾德斯報告時，穆拉利回憶說：「紅色幻燈片出來了，然後轟的一聲——大家屏氣凝神。」

菲爾德斯清了清喉嚨。「在Edge方面，」他說，「內置式排氣洩壓閥有問題，所以必須延後發表。」會議廳裡所有的人一起倒吸一口氣。「我們不知道如何解決，但是正在想辦法。」

這時，在這片沉重的沉默中響起一個讓人想不到的聲音，那就是穆拉利的掌聲。「馬克，情況顯然是如此。」他笑說，然後轉頭看向他的團隊，問說：「那麼，我們要怎麼幫他解決這個問題？」當時，立刻有一位主管提出一個辦法，於是他們便就此展開熱烈討論。

經過這件事後，穆拉利樂觀認為高階主管團隊終於可以有第一次成功的業務流程檢討會。然而到了下一周，令他大失所望的是，所有的幻燈片依然是綠色。不過福特公司的主管們在之後看見一件意味深長的事：他們走進會議室時，馬克・菲爾德斯就坐在帶著笑容的穆拉利旁邊，他不但沒有被開除，反而還被表揚。再下一周，會議中的幻燈片開始出現有紅色和黃色寶石的亮麗彩虹。

穆拉利指出，若是說福特轉虧為盈有一個關鍵性的時刻，那就是這一刻。在此之前，福特的高階主管們不敢呈現問題，不敢跟彼此說實話，不敢給予和收到誠實的回饋。可是現在，這是第一次，這個團隊勇於面對現實。

結果不言自明。二〇〇九年，美國處於自大蕭條以來最嚴重的經濟危機中，福特卻重新開始獲利，而且是全美三大汽車製造廠唯一沒有拿納稅人半分救助資金的公司。二〇一一年，獲利更上升到兩百億美元以上，是福特史上獲利第二高的一年。

團隊覺察力的五基石

如果個人有洞察力意味著理解自己是什麼樣的人，以及別人對你的看法，那麼一個有洞察力的團隊則是在集體層面上追求同樣的理解。

說得更具體一點，有五件事是富洞察力的團隊經常評估和討論的，我稱之為「團隊覺察力的五基石」。

一、目標：他們要達成的是什麼？
二、邁向這些目標的進度：他們做得如何？
三、達成目標的過程：他們要如何達標？
四、對業務以及環境的假設：這些假設成立嗎？
五、個別的貢獻：每一個成員對團隊的績效有何影響？

只可惜，能自覺產生洞察力的團隊寥寥無幾。畢竟，少了討厭的同儕關係平添的挑戰，自己要培養相關的能力就很困難。理論上，主管必須在一年一次的績效考核時，跟員工們說實話，但是員工之間就沒有這個義務。雖然每天一起並肩努力的人通常是對我們表現擁有最關鍵訊息的人，但是他們通常也最有可能保持緘默。這種情況不只削弱我們的信心和助長我們的錯覺（要記住，你的同儕可能把他們對你的看法告訴除了你以外的每一個人），也可能對團隊集體的成就具有殺傷力。除了緘默效應可能使大家不願意說出實情，大家往往也視個人的回饋為可有可無，無足輕重，而非成功的基本要素。

雖然領導人應該認真看待團員不說真話這件事，但也無須為之氣餒。只要用對方法以及持續不斷嘗試，就能培養出在各個層級都鼓勵溝通和回饋的文化，即使是最低層級的成員也能安心把問題提出來討論。

此外，如果團隊缺乏明確和令人信服的方向，那麼你首先就缺乏具有洞察力的理由。一如穆拉利所說的：「如果沒有願景、高明的策略、詳細達標的計畫，自我覺察的過程就只是光說不練。」換言之，假使團隊不知道要往何處去，就沒有自我覺察的「原因」，而達標的努力便會變成空談和沒有意義的事！

具體來說，領導人要推動一個有覺察力的團體，必須先架好三塊積木，分別是：具有洞察力的領導人、具有能讓人放心說實話的心理安全感，以及必須持續追求及保持洞察力。

建構有覺察力團隊的第一塊積木：具有洞察力的領導人

> 如果公司或組織缺乏能建立富有覺察力團隊的領導人，說得再多再好也只是空談。

機械工程師道格・薩特爾士（Doug Suttles）剛被英國石油公司任命為北海米勒平台的海上設備經理，這座平台就位於蘇格蘭的沿海。除了保護每一個人安全的首要目標之外，薩特爾士還承擔提高這個鑽台作業績效的責任。他不但是鑽台上唯一的非英國人，也是最年輕的人之一。

這個特殊的情況使薩特爾士面臨幾個獨特的挑戰。舉例來說，他將與一百九十六位新室友同住，大夥兒緊密聚居在距離海岸許多英里的海上。身為這個領導者兼船長兼顧問的多元化角色，他不僅是二十四小時都要被他的團隊盯著，就連他最微不足道的選擇也會被拿放大鏡檢視，例如他晚餐時是會和經理還是和技師們坐在一起？他可以幫助他們處理在如此狹窄擁擠的地方滋生的人際問題嗎？

薩特爾士待在鑽台上的這段時間，為他提供了全新而深入的自我覺察力。因為他是領導人，所以他的部屬們看到他做的每一個決定都可以被當作榜樣，對他們的工作態度、行為，以及整體的效能也都具有深遠的影響。

多年之後，這個深刻的體悟將幫助薩特爾士管理一個難以想像的危機。二〇一〇年四月二十日，在路易斯安納州沿海墨西哥灣上的鑽油平台「深水地平線」，英國石油公司的主管和工作人員共聚一堂，慶祝鑽油七年來從未有人受傷。但到了晚上約九時四十五分左右，正在監看電腦系統的工作人員感覺到一陣突如其來的震動，數分鐘後，有一聲很大的嘶嘶聲，繼之而來的是一場大爆炸，結果造成十一人死亡，十七人受傷，噴出估計有四百九十萬桶原油到墨西哥灣。

彼時已擔任探勘與生產部門營運長的薩特爾士被指派為負責人，帶領英國石油公司對史上這樁最大規模的漏油事件採取應變措施。在處理這樁緊急事件的過程中，當然很容易引起恐慌、推卸責任，或是說話不經大腦。（許多英國石油公司的領導人就落入這些陷阱，而其中最著名的就是執行長唐熙華〔Tony Hayward〕，他聲稱這起漏油規模「相對而言很小」，並告訴媒體他想「恢復過去的生活」，因而成為大新聞。）

而薩特爾士的洞察力足以知道，處於這樣一個複雜而且情緒化的情況，難免會犯錯。他也知道他們必須迅速修正這些錯誤，應變小組也必須保持冷靜，了解批評並不是針對個人，而唯一能夠做到的方式就是薩特爾士願意承認自己的失誤，並做好情緒管理，冷靜處理危機。

他的小組面臨並謹慎處理每一個可能的障礙，直到七月十五日終於停止漏油。九月十九日，則完全封住了漏油。他從這起事件得到的啟示就是：不論面臨任何挑戰，有洞察力的團隊勢必是從一位有自我覺察力的領導人以身作則做起。薩特爾士對我說：「居高位時很容易被孤立，可是假使團隊的表現不符合你的預期時，你首先要看的便是自己。要是我回頭卻看不到人時，這就是回饋。要是我回頭看到人們緊跟在我後面，這有可能是一個好現象。」

或者，也如同穆拉利曾告訴我的：「團隊能走多遠，完全要看領導人自我覺察的程度而定。」

以身作則，誠信領導

薩特爾士與穆拉利已經向我們證明，領導人必須把自身的原則和大家深入溝通，而且行事要前後一致，心理學家經常把這一系列的行為稱為「誠信領導風格」。由誠信的領導人所領導的團隊，其自我覺察力以及生產力，皆高於由自我覺察力較低的領導人所領導的團隊。

這些影響不只限於企業界，也擴展到家庭和家人。有一項研究顯示，如果媽媽能成功地認清和處理自己的情緒，一年後子女會比較快樂，自我覺察力也比較高。看到父母示範的自我覺察力後，他們比較可能自己培養出這個可貴的能力。

當領導人下決心面對自己的缺點，同時努力提升自己時，他的團隊就有起而效尤的動機。事實上，這是傑出心理學家亞伯・班杜拉的社會學習理論裡的一個範例，表示追隨者往往會模仿領導人的態度與行為，當領導者是真心實意時，團員就會知道。

不論是領導數百名員工或是一群小朋友，示範自我覺察力的行為都是一樣的。首先，你必須鼓足全力追求團隊的自我覺察力，就從自己開始。穆拉利解釋：「我的角度是確使每一個人都有洞察力。要時時觀察，包括觀察自己，觀察別人，以及觀察這個組織。」

同樣重要的是知道以及傳達你的信念，也就是界定出你的價值觀，作為你期望自己以及團隊表現出的行為準則。穆拉利在福特的信條[2]不只更幫助團隊了解他，也表明他對大家的期待。此外，只是尋求回饋和鼓勵團隊提出問題並不夠；你還需要聆聽，真心傾聽團員不吐不快的話。

我向現在擔任加拿大能源公司（Encana）執行長的薩特爾士請教成功團隊的祕訣時，他回答：

「很多人用『信任』一詞，但我不太喜歡這樣做，因為對我們工程師而言這樣說太感情用事，而且意思太廣泛。真正重要的是，他們對你有沒有信心？不只是相信你會指引船隻正確的航向，也相信你會聽取他們的意見嗎？他們相信你是真心想要打造一個公開透明、不論成功失敗都可以被談論的環境嗎？團隊受到挑戰時，你是在用誘餌引他們上鉤，還是真的給他們支持與協助？」

領導要保持溝通管道暢通

大部分的領導人在個人的自我覺察方面，是在打一場舉步維艱的硬仗，因為主動提供重要回饋的道路很少會暢通無阻。假使同仁們一開始不願說實話，那麼你直截了當要求他們提出意見的話，他們會不會覺得壓力更大？領導人能夠真正克服緘默效應，從下屬員工獲知坦誠的回饋嗎？幸而，這還是有方法可循，我稱之為「領導人的回饋過程」。

數年前，一家醫院和不動產管理公司的總經理傑米來找我。他是這家公司成立四十年來僅有的第三任總經理，於一年前進入公司，準備改革已開始危及公司存亡的弊習。

傑米設定了在五年內使公司規模擴大一倍的大膽目標。基本上，傑米的高階主管團隊對實現這個願景的看法與他一致，也對彼此的合作共事感到自在。他們認為他是這個職位的合適人選，但許多人還難以信任他，也難以與他建立關係。

傑米和我都認為我們需要直接處理這些問題（可以用「撕掉ＯＫ繃」來比喻）。我們決定花兩天的時間到公司外面舉行一個名為「新領導人同化練習」的進修活動，這類的活動最早是在一九七

○年代初由奇異公司所率先採用。

在首次會議幾個月後一個暑氣蒸騰的夏日，傑米、他的團隊還有我，在當地一家鄉村俱樂部會議廳集合。「謝謝大家撥冗前來，」傑米開場說，「我們有一個目標，就是成為一個更好的團隊。現在就由我先開始做起。接下來三小時裡，你們會有機會對我到職的第一年提供回饋。基本原則很簡單，就是百無禁忌，而且每個人都要說。大家說好不好？」

他稍做停頓，察看大家的反應。有幾個人遲疑地點點頭，但是有一股明顯不安的情緒。為了緩解他們的疑慮，他又說：「等一下我會離開會議室，讓塔莎主持這個討論。我已要求她絕對不能告訴我誰說什麼話。這樣聽起來是不是比較可行一點？」剛才瀰漫的那股恐懼感現在明顯減輕了，他們異口同聲而且有點急切地說是。

我（輕輕地）把傑米趕出會議室後，站起來朝覆蓋牆面的七份活動掛紙比了一個手勢。每一份掛紙的頂端是用藍色馬克筆所寫下的問題：

2　穆拉利稱此信條為「合作的原則與實踐」。他表示：「我們期待的行為與文化是：以人為本；讓每一個人都參與；具有說服力的願景；全盤的策略；百折不撓的執行；清晰的績效目標；擬定計畫；尊重事實和數據；人人知曉計畫的內容、進行的過程以及需要特別注意的部分；提出計畫，積極『找到方法』的態度；尊重、聆聽、協助、理解彼此；擁有情緒適應力，我們希望大家能享受這個旅程和欣賞彼此。」

一、我們對傑米有什麼了解？

二、我們想要了解傑米哪些事？

三、傑米對我們這個團隊應該了解的是什麼？

四、我們對傑米的擔心是什麼？

五、我們對傑米的期待是什麼？

六、我們想要傑米不要再做的、開始做的，以及繼續做下去的是什麼？

七、對公司的願景、策略、計畫，我們有哪些建議？

「這個部分的討論將進行約四十五分鐘。」我告訴他們，「然後我們會按照順序回答每一個問題。你們要做的就是盡量把想法告訴我，而我的工作就是把你們說的話寫下來。」我站在第一張掛紙前。「我們就從討論對傑米有什麼認識開始吧。」三個答案立即出現：「我們知道他在業界有二十五年經驗。」「我們知道他的期望高得嚇人。」「我們知道他肯定很勇敢，因為他做了這個練習！」

就這樣，四十五分鐘後，七張掛紙都寫滿了他們的意見。

我讓大家休息十分鐘，然後去找傑米。等我們走回會議室後，原本充滿自信笑容的傑米看到掛紙上的那些文字時，他的笑容變成了苦笑，眼睛瞪得老大。我給他幾分鐘細看團員們給出的答案，並且幫忙說明幾個意見的意思，也提醒傑米在接下來的討論保持冷靜和沒有防衛心的重要性。

不久，每個人都重新聚集在會議室裡。可是在深入討論回饋之前，我請傑米先花幾分鐘說明一些他的生平事蹟，包括在成長期間喜歡做的事、有幾個兄弟姊妹、兒時最有趣的記憶、最重要的價值觀等。我發現在特定的情境下，這些訊息幾乎立即就會對團隊的信賴程度產生影響，即使他們已認識領導人許多年。

接下來，傑米逐一針對他們的回饋做出回憶。有些回饋只要他簡單地承認就夠了，（「對，我的期望高得嚇人。」「我很高興你們認為我們是朝正確的方向前進，儘管第一年並不容易。」）有些需要做一點討論，有些則是需要他承諾會嘗試使用不同的方法。例如，許多團員因為傑米有時會越過自己，直接找他們的下屬溝通而覺得不被重視。探討這個回饋意見讓他了解這樣的做法對高階主管們而言是尷尬的，而對他們的下屬而言則是混淆的。

大約一個月後，傑米告訴我他對親眼看到團隊的進步嘖嘖稱奇，那次進修加速了大家對他的信任，他們也更開放地討論迫切的問題。雖然有的人偶爾仍會陷入舊習性中，但是他們比以往更投入工作、更合作無間。不到一年，公司的營業額便驟增兩成以上。

建構有覺察力團隊的第二塊積木：成員能放心說實話

> 如果無法讓人擁有能說真話的安全感，獲得坦誠回饋的機率就微乎其微。

一九九六年，博士候選人艾美・艾德蒙森（Amy Edmondson）展開一項日後在團隊自我覺察力學上具有里程碑意義的研究。

現在已成為哈佛大學教授的她，當時想要更進一步了解醫院的醫療小組造成醫療疏失的原因；因為住院患者平均曾發現或遇過高達四百八十到九百六十次的潛在錯誤，每年光是在美國就造成數百人死亡，並對一百多萬人造成傷害。艾德蒙森在六個月內，追蹤兩所教學醫院內的八個醫院科室小組。起初，她發現病房績效（包括照護品質、合作、效率、領導力等）較佳的團隊錯誤較多，此事令她不得其解，但是進一步檢視數據後，便發現這些意外背後的原因。

事實上，績效較差的病房犯的醫療疏失並沒有比較少，只是他們未如實報告罷了。因為這些護理師不敢說實話，他們告訴艾德蒙森，如果「據實以告會被懲罰」，又或「會因為犯錯而受責備」。相形之下，在艾德蒙森這項研究裡績效最高的病房單位，亦即報告錯誤最多者，護理師能夠安心而公開地討論錯誤，成員也不怕告訴護理長出錯的事情。

打造具心理安全感團隊的三種方法

艾德蒙森發明「心理安全」一詞，用以形容團隊成員可以安心互相求助、承認錯誤，並提出棘手問題的心態。「這個名詞所要傳達的意思並不是要一味縱容、讓人肆無忌憚，也不表示大家都自我感覺良好，而是絕對相信這個團隊不會因為毫無保留地說真話而使自己難堪，又或被別人排擠，抑或被懲罰。」在有高度凝聚力的團隊中，成員們質疑彼此的可能性較小，通常是因為他們想要維持群體的和諧。可是這種感覺雖「好」，對團隊的自我覺察力卻有害，因此不利於團隊的成就。

艾德蒙森做了醫院團隊研究幾年後，又展開另一項調查，這次是研究辦公家具業界的五十多個團隊。她同樣發現，當團隊成員感覺到心理安全時，會比較放心提出問題，比較勇於面對現實，也比較願說實話，他們也會更成功。事實上，感受到心理安全的團隊績效較好的確切原因，具體來說是因為他們的自我覺察力也較高。

- **方法一：實話實說，增加信任感**。

對知名企業而言，心理安全的文化不只有益提升士氣與生產力，也有助於企業的公共形象。艾德．凱特穆就指出，因為皮克斯的高階主管們會對員工實話實說，所以員工當然也會理解保密的重要性。結果，皮克斯從未向媒體爆過料，就算在被迪士尼公司購併前的詳盡調查中也不例外。

- **方法二：勇敢承認脆弱**。

建立信任感雖然重要，但是只有信任還不足以建立心理安全。心理安全不只是信賴隊友把彼此的最佳利益放在心中，有心理安全的團隊會進一步互相尊重、敏銳、關懷。為了做到這點，他們必須把彼此當成有弱點和缺點的真正的人。

事實上，能感受心理安全最有力的一個方式就是勇於示弱，或者說是願意公開承認自己的能力有所不足，而且這必須從在上位者開始做起。誠然，如《脆弱的力量》一書的作者布芮妮．布朗教授在書中所證明的，這麼做通常讓人心生畏懼，甚至覺得這麼做並不正確，特別是對掌權者而言。

我曾經與一位成功的高階主管合作，他在早期職業生涯中認為脆弱是種缺點。他對我說：「要是我暗示大家，我犯了一個錯誤，我想我的團隊就不會再尊重我了。」可是現在他已逐漸明白其實完全不是這麼回事。「經過這段時間後，我現在知道承認自己有一點點脆弱，不那麼堅強，反而會加深大家對你的尊敬，特別是當你願意承認自己也是有缺點的凡人的時候。大家在聽到後會在私底下說：『我有朝一日也會犯錯，可是也許那並沒什麼大不了，而且公開說出來也是個好辦法。』」

- **方法三：建立明確的標準。**

領導人還可以用建立明確標準的方式，打造一個更有心理安全感的團隊。

數年前我受邀協助一個領導團隊，監督一家評價優良的婦幼醫院，該醫院是由甫升官的總監崔西以及四位護理長肩負業績的任務。因為這家醫院是這個城市公認生產的明星醫院，包括不計其數的名流在內都紛紛在此待產。近年來其他醫院為了提高競爭力，於是提供諸如豪華套房、個人廚師等服務，或是嶄新先進的設備。有鑑於此，崔西的團隊也得迎頭趕上才行。

碰到這種情況，有的經理可能只是砸錢解決問題，比如提升住房率或者設法在設施方面勝過競爭者，但是崔西和她的團隊則是更深入地思考其他的解決之道。他們了解「願意對彼此說實話」與「達到有挑戰性的目標」兩者之間密切相關，於是決定他們的部門要成為能讓護理師和技師們更安心工作、對他們也更有支持力的地方。

在擬定計畫之前，我先與崔西及其隊員開誠布公地討論團隊績效的問題。他們表示通常大家都合作無間，但有時候會隱約感受到緊張的氛圍，只是沒有人願意說出來。因此，我建議建立一套團隊標準，我問他們：「有哪些行為可以協助你們實現策略？你們想要建立什麼樣的工作環境？你們需要做什麼才能使這個團隊具有安心與支持的力量？」為了定義這些行為，我們使用在第七章學到的「開始／結束／繼續」模式（雖然我不認為這個模式對個人也很有效，但是它可以給予團隊一個討論何者有用、何者無益基本的架構）。

崔西團隊最後列出的標準如下：

＊不八卦：公開、坦誠、安全的溝通。

當好主管的必要條件——勇於認錯

在上一章提過的企業家李維．金恩說：「很多領導人認為，（脆弱）沒什麼好擔心的，可是自己卻不願意這麼做。我不能只是在表面上空談這件事，也必須在公司裡表現出來。犯錯沒有關係，因為我們會原諒，並且採取正面的方法加以改進。」

他也告訴我一個發生在他身上的實例。某個星期他壓力超大，在準備睡覺前，他發了一封電郵向合夥人怒氣沖沖抱怨一個困擾他已久的工作問題。可是在傳出去的那一剎那，他便知道這麼做不對，因為信中的口氣實在沒有必要這麼衝。

次日一早，李維便去找他的合夥人。「我真的很抱歉，」他說，「我不知道自己是怎麼回事。那時候太晚，我又很累，我真是太混蛋了。」所幸他的合夥人也接受了他的道歉。

李維在公司下一次舉行的月會中，把自己那封口出惡言的電子郵件秀在會議室的投影布幕上，與會的同仁們在細看那封電郵時都不可置信地瞪大了眼睛。李維對大家說道：「我們來聊一聊我在這封信裡有哪些做得不對的地方吧。」每個人都坦誠表達意見，指出這封電郵為什麼失禮，並提供了許多不同的做法。這個過程當然令李維不舒服，但他還是完成了，這也為他的團隊提供了絕佳的學習機會。

＊務必找當事人談論：秉持相信的精神，彼此開誠布公。

＊表現出最好的一面：在職員、患者、醫師面前彼此支持。

＊練習寬恕：我們是人，會犯錯。虛心處理錯誤，然後繼續工作。

他們把這些標準貼在辦公室以及會議議程上，當團隊成員遵循這些原則時，就會被公開讚揚；未加以落實時，就會被點名。最後，他們把這些標準帶到自己的團隊，要所有部門都認真執行。隨之提升的績效顯而易見：在一年之內，員工參與率從百分之七十一躍升至百分之八十六；他們在全美一百六十三家醫療院所中的績效名列前十名，在日益萎縮的市場中也設法提升服務品質。顯然，投注時間和精力於建立幾個簡單的標準，以支持團隊建立心理安全，肯定可以得到好結果。

建構有覺察力團隊的第三塊積木：持續追求及保持洞察力

> 覺察是需要持續進行的過程，才能保證回饋的交流不只是一次性的，而是已經融入團隊的文化。

星期四下午在皮克斯總公司，我坐在傑出的董事長艾德・凱特穆的辦公室裡。我非常崇拜他在二〇一四年出版的著作《創意電力公司》，也想要多了解皮克斯現在著名的「意見日」（Notes Day），這在他這本書的最後一章有記載。

顯然，只是鼓勵提出回饋並不夠，皮克斯有一個更專業的做法充分落實回饋的意見。在三月十一日這天，公司會休息一天舉行改進發想的活動，他們稱之為「意見日」。在意見日的前幾周，皮克斯的高階主管會向員工們提出問題，比如：「今年是二〇一七年。今年的兩部電影都按照預算完成了。是哪些創新之舉使這些影片未超出預算？今後我們有哪些事情可以用不同的方式去執行的？」像是這個問題，他們就收到四千多個回應意見，從減少拍片的時間、打造一個更好的工作場所，到減少電影中暗示的性別歧視等。高階主管從中挑選一百多個題目，讓員工在園區內三棟大樓裡舉行的一百七十一個討論會中討論。員工們可以選擇自己要參加的討論會，而這些會議都是由一位內部人員主持。每個討論會皆以一系列的「退出形式」結束——紅色代表具體提案，藍色代表腦力激盪，黃色代表最佳做法，還會有「點子倡導人」的後續行動，也就是從對談而產生的建議，公司會協助進行。

皮克斯創始人之一兼首席創意總監約翰・雷斯特強調，提出和接受令人難受的回饋有多麼重要，並懇求每一個人要盡量坦誠。他說：「雖然會感覺負面的建議似乎是針對你個人，但是為了增加自己的心靈強度，也為了皮克斯好，我們要把內心的話說出來，毫無保留，完全坦誠。」

在意見日之後的幾個月，凱特穆收到員工傳來的許多電子郵件，讚揚這個活動的想法以及執行。在舉行了時隔數年的現在，我想要知道，這個做法只是一次性的成功，還是果真持續對公司文化產生了影響？

「這絕對是個寶貴的練習，」凱特穆對我說，「不過有些大的問題成了漏網之魚。」他解釋道，在意見日之後的兩、三個月內，他們有部電影經歷了一個大劫難，甚至到了得放棄拍片的地步。這些問題在意見日時就已存在，而且每個人都知道有這些問題，但是在意見日卻沒有任何人提及。

意見日是由皮克斯的一個團隊負責舉辦，該團隊的成員由數位總監及許多優秀的員工代表所組成。經由這些成員把關，公司的員工都能在意見日這天安心提出任何意見與批評，而無須擔心會被清算或挾怨報復。

然而，儘管這樣的組織與實行方式看起來十分完善，但仍有三個問題。第一，並不是每一位經理都有能力請同仁持續給予回饋。不論高階主管多麼信誓旦旦地向每個人保證，大家可以放心地提出批評，但只要團隊沒有讓人產生安全感，員工說話就會小心翼翼。

第二個問題在於，那些意見都只是善意的批評，而非解決辦法。當意見日結束後，他們手上有數以千計的「意見」，但之後仍需要整理這些資料，訂出處理的先後次序，才能制定解決方案。

第三個也是最大的震撼，在於有一些大問題仍然完全無人提及。凱特穆相信之所以沒有人提出來，是因為他們以為別人會提。然而只要領導人不知道有這些問題，就沒有適當的機會討論。換言之，他們缺乏適當的數據或資料可用來質疑關於公司營運情形的假設（也就是說，「假設」是五基石裡最棘手的一個）。

此時，有兩名員工建議設立一個制度：假使大家不敢對主管說真話，就可以向指定的「同儕海盜」求助。凱特穆說明：「在真的有海盜的時代，水手們會從同儕之中選出一個人，把大家的問題和抱怨反映給船長，但前提是這個人不會因為所說的內容而遭殺害。」

皮克斯實施同儕海盜的制度作為非正式管道，以便揭露仍沒有人提出的問題。可是八個月後，這個做法並未帶來寶貴的訊息。當時的總經理、現任皮克斯的董事長吉姆・莫瑞斯（Jim Morris）建議，一位同儕海盜在部門中可以挑選四到六個同事，成立一個多元化且成員間能相處得自在融洽的群組，讓他們一起把回饋意見傳達給凱特穆和莫瑞斯。採行這個新做法後，就有所改變了。同儕海盜非常認真看待此事，於是許多在意見日沒有被提到的問題浮出了檯面。

雖然這個過程並不是可以快速解決困難的有效方法，因為有些問題解決起來很簡單，有些則很花功夫。但是同儕海盜的巨大價值，在於發現一些制度上的問題會妨礙的坦誠。在處理員工不說實話的潛在原因之際，也幫助已具備聰明才智的主管階層盡可能營造一個能讓人實話實說的文化。

皮克斯的方法，說明了領導人能如何持續而有耐心地建立一種富有洞察力的團隊文化。現在，我們不妨來看另一個略微極端的例子。

一九七五年，二十六歲的哈佛畢業生雷・達里歐（Ray Dalio）在他位於紐約市的公寓成立了橋水投資公司（Bridgewater Associates），這家公司後來成為全球最大的槓桿基金公司，而達里歐把他們的成功歸功於追求「徹底的事實」以及「徹底的透明化」。[3]橋水鼓勵員工公開說出同事不具生產力的行為，但若在背後道人是非，則可能會被開除。所有的對話，除非是私人談話或是有專

3 達里歐將他的信條條列在一份有一百二十三頁的文件中，裡面包括兩百〇一條他最堅持的生活與管理原則。這是新進人員必讀的手冊，而且達里歐經常要求員工在下班後仍須繼續研讀。

屬特權，否則全部會被錄音，而且公司裡的任何人都可以取來聽。此外，包括達里歐在內，人人都有一份「數位棒球卡」，以一到十的量表記錄每個人的表現，像是創意、可信度等，然後把平均分數顯示在卡片上，每個人都看得到。另一個裝置則能讓員工給予彼此「點數」，「好點」是獎勵支持團隊的行為，「壞點」是協助員工了解自己可能會如何造成公司的損失。首席投資長鮑伯·普林斯宣稱：「我們不惜一切，只為追求真理。」

可是付出的代價是什麼？橋水的極端做法是其他公司應該效法的嗎？他們的財務與業績當然令人豔羨，許多員工也說他們非常喜歡在那裡工作，可是有些員工卻認為公司不是因為這種「經常大張旗鼓的批評」而成功，而是儘管採行這種做法卻還能成功。一名已離職的員工說明：「你在橋水看到的（是）人們在空談心理學，只見一群二十三、四歲的年輕人忙東忙西，說他們是在診斷問題，但其實這些問題就連交給有心理學博士學位的人處理，我都不放心。」可能就是因為這個原因，所以有高達三成的新進人員在進公司兩年之內自願或非自願離職。

我認為橋水的方式可能會付出不必要的代價，而且大部分的團隊其實用不著採用如此極端的措施，就可以打造有豐富回饋的環境。

我們不妨來看一個可以達到這個目的的方法，那就是「坦率地挑戰」，多年來我數次改良這個過程，讓團隊能持續產生覺察力。[4]

進行「彼此坦誠」的挑戰——追求持續的團隊自我覺察力

以下是我曾參與某個公司在進行度假式會議時所發生的情況。

「我沒有不敬的意思，不過我真的看不出來何以有此必要。」一位副董事長說：「我們目前的業務蒸蒸日上，年成長也突破預期。」

「我也這麼認為。」財務部副董事長莎拉也附和道：「塔莎，我們都尊重妳的專業，早上妳所帶領進行的會議也很不錯，可是我們已經是我所知道最有自我覺察力的團隊了。公司方向明確，約翰也是一位了不起的董事長，很懂得以身作則。人人都知道可以說出心中所想，也不會因此惹上麻煩。我真的不認為我們需要花三小時交換對彼此的看法。」

我作為組織心理學家這麼多年下來，從沒碰到過話說得如此冠冕堂皇又如此透徹的釘子。這些高階主管不但確切知道該怎麼說，而且說得還沒有錯。他們的公司經營有成，自我覺察力大部分的積木已建構完成，可是諷刺的就在於他們的成就製造了新的問題。近幾個月來，約翰發現公司內部高層的地盤之爭有增無減，有時候還得出動他親自仲裁。

「業務部副董和行銷部副董在預算爭鬥中交鋒，這種情形我見得太多了。」在會議的中場休息時間，我對約翰說：「不過這遠比要解決那些會妨礙彼此合作、更深入又更敏感的問題要容易得

4　這個靈感得自於派崔克·倫喬尼（Patrick Lencioni）的優秀著作《團隊的五大弊病》（The Five Dysfunctions of a Team），這本書我認為所有的經理人都應拜讀。

多。」然而，我們必須先搞清楚這些問題究竟是什麼。

回到會議現場，我對莎拉說：「好吧，我聽到妳說的話了。」我深吸一口氣，知道接下來要說的話可能會關係到下午會議的成敗。「可是在我看來，會議室裡惴惴不安的程度意味著還有什麼事情阻止你們對彼此真正敞開胸懷。也許你們不敢在風平浪靜的時候破壞良好的現狀；也許有的人寧可避免衝突或是保持沉默。然而我在想，你們真的具有持續保持團隊的自我覺察力嗎？我不能說這件事做起來很輕鬆，不過我可以保證兩件事。第一，這個過程的確能發揮作用的。第二，這會是你們有史以來最重要的交流。」這時，九位與會者的眼睛盯著我看，每一雙都瞪得大大的。

現在是一日度假式會議的下午。早上的時間簡單驗證了他們的策略方向是否正確，建立團隊標準，以及最重要的是讓約翰參加領導人的回饋過程。這個練習進行得很順利，約翰發現了一些自己從來不知道的優缺點。團員們藉由觀看他示範接收回饋的過程，也能放心給予彼此回饋，而這正是我們在接下來三個小時要做的事。

彼此坦誠地挑戰要進行好幾個月或者好幾年，但最顯著的是從團隊意見交流開始，包括團隊成員有告知同事的優點、弱點，以及對方可以如何提高對團隊的貢獻。每位團員還要當著整個團隊的面把這個意見說出來。為了進行這個練習，領導人可以獲得一名外部協助員的協助（約翰的協助員就是我），這個人要具有群體行為的專業，比如說是組織心理學者或是人力資源專家。或者，他們也可以指派一名團員協助這個過程，這個人除了必須具備能被信任和具有社交頭腦的基本條件外，也不應該是這個團隊最資深或最資淺的團員。（一般來說，團隊人數愈多，找一名嫻熟的協助員幫助效果會更好。團隊人數在五、六人以上時，確保這個過程能有效率又具效能地進行絕對非常重要。）

三星期之前，約翰就已要大家開始思考每一位同事的貢獻，包括他們對團隊有什麼幫助、可以做什麼樣的改變、需要其他人給予什麼協助以便獲得成功等。現在是說出來的時候了。我起身走到一個掛表前面，對這個流程做一番概述，情況大概是這樣：

流程（每人二十分鐘）

* 準備回饋。
* 對第一個問題提出回饋（每個問題三十秒）。
* 對第二和第三個問題提出回饋（每個問題三十秒）。
* 提問以澄清回饋。

接著我說明進行的步驟：每個人會以回答三個問題的方式，針對在座的每一個人給予回饋，然後每個人都有機會在自己那一輪的尾聲，針對他們得到的回饋做說明。九位參與者會隨機分配到三個群組的其中一組，並輪流進行這個練習，中間會有短暫的休息，最後，再花一些時間做個總結。

在確認第一組的高階主管可以安心開始後，我翻到掛表的第一頁，上面我寫了三個他們要問同事的問題。

一、這個人有什麼行為特性能對我們團隊做出最大的貢獻？

二、若是這個人可以藉由改變一個行為更成功的話，這個行為會是什麼？

三、這個人有什麼行為能幫助我更成功？

「時間到了。」我說，「你們有幾分鐘準備對第一組人的回饋。不過，這個目的並不是要把你對隊友的所有想法全部告訴對方，我們要的是一個問題一個回饋，並且在三十秒以內說完。」

我強調他們的回饋應該著重於行為，而非泛泛之談。「我所說的行為回饋，意思是他們說了什麼、他們是如何說的，又或是他們做了什麼的明確例子，而不是一概而論或者是自行解讀。例如，若是你跟某人說：『你很積極。』這就不是行為，而是解讀他們的行為。或者，假使我說：『我們上次團隊會議時，你打斷我三次，而且每一次都很大聲。』這個就是行為。把重點放在別人做什麼，而不是我們的解讀或者判斷，不但有助於更了解這個回饋，還可以幫助你坦誠且卸除防備地聆聽。」

此時，莎拉再次以學霸的高漲情緒舉起手。她問道：「為什麼我們非得把對彼此的意見說出來？難道不能只是寫下來，不具名地給對方嗎？」

「我會告訴妳何以給予口頭回饋永遠比較好的三個理由。」我說，「第一，透過對話能獲得更深入的交流與更多的細節，是書面回饋無法比擬的。第二，不具名的回饋通常比較傷人，因為這種做法的措辭沒有口頭來得慎重。第三，大聲說出回饋提供了在一個安心且受控的環境下練習這個習慣的機會，這樣日後比較有可能繼續進行下去。」

我幫他們訂出基本原則，保證每個人都會在整個過程中保持誠實、開放、尊重彼此的心態。

獲得回饋的基本原則[5]**：**

一、不反擊或抗辯：要有好奇心，並記住感受才是最重要的。

二、做筆記，而且只有為了澄清回饋時才能提問。

三、要敞開心胸，並且假定對方的出發點是良善的。

四、感謝你的隊友，因為提出回饋不是容易的事。

給予回饋的基本原則：

一、避免空泛的說法（例如說：「你總是」或「你從不」）。

二、著重於「行為」，而非「這個人」。

三、不要解讀那個人的行為，只要說「行為」本身。

四、舉出實例。

—

5　假使你的團隊尚未熟悉第八章中所說獲得回饋的3R模型，我強烈建議你在提出這些基本原則前先簡單回顧一下這個過程。

訂出基本原則之後，我先給大家幾分鐘時間，讓每一個人可以準備給第一組的答案。第一組的第一個人是叫做道格的高階主管，然後順著座位依次輪流，每個人說出他們對問題一，然後是問題二和三的答案。[6]道格聰明地做筆記，記下回饋意見的內容，等大家都說完之後，他面帶笑容，謝謝大家，並問了幾個要澄清的問題。因為他看來似乎不受影響，所以大家感覺都輕鬆了些，團隊現在已經適應這個節奏。接著換第一組其他的人進行，稍作休息之後，便繼續第二組和第三組。

三小時的時間快到之時，我提出一個挑戰。「在結束練習時，每個人要順著座次，輪流依據自己剛才聽到的回饋做出一個承諾。」

「我會當魔鬼的代言人，多說出客戶的心聲。」一位高階主管說。

「我會撥出較多時間和你們每一位交流，而不是不徵詢你們的意見就向前衝。」另一位說。

「我想我最好別再喋喋不休地說哪裡不好，而是以找到解決方法為主。」第三位主管說。

會議結束後，大家一致贊成讓這個過程延續下去的計畫，我稱之為「問責制對話」。團隊決定日後每個月進行一次，每次花三十分鐘討論，而且每一個人都要針對他們為實現承諾所做的事提出最新動態。然後，他們會要求團隊提供回饋、支持，或其他任何有助他們進步的建議。不過這個團隊絕對明白，問責制對話不是延遲數日或數周處理回饋的藉口，所以他們也一致同意，在看到團員有實踐或違反承諾的行為時便會指出來。

坦誠創造了良性的循環，對彼此愈誠實，未來就愈容易誠實。你的人際關係也會增強，促進真正的合作，並且大幅提高完成任務的進展。

雖然坦誠地挑戰主要是為了工作環境而設計，但是所有團體都可以用來培養與維持自我覺察力的文化。想要在自己的團隊實施這個流程的話，不妨到 www.insight-book.com 下載練習手冊。

從有覺察力的團隊，到富覺察力的企業

一八八八年，三十四歲的喬治・伊斯曼胡亂地玩著拼字遊戲時，試圖幫他新成立的公司命名。他想要一個簡短、獨特又容易發音的名字。伊斯曼很喜歡他們後來發明的單字，特別是第一個字母——K，感覺「非常有力」。

是年稍後，他在家鄉紐約州羅徹斯特市州街三四三號的木造建築租下三樓，美國偶像於焉誕生。伊斯曼的經營模式立即大發利市，部分原因就在於他販售的相機相對便宜，但顧客必須重複購買高利潤的商品，如底片、化學劑、相紙。柯達公司蓬勃發展了將近一個世紀，一口吞下九成的底

6 經常有人問我為什麼會提出這個結構建議（亦即，所有的團員都回答完第一個問題之後，然後每個人才再回答問題二和三），而不是每位團員同時回答完所有問題。首先，同時聽到每位團員對同一個問題的回答，而非同時聽到對數個問題的回答，才是發現模式的最佳方法。第二，想要同時回答所有問題，通常是想誤導的對方，以為這樣做會使負面回饋顯得「緩和一點」。（例如，「如果我先告訴道格我喜歡他的地方，接下來再告訴他我不喜歡他的地方，就會比較容易一點。」）可是這個方法不能建立能夠延續的坦誠文化。有自我覺察力的團隊會咬緊牙關，遵守基本原則，直接告訴彼此實話！

片市場。

可是柯達未能把握住消費群改變的事實，尤其是數位攝影的誕生及後來底片的終結。一九七五年，柯達的電氣工程師史提芬・沙森組裝第一部數位相機的原型時，管理階層棄之如敝屣，因為他們認為這個產品會影響底片的生意。

事實上，從一九七〇年底開始，柯達的合作對象（從照相洗印加工業者到底片零售商）便已不斷施壓，要求他們評估傳統底片長期的發展性。然而，柯達高階主管們並未因此重整業務和告訴股東事實真相，而是更加強鴕鳥心態。雖然他們對數位化做了簡單的嘗試，但是遲緩的步調讓他們的競爭力被先對這個新趨勢採取行動的競爭者給削弱了。柯達棺材上的最後一根釘子於二〇一二年一月釘上——柯達申請破產保護。

這是組織缺乏自我覺察力時所發生的可怕實例。如果團隊自我覺察力表示要促進團員之間的坦誠、面對現實的話，那麼組織自我覺察力的意思就是要主動向所有利益相關者（包括員工、工會、顧客、股東、供應商、社區、立法人員）尋求回饋，以及告知這些利益相關者公司如何適應不斷改變的需求，以便面對市場的現實。艾倫・穆拉利稱其為「人人都該有的覺察力」，就是每個人都應知道目標、目前的狀態、計畫，並且對該如何做才能達標的決策有發言權。

可是，這個做法公然違反了大部分企業的運作。然而矛盾的是，我們在柯達的例子中看到，組織不見得缺乏能檢討與改進的相關資料，只是他們無法或不願意接受。特別是，缺乏覺察力的企業無法提出我同事恰克・布雷克曼喜歡問客戶的問題：「你會假裝不知道什麼事情？」簡單來說，無法認識市場狀況的企業是在培養一個集體的錯覺，而這個錯覺常為他們播下毀滅的種子。雖然產生這種錯覺的原因不一而足，但是多半是因為恰克所說的「季報症候群」，也就是把短期的成果置於長期的成就之上所造成。

上述所說的組織的錯覺並不只限於忽視外部現實，對內部的現實狀況視而不見可能也有同樣的情形。

艾倫・穆拉利剛到福特工作時，每天都會在《底特律新聞》看到一些由公司內部爆料的可怕消息，包括工程問題、性騷擾投訴等。以前主管的反應可能是找出爆料的人，然後給予嚴正警告。可是對穆拉利而言，這是一個知道員工為什麼會把公司不可告人的祕密外洩的機會。

於是他打電話給記者布萊斯・霍夫曼。「布萊斯，我想知道，你是如何得到這些正確而詳細的消息。」

「其實很簡單。」霍夫曼解釋，「只要我每天早上走進辦公室，按下答錄機上的播放鍵就可以了。而且大部分員工都會留下姓名電話，以防我需要進一步跟他們詢問或討論。澄清一些事實。」

穆拉利聽了啞口無言。「他們為什麼要這麼做？」

「因為他們愛這家公司。」霍夫曼告訴他，「但同時也怕得要命，因為沒有人告訴他們公司究竟是怎麼了。他們爆料的問題都很嚴重，因為管理階層絕口不提，所以他們認為提出這些問題的最佳方式，就是打電話告訴我！」

穆拉利對此無法置信。雖然他心煩意亂，但現在別無他法，他只能更努力使所有福特的利益相關者了解一切，包括好的壞的以及醜陋的。他會親自回覆每個員工發給他的電子郵件；他會在各個辦公廳和工廠走動，和大家聊一聊。他會經常更新消息傳送給全公司的員工，也邀請嘉賓參加他們的業務流程改造。

在穆拉利詢問記者爆料事件的數月之後，這些爆料行為完全停止了。穆拉利再次打電話給霍夫曼說：「布萊斯，你們的報紙現在都沒有報導福特的醜聞囉？」

「是啊，」他回答，「因為我的答錄機上已經沒有留言了。因為你願意聆聽，也讓他們參與，他們知道公司在做什麼，所以就不需要再打電話給我了。」

就這樣，福特開啟了上下溝通的管道，改變與員工的關係。穆拉利於二〇一四年退休時，士氣空前高漲，員工對於工作的投入度高達百分之八十七（相較之下，是年美國員工平均投入程度是百分之三十一．五）。他的繼任者也決心維持每位員工都具有覺察力的文化，這個文化有領導人做榜樣，能讓人安心說實話，而且以嚴格持續的過程支持回饋在全公司自由交流。

話說，艾倫．穆拉利的繼任者又是誰呢？你猜對了，此人正是馬克．菲爾德斯。

第十章
人生的改變來自自我覺醒

有人告訴我，我處於錯覺之中，結果我差點從我的獨角獸上掉下來。

——Someecards.Com

一隻蝌蚪在池塘裡游水，突然一隻青蛙出現在牠旁邊。

「你是打哪兒來的？」蝌蚪問。

「乾的地方。」青蛙答。

「什麼是『乾的』？」蝌蚪問。

「就是沒有水的時候。」青蛙答。

「『水』是什麼？」

青蛙無語。牠動作誇張地朝蝌蚪四周舉目可見的東西比了比，問：「水啊？你是說……你看不見水嗎？」

「看不見。」

「可是你怎麼會看不見呢？你四周全都是水啊！」

這一則充分說明在一個沒有自我覺察力的人旁邊是什麼感覺的寓言。我們會覺得奇怪，怎麼會有人對自己游動其中的「水」，亦即對自己是什麼樣的人、自己的行為方式，以及自己對身邊的人有何影響視而不見？

在職場上，一個團隊裡只要有一個缺乏覺察力的人，就會使團隊成功的機率減半，而沒有覺察力的主管則會使員工對工作的滿意度、績效，以及員工福祉產生不良的影響。《華盛頓人》雜誌的記者曾訪問華盛頓地區一萬三千五百名員工關於他們遇過歷來最差勁的上司，以下就是幾個例子。一位經理懲罰「說話愚不可及」的員工在椅子上罰站；另一位經理則會計算員工上廁所的時間，然後用來抵消他們的休假時數。可是最教人難以置信的例子是一位員工想要休一天喪假參加父親的葬禮。他的上司對他說：「我們現在需要你，而你去不去對他又有什麼差別呢？」

對於那些對自己的行為及其影響有錯覺的人，是要積極幫助他們改變，還是只要讓他們的錯覺對我們造成的間接傷害程度降至最低就好？我會在這一章裡討論這些問題，目的是提供一些可行的策略，處理你一生之中可能遇到缺乏洞察力的三種特定類型：注定失敗、有覺察但不在乎，以及可以改變的類型，使他們不會減損你的能量、熱忱和幸福。

學習包容，讓自己成長

【故事一】職場惡霸瑪莉亞

羅伯特在一家小型資訊科技公司擔任發展經理，他很喜歡這個工作，有一個很棒的上司，並信賴且真心喜歡他的同事們。這其中只有一個大大的例外，而這個例外的名字叫做瑪莉亞。

瑪莉亞是這家公司的支援部門經理，長期生活在自以為是的現實裡，頑固地誤以為同事們都認同她的意見。她也用威脅恫嚇的方式來控制她的團隊，對士氣的打擊嚴重到讓他們失去努力協助顧客的動力。就連瑪莉亞刻意避免產生衝突的主管似乎也懼怕她。前幾年他曾試圖要面對這個行為，但在失敗後便放棄了，任由她的這些壞毛病自由發展。

職場中的豬隊友，總讓人對工作感到身心俱疲。因為瑪莉亞的緣故，羅伯特發現自己每天早上醒來後對上班這件事愈來愈沒勁。

有一天，人力資源部門的總監宣布，公司領導團隊的每一位成員（他和瑪莉亞都是成員）都將收到同事們匿名寫給他們的回饋。這是我們把心中想法全部攤開來的機會！羅伯特心想。

他決定不計後果，極其誠實地寫出瑪莉亞使每一個同事抓狂的確切行為。「瑪莉亞工作非常認真，」他寫道，「可是她不知道她尖刻的語氣、過分監督員工，以及經常炫耀她的資歷，營造出一種有毒的氛圍，是真正在打擊團隊的士氣與績效。」羅伯特寫完回饋後，奇怪的是感覺挺樂觀的。他認為她其實不是卑鄙小人，可能只是不知道自己的行為對團隊的殺傷力有多大罷了。

數日後，人力資源部門收集並彙整每個人的回饋，領導團隊的八名成員都聚集在會議室，討論每個人從這個過程中所得到的回饋。那個早上過得非常緩慢。瑪莉亞因故要求排在最後，輪到她時，整個團隊都屏住呼吸，緊張地期待著。

「聽到大家對我的看法，我真的感到震驚。」她開口說，「看到你們的回饋不是件愉快的事。」她有片刻時間看起來很難過。現在所有團員都坐立難安。這會是讓她看到自己做法錯誤的良機嗎？接著，她又說道：「可是老實說，我認為在這些意見中你們說的都不是真正的我。」

儘管感覺上像是牆垣崩塌了，但是會議室裡非常安靜。沒有人知道該如何回應瑪莉亞顯然仍在堅持的錯覺。羅伯特清了清喉嚨，試探地問：「瑪莉亞，妳聽到的回饋是什麼？」

「有人說我只想到自己，老是在說自己的資歷如何如何，這個人顯然是眼紅我的成就。」

羅伯特眨著眼睛看著她。在那一瞬間，他權衡是否該全盤說出他寫的意見。儘管有那麼一剎那他是抱持樂觀的看法，但是他忽然明白這樣做根本是徒勞無益。

不幸的是，他是對的。羅伯特的團隊完成這個練習之後一整年過去了，每位成員都一致努力回應自己收到的回饋，只除了瑪莉亞。她仍然蓄意無視一切，不但否認同事們所有的意見，並且反覆提醒他們錯得有多離譜。

瑪莉亞代表了三種錯覺者類型中的第一個類型：注定失敗。注定失敗者以理直氣壯、憤慨且不可動搖的信念，堅持自己信以為真的假象。雖然你偶爾可以訴諸他們自身的利益，使他們聆聽回饋（像是說：「這個行為有損你的名譽」），但是質疑他們對自己的看法通常沒有意義。

儘管無法強令注定失敗型的人覺悟，但這不表示不能採取行動把他們對我們的影響減至最小。在羅伯特了解瑪莉亞無意提高自我認知後，便激勵自己抱持不批判的寬容心態，不再經常為她的不足之處而大為惱火，因為他明白他們只是道不同不相為謀。有了這種認知，他便能夠視她為一個在自我掙扎的人，而不是一個惡意的自大狂。其實瑪莉亞缺乏洞察力不是他要解決的問題，那是她自己的問題，這個領悟對他是一種解脫。

羅伯特不是唯一採取這種方法的人；在調查人們如何與注定失敗者相處時，幾乎所有獨角獸都會設法控制自己的反應。史丹佛大學教授鮑伯・沙頓（Bob Sutton）在他精湛的好書《拒絕渾蛋守則》（The No Asshoel Rule）為如何控制自己對注定失敗型者的反應打了一個有啟發性的比喻。他說，想像在急流泛舟時，你的船平靜順流而下來到一條風景如畫的河上，但是前面突然出現一段難以通過的湍流，當你奮力划槳通過急流時，猛然被甩到湍急的河水中。

大部分的人在這種情況下會與之對抗，揮手踢腳地回到船上，或是努力游向岸邊，又或是徒勞地攀附滑石，可是這些做法很可能會害人嗚呼送命。相反地，愈不與水流對抗，反而可以愈早到達比較平靜的水域。羅伯特喜歡這個比喻，這讓他覺得自己的掌控力其實並不小。例如，要是瑪莉亞說了什麼敵對的話，他不是與她對抗或是讓她看到自己做事方式的錯誤，而只是想像先讓腳浮起來，然後盡快離開波浪洶湧的水面。

像這樣與有錯覺的人打交道時，很容易把對方看成是個壞蛋。可是如果你挑戰自己的想法，試著說出幾個他們正面的特點呢？這是另一個與之相處的方法，也是一個使用重新建構的正念方法，或者說是從一個不同角度看自己的問題。例如當他看到瑪莉亞把十三歲的女兒帶來上班時，她對待女兒的方式真的令羅伯特歎為觀止，因為她極為慈愛，明顯以女兒為榮。後來當羅伯特在與瑪莉亞一起工作時，為了控制自己的反應，便強迫自己在她對他沒有那麼寬容大度時，就讓這個畫面浮現腦海。

還有一個同樣適用於面對注定失敗型者的技巧，最早是羅伯特在小學時學到的。他讀五年級時，被班上的一個惡霸同學霸凌，於是每天放學回家便哭哭啼啼，害怕第二天又被欺負。這個情況持續了數周，直到他母親說了一句話，讓他終生難忘。「寶貝，」她對他說，「這個孩子是個卑鄙、凶狠的惡霸，我知道他對你的傷害很大，可是你有沒有問過自己，你可以從他身上學到什麼？」起初，小羅伯特以為媽媽的腦袋瓜有毛病，他有什麼可以跟這個惡毒的壞蛋學的？可是不久便醒悟或許自己的結論下得太草率了。也許這個經驗就是一個可以了解自己的機會。他思忖，也許他是在讓我知道我必須把自己保護得更好，於是他便釋懷了。

羅伯特在與瑪莉亞攤牌失敗之後幾個月才想起這件事。在會議室那天之後，她針對他發洩大量的怒火。某日在度過非常糟糕的一天之後，他覺得自己受夠了，他要辭職。可是就在開始寫辭職信時，他想起媽媽說過的話，於是醒悟到瑪莉亞只是另一種惡霸罷了。這時羅伯特拿母親在多年前問他的話來問自己：這是不是一個學習與難相處的人打交道，從而提高自己能力的機會？

他試驗了這個新的觀點，效果幾乎立竿見影。他開始不把這個情況視為侵蝕心靈的馬拉松，而是吸引人且有益的挑戰。

人貴有自知之明

【故事二】自負又自戀的丹尼爾

注定失敗型的人不是唯一有錯覺的類型。我們現在來看一看第二種類型，他們看起來可能與注定失敗型難以區別，但其實問題截然不同。

以前有一家製造商請我去指導該公司的副總裁傑瑞，他是執行長的接班人。從初次見面開始，傑瑞的才智、直覺、悟性就讓我刮目相看，可是這些特點與他的老闆丹尼爾大不相同。丹尼爾的「領導」技巧，包括在下屬令他失望時對他們吼叫，在同事面前羞辱他們。結果當然不出所料，傑瑞的部門人員流動率高居公司第一，士氣也是最低。

在傑瑞為我們的指導過程設立目標後，我們兩人決定和丹尼爾坐下來聊一聊，確定他也贊同我們的計畫。我們被帶進丹尼爾的辦公室後，我向丹尼爾伸出手做自我介紹，他握手的力道頗具挑釁意味，感覺像是要把我摔倒在地。那是我了解真實情況的第一個跡象。

幸而傑瑞很有跟丹尼爾打交道的本事，所以這次會面有一個很好的開始。傑瑞的第一個目標是提高為下屬分派工作的效率，這樣他才能專注於這個職務的策略層面。丹尼爾對此表示支持，但是他不太認同傑瑞的第二個目標，就是設法讓員工更投入工作。傑瑞還沒有說完，丹尼爾便舉起手，一副「你現在不要講話」的樣子，於是傑瑞只得乖乖照辦。

「傑瑞，這麼做是在浪費你的時間。因為你的員工『投入』與否並不重要，我所知道最有效的管理方法就是恐懼。只要他們怕你，就會把工作做好，就是這麼簡單。」

我驚訝得差一點從椅子上摔下來。這麼多年來我聽過高階主管說很多很荒謬可笑的話，但卻從未碰過有人公開承認使用恫嚇策略。而丹尼爾不只是承認自己使用這個策略，還誇耀這個方法極好。這時我才理解，丹尼爾和我在訓練工作時遇過許多活在假象中的老闆們不一樣，他很清楚自己的行為，而且一點也不以為意。丹尼爾就是第二型錯覺者的標準範例，我稱之為「有覺察但是不在乎型」。

注定失敗型主要的問題是沒有自知之明，也缺乏想要自我認知的動機；而有覺察但不在乎型則是完全知道自己在做什麼，也知道自己的行為對別人帶來的負面影響，但是依然我行我素。他們偏離事實的錯覺就在這裡。從丹尼爾的角度來看，他（誤）以為建立懼怕感有助於提高他的領導績效。

前面談到自我崇拜時，我們看到自戀者是錯覺特別嚴重的人。他們擁有一種所謂「假的自我認知」。舉例來說，認出自戀者的最佳方法之一，就是問他們是不是自戀者。十之八九，

「我是故意的！」

我有一位當外科醫師的叔叔最近剛退休。他在當住院醫師時，有位主治醫師酷愛跑馬拉松，這個嗜好與住院醫師的形象形成強烈對比，因為大部分的住院醫師很少離開醫院，更別說是找到時間練跑。每天早上，當所有醫師從五樓開始巡房時，這位主治醫師不是在五樓和住院醫師會合，而是在一樓，然後大家一起爬五層樓梯。

有一天，我叔叔在爬樓後上氣不接下氣地問他，知不知道爬那些樓梯對大家來說有多累。「當然知道，」主治醫師回答，「這一來你們就不會問我問題了。」這就是有覺察，但絕對不在乎。

他們會給予肯定的回答。可是他們到底為什麼這麼樂意承認自己有自戀者的負面特質，像是自我中心、自私、虛榮？因為他們和丹尼爾一樣，覺察到自己有這些特點，但是不認為有這些特質有什麼不好。事實上，他們往往視之為正向的特質。社會心理學家布瑞德・布希（Brad Bush）指出，自戀者「認為他們優於別人，也不介意大方承認」。

也有證據顯示，自戀者多少會覺察到自己的人際關係不佳，可是他們似乎沒有體認到自己在這當中所起的破壞作用，反而會責怪別人，並且堅持過度正向地自我評估。雖然自戀的領導人對自己的領導績效自視極高，然而往往被自己的團隊評定效率最低。唯一對他們有好印象的人，只有他們自己。

【故事三】給自己來點罐頭笑聲吧！

以上提到的兩個技巧（讓腳先浮起來，然後問「我能從他們身上學到什麼？」）對有覺察但不在乎型也能發揮作用。我多年前不幸在一個有覺察但不在乎型的主管手下工作時，首次想出「罐頭笑聲」的方法。

當時我在職場上受到接二連三的公開羞辱（包括因為一個小錯誤而在整個團隊前遭受嚴厲的批評），再也無法忍耐。我知道自己有兩個選擇：辭去這份工作，或是找到一個更好的方法和經理相處。因為我非常喜歡那個工作，所以決定嘗試第二個方法。有一天，我與上述提到的那位經理又打了一次特別不愉快的交道後，湊巧想起我最喜歡的電視節目《瑪麗・泰勒・摩爾秀》。

瑪麗的老闆是一個叫做葛蘭特的粗暴男人。葛蘭特在生意好的時候，脾氣差又急躁冒進；生意不好時，則討人厭又喜歡謾罵。可是因為在他的誹謗攻擊之後，背景聲音常常會出現罐頭笑聲，所以在觀眾看來是好笑而且討喜的。我於是決定下次經理再這麼不講理，說起話來讓我想哭時，就想像他說完話以後會響起罐頭笑聲。結果還滿有用的，我真的不再覺得那麼難受了。

這些故事證明，遇到對現實情況有錯覺又拒絕改變的人時，轉而向內好好處理自己的反應，往往就能掌控得比自己預期的更好一點。然而，有時改變自己的心態仍不足夠。當需要積極維護自己的權利並且設定界限，如果你嘗試所有方法皆告失敗時，有時候唯一能做的就是離開這個情況。

「覺察但不在乎」型VS.「注定失敗」型的區別

注定失敗型通常顯示自我評價與行為之間的不一致。還記得史提夫，第三章提到的那位建築公司主管嗎？我第一次見到他時，他滔滔不絕地自誇是多麼優秀的領導人，他的員工有多尊敬他，可是這兩個說法和他的行為完全是兩碼事。

另一方面，覺察但不在乎型，顯示的則是另一個不同的模式。他們可能會承認自己的行為，但是並不以為意，又或者根本不為自己辯解。（例如，「對，我知道我對她吼了，可是那是她活該。」）和丹尼爾一樣，他們甚至有可能拿那些令人討厭的特點自吹自擂。

要區別這兩種類型的方法，還可以看他們選取角度的能力。注定失敗型往往認為自己的思考方式是唯一且正確的，像瑪莉亞以為別人的看法都和她相同，當別人的看法和她不一樣時便會抓狂。然而覺察但不在乎型的人往往表示他們理解別人怎麼看待自身的行為，像是那位主治醫師就完全清楚爬五層樓有多麼累人，可是他們也表明這個行為有效，因此通常不值得花費力氣去改變。

【故事四】缺乏情緒智商的史考特

我的好朋友史考特除了是成功的心理教練之外，也是一位著作等身的作家。幾年前，史考特受雇於一名知名企業主（姑且稱他為喬），為喬想要撰寫的書擔任寫手。兩人一見面，喬就親切地熊抱史考特，並在整場談話中對史考特說的每一件事情都很投入。史考特興奮地想：這本書肯定會成為暢銷書！

之後，史考特擬定合約，條文簡單明確。他將親自訪談十位與喬的管理觀念一致的總裁，然後針對每位的訪談寫一篇文章，連同他的差旅費一同呈交，再領取這一部分工作的報酬。

在史考特要去紐約與第一位總裁會面的前一天，他的助理吉娜幫忙打電話給史考特確認訪談的問題。吉娜只是負責接通電話，確定一切都已安排妥當後，就交由喬與史考特對談。

談話接近尾聲時，史考特說：「我登機後，你若是想到有任何需要補充的事情，請傳給吉娜。她會在我落地的第一時間交給我。」

「沒問題，」喬說，「她看起來很有效率。」

「哦，吉娜非常能幹，」史考特滿腔熱情地說，「若是她不在，我就不知道該怎麼辦了。」

掛掉電話才幾分鐘，他的電話又響起。是吉娜。

她說：「你絕對猜不到剛才是誰打電話給我？是喬！」

「出了什麼問題嗎？」

「我不知該怎麼跟你說才好……不過他想要挖我過去。」

史考特目瞪口呆。「什……什麼？」

「他要付我雙倍薪水，而且連我現在拿多少錢都沒有問！」

「你不是在開玩笑吧？」史考特說。他突然因為一股氣憤和恐慌而透不過氣來。

「我當然拒絕了。」她很快補充道，「不過我覺得應該讓你知道這事。」

當天晚上，史考特輾轉難眠。喬怎麼能在他說了吉娜對他的工作有多重要之後，還做出這樣的事，這讓他覺得自己不被放在眼裡，有被背叛的感覺。他在第二天早上便打電話和喬對質，並且說出他的需求。

「喬，我要跟你談一談昨天我們通完電話以後發生的事。」

說完後，史考特停頓了很久，想藉此讓喬明白他已經發現這件事，並為他全然不專業的行為道歉。「吉娜說你想要挖她去你那兒？」

「是啊，」喬嘆氣說，「可是她當場就拒絕了。不過沒關係，你知道，我得老實說，大部分處於她那個位置的人都會不惜一切代價為我工作。坦白說，她居然會拒絕我，這讓我懷疑她的判斷力。其實對我倒是沒什麼損失。」

史考特對他聽到的話覺得難以置信。喬似乎以為史考特是在向他道歉。這位億萬富豪顯然完全沒有意識到他自己的所作所為，影響的不只是他們之間的關係，對他聘用史考特進行那個案子的成敗也會構成潛在的影響。

「喬，我可以麻煩你一件事嗎？」史考特最後說道，「可以請你不要挖我的人嗎？」

接下來是一陣長長的沉默，顯然，喬必須考慮一下。可是最後，他同意了史考特的要求。

史考特雖然被這整個事件搞得很不安，但他希望這只是一個小小的磕碰。接下來，他辛苦為第一個訪談寫稿，在兩星期後交出一篇文章給喬，並按照雙方同意的方式，連同他的差旅費一起送出。當天稍晚，史考特接到一通電話。

「史考特，」喬說，「我拿到你的稿子了。我必須告訴你，我已經決定不要這個人或他的公司出現在我的書裡。他說的那些關於員工意見反映的內容，是百分百的德州式狗屁。」

史考特聽到他三星期的辛苦工作付諸流水，當然很失望，但這個失望與他即將感受到的怒火相比，根本不值一提。

「當然，我會支付你的差旅費。」喬繼續說，「所以這個不用擔心，把收據送到我公司就行。」

史考特感覺心臟好像在胸腔裡被凍住了。「呃，那……我的稿費呢？」他說，「報帳單是不是跟發票一起送過去？」

「史考特，不是的，」喬突然不耐煩地說，「我剛才跟你說了，這個東西對我沒有用，所以我不會為這些狗屁東西付任何一毛錢。」

史考特再也控制不住他的怒氣，決定要據理力爭。「喬，這完全不合理。這個訪談和提問內容都是經過你同意才去做的，文章也是完全按照你的要求所寫，所以你一定要付我錢才行。」

經過冗長的爭論，而且在史考特再三堅持喬必須履行合約之下，這位脾氣暴躁的企業家才終於同意付款。可是史考特還是相當不安。此時他慎重考慮想拿錢走人，但是因為他認為這個任務有其價值，酬勞又很豐厚，所以決定在放棄之前再試一次。

這一次，史考特為合約增加了四頁具體的內容，為這個工作的內容做出明確的規範，以及喬要支付的明確差旅費。在來回磋商幾次之後，喬也簽字了，於是史考特著手安排第二個訪談。現在，即使對像喬這樣的自戀者兼有錯覺者而言，彼此的權利義務也應該很明確了吧。或者該說史考特是這麼以為的。

不幸的是，喬依然故我，甚至一度違反合約，拒絕支付史考特的差旅費，就因為他短程是搭計程車，而不是搭地鐵。史考特已竭盡所能地應付這個沒有洞察力的客戶，包括明確說出自己的需求，並且積極闡明他的底限。他也嘗試控制自己的反應，但是他的擔心有增無減。最後，黔驢技窮的史考特決定打電話給幾個雙方共同認識的人，想多了解一下資訊。

最有幫助的資料是來自坎迪絲，她在喬手下擔任高階主管很長一段時間。前兩年坎迪絲被診斷出罹患一種嚴重的自體免疫系統疾病，需要多休息。喬知道她得了什麼病，也知道這個病是怎麼一回事，但照樣在晚上和周末隨時叫她進辦公室加班。「他這樣做是在要我的命，」坎迪絲半開玩笑地說，「但他完全不知道這有多嚴重。」

史考特與坎迪絲談完話後，終於下定決心，決定到此為止，是該離開的時候了。這種冷漠無情的行為就是鐵證，喬永遠不會改變，而史考特損失的錢與他之後恢復的理智相比，根本微不足道。

萬一你對史考特的決定存疑，或許現在是告訴你喬準備要寫那本書的主題的好時機，那就是：情緒智商。沒有比這個更與事實相違的錯覺了，不是嗎？

幫助錯覺者解讀閃光的涵義

第三種錯覺者類型是可推動型，他們的行為不同於另外兩種比較不可救藥的類型之處，在於他們是真的想要自己變好一點，只是不知道該用什麼方法。當給予的建議是用正確的方式傳達時，他們通常都樂於收到這些意見。

【故事五】新手上路

我滿十六歲那天考到了駕照。我迫不及待想要享有這個新獲得的自由，於是央求母親隔天讓我開車上學。她遲疑了一下，後來還是心軟答應了。

那天晚上下課，我坐上車，發動引擎，打開車子的頭燈，然後開車回家。一路上我心想，幸好一切都很順利。這時我發現幾乎經過我的每一輛車都在對我閃他們的車燈。為什麼大家都在閃車燈？我覺得奇怪。

我不久就發現原因所在。我一回到家，把車開進車道，母親便衝出車庫，瘋狂地朝我揮手要我關掉遠光燈。「女兒，妳的車燈亮到讓整個社區的人都無法見物了！」

一切的疑問都豁然開朗了。在一路回來好幾英里的道路上，我渾然不覺自己用遠光燈干擾著丹佛市的駕駛人，更重要的是，他們所有的人一直在設法告訴我這件事，只是我完全看不懂他們給我的訊號。

這也是一個很好的比喻，可以說明沒有自我覺察力者的生活是什麼樣子。儘管他們無法解讀眼前的閃光是代表什麼涵義，但是別人通常看得懂。只要他們願意敞開心胸，我們就可以幫助缺乏洞察力的人，透過我們的眼睛看到他們自己。

【故事六】菲爾的覺醒時刻

我的朋友莉莎將近十年來一直在一個非營利性團體的董事會擔任董事。數月前，他們有一個新成員加入董事會，我們姑且稱他為菲爾，這個人的錯覺就不只是一點點了。

菲爾惹人厭煩，因為他不斷吹噓自己以前在私人企業裡的成就，顯然不理解這個行為是在使四周的人疏遠他。這些討人厭的行徑，讓他在試圖加入一些委員會時都吃了閉門羹。

一天早上在開完董事會後，菲爾滿臉沮喪地走向莉莎，問她能否以董事會在任最久的董事身分，給他一點建議。他告訴她自己的挫折感，並問是不是他做了什麼事情惹得大家不高興。

推動型的人通常像菲爾一樣，他們知道自己做錯了某件事情，但是卻不太看得懂跡象。莉莎建議他多多注意自己的措辭，並委婉地規勸他不要逢人就誇耀自己所做的每一件事。此外，或許他可以用問同事問題的方式，對別人有更多的了解。

菲爾在消化這個信息時，嚇了一大跳，但說他即刻就會改變他的做法。雖然花的時間比菲爾希望的久了一點，但是他最後還是贏得董事會成員的好感，受邀加入一個以上的委員會。

自我認知的七日挑戰

我所知道完成領導人回饋過程的大部分主管或老闆，大多擁有一長串要繼續磨練的優點和要處理的弱點。清單愈長，就愈令人氣餒、愈感覺無能為力。其實無須如此。區別一個人能不能成功按照覺察行事，需看他是否有逐步進行的決心與勇氣。

以富蘭克林為例，起初他嘗試同時實踐他的十三項美德，但是不出所料，進展並不順利，改變舊習性、建立較好的新習慣，要花的時間比他以為得要多，於是他改弦易轍，一次只聚焦於一個美德。

富蘭克林對此打了一個比方。如果你在荒蕪的花園除草，每次都這裡除一點那裡除一點，就會覺得沒有什麼進展。可是如果你一次只為一個花圃除草，就會訝然發現自己竟然這麼快就讓花園看起來美麗多了。雖然富蘭克林自己承認，他永遠達不到自己所期望的效果，但是他「會比沒有嘗試這麼做的人，變得更好、更快樂。」

你可能會用一輩子實踐這本書中的觀念，但是與此同時，我們也需要一些速效方案幫助你更積極付諸行動以維持動力。為了幫助你這麼做，我設計了一個對你的自我覺察旅程有催化作用的練習，稱為「自我認知的七日挑戰」，不論你在這條路上已走到什麼地方，都適

壓力強弱與覺察程度成反比

我認為即使是對你認為極度缺乏覺察力的人，至少也是可以拉他們一把的。這些人之所以沒有覺察力往往不是因為與現實脫節，而是因為比較不是那麼顯而易見的原因，有時候又或許是環境因素造成的。他們可能只是需要一點點推力。

舉例來說，你有沒有發現人在壓力大時，對自己的行為抱持的錯覺最大？研究顯示壓力與缺乏覺察力之間的正相關，亦即一個人所承受的壓力愈大，對自己的能力、特點和行為的看法往往愈不符合現實狀況。這就是一種直覺的反應與感受。

用這個方法。

在自我認知七日挑戰中的每一天，你將會把重點放在自我覺察的其中一個元素上面。因為重點在於提供你快速獲得自知力，所以我設計每天的挑戰是要在十五到三十分鐘內完成。

為了幫助你在自我認知挑戰中記錄和處理你的學習歷程，你可以從www.Insight-Book.com下載練習。如果想要在開始之前，對自己目前的自我覺察程度有一個較科學的基準，在www.Insight-Quize.com可以找到一個免費的三百六十度評估。

第一天：選擇你的自我覺察領域

列出你生活中最重要的三個領域，像是：工作、求學、親子、婚姻、朋友、社交、信仰、人生哲學等等。

一、為每一個領域，用神奇問句寫幾個句子，描述「成功」看起來的樣子，例如：「如果明天早上醒來後，這個領域的一切都美夢成真的話，會是什麼情形？」

二、然後，就你的成功定義，以1（完全不滿意）到10（完全滿意）的數字表示你現在的滿意程度。

你產生自我覺察力的最大機會，就在你的滿意程度不符合所預期，因為這樣會讓你有更多練習的機會，思考一下你無法達到成功的原因是什麼，以及你要做哪些改變才能達標。此外，也把你最想要改進的一、兩個領域特別圈起來，這些就是你鍛鍊深度洞察力的領域。

第二天：研究七支柱

找一位你信賴的朋友、家人或同事，和對方一起看一遍自我認知的七支柱（第二章第二十四頁）。針對每一個支柱，說明你對自己的看法，（例如，你的價值觀是什麼？）然後再請對方說出他們對你的看法。（例如，他們認為你的價值觀是什麼？）

另外，你也要當配偶的好朋友，幫助對方檢查他自己的支柱。結束討論之後，仔細思考你對自己和配偶對你的看法的異同。你從這個練習學到什麼，你會如何在這個基礎上繼續前進？

一、價值觀：引導如何管理生活的原則。
二、熱忱：喜歡做的事。
三、志向：想要體驗與達成的事。
四、適合的環境：快樂投入所需要的環境。
五、模式：在各種情況下一致的思考、感受和行為方式。
六、反應：顯示自身優缺點的想法、感受、行為。
七、影響力：別人對我們行為的看法。

第三天：探索你的障礙

回想第三和第四章，選擇一、兩個你認為生活中可能的自我覺察障礙（知識盲點、情緒盲點、行為盲點、自我崇拜、感覺良好效應、自拍症候群）。在接下來的二十四小時，盡量在障礙出現時便立刻發現它，並反省自己的行為和假設，或是反省在別人身上看到關於你的行為和假設。在一天結束時，思考一下你學到了什麼，以及如何幫助自己轉念與行動。

加分做法：接下來的二十四小時，留意你有多常把重點放在自己而不是別人身上，無論是上網或離線時。當你衝動地想要把最近度假的照片上傳到網路，或是在晚宴上炫耀自己最近的專業成就時，問自己：「我這麼做有何目的？」

第四天：提高內在自我覺察力

今天就從下列內在自我覺察力的方法中選擇一個來做實驗，並在一天結束前，花一點時間回想自己在下列七種方法上進行得如何，你對自己有什麼了解，以及如何在這個基礎上繼續前進？

一、問自己「什麼」，而不是「為什麼」（第一二七頁）
二、去做能讓自己分心的事（第一四四頁）
三、停止思考（第一四四頁）
四、現狀核實（第一四六頁）

五、換個角度看事情（第一六〇頁）

六、將現在與過往做比較和對照（第一六三頁）

七、以「奇蹟式提問」尋找解決辦法（第一七〇頁）

第五天：提高外在自我覺察力

在每一個自我覺察的目標領域找出一個有愛心的批評者（第七章，第一九九頁）。請他們說出一件他們重視你或者欣賞你的事，以及一件他們認為會使你停滯不前的事。在你聽取這個意見時，練習3R模式（第八章，第二一一頁）。

第六天：不受錯覺者影響

在內心默想一個你知道對自己抱持最大錯覺的人（最理想的情況是，你今天會見到他）。你覺得這個人是屬於第十章中的哪一個類型（注定失敗型、有覺察但不在乎型，或是可推動型），是什麼原因使你得出這個結論？練習使用下列其中一種方法，以便在下次見到對方時，能更有效處理你與這個人的關係。

一、不帶批判的寬容（第二六七頁）

二、讓腳先浮起來（第二六七頁）

三、說出你的需求（第二六七頁）
四、重新建構（第二六八頁）
五、對方可以教你什麼（第二六八頁）
六、給自己來點罐頭笑聲（第二七一頁）
七、設定你的界限（第二七三頁）
八、離開現場（第二七三頁）

第七天：評估狀況

複習你在這個挑戰的過程中所做的筆記，並回答下列問題：

一、你現在對自己以及對自我覺察，有什麼認識是一個星期之前還未知道的？
二、你下個月可以為自己訂出一個什麼樣的目標，幫助自己繼續擁有目前的這個動力？
三、等你完成這個挑戰之後，務必加入自我認知挑戰臉書群組（Insight Challenge Facebook）。

請上www.Insight-Challenge.com，就會自動被引導到專門的群組，你可以在上面分享你成功以及最精采的練習！

若是這本書希望能說服你任何事情的話，就是希望深度洞察力不只是獨角獸們獨有的。人人都能夠獲得自知力並得到相應的回報；能夠看出自我設限的行為，做出更好的抉擇；能夠知道對自己最重要的是什麼，然後採取相應的行動；能夠了解自己的影響力，如此就能改善對自己來說最重要的人際關係。

理解自己是誰以及別人對我們的看法，是需窮盡一生精力的漫長旅程，這個旅程或許顛簸，充滿路障，走起來或許艱辛、痛苦、緩慢，可能覺得自己不完美、軟弱、脆弱，但是這條道路也充滿了最大的機會。

作家喬伊貝兒（C. JoyBell C.）這段話所表達的比我更清楚：「人們有如星星。生活中總有一些事會把人搞得快抓狂，讓人噼噼啪啪地爆裂。但就在爆裂、覺得自己瀕死之際，其實你就正在轉化成一顆超級新星。之後當人們再看到你時，會發現你已變得比以前更璀璨美麗。」

深度洞察力就像這段描述一樣，能把人變身為超級新星——你將變得比以前更美、更好、更明亮。

附錄

附錄A 你有什麼樣的價值觀？

了解自己的價值觀（亦即引導我們想要如何生活的原則），是自我認知的第一根支柱。價值觀有助於定義自己想要成為什麼樣的人，並且為其他六根支柱奠定基礎。以下是一些可幫助你更了解自己的問題：

1. 你從小被教育的價值觀是什麼？你現在的信念反映出這些價值觀了嗎？還是你對這個世界的看法不同於你被教養的觀點？
2. 你小時候與二十歲時最重要的事情或者經歷是什麼？它們如何影響你的世界觀？
3. 在工作上和生活中，你最尊敬的人是誰？你為何會尊敬他們？
4. 你最不尊敬的人是誰？你為什麼會這麼想？
5. 你遇過最好的（和最差的）主管是誰？他做了什麼事讓你覺得如此？
6. 在親子教養或者指導別人方面，你最想和最不想要灌輸的行為是什麼？

為了幫助你進一步確定你最重要的價值觀，以下是一份相當詳盡的清單可供參考：

接納	權威	改變
正確	自主	舒適
成就	美麗	承諾
冒險、追求刺激	關懷	慈悲
魅力	挑戰	貢獻
合作	謙遜	目的
禮貌	幽默	理性
創意	獨立	現實
可靠	勤勉	責任
義務	內心平靜	承受風險
環保	親密	浪漫
刺激	公正	安全
忠誠	知識	接受自我
名聲	休閒	自制
家庭	被愛	自我重視

健身	有愛心	自知之明
有彈性	精通	服務
寬恕	正念	性愛
友情	適度	簡單
趣味	一夫一妻制	獨居
慷慨	不墨守成規	靈性
真誠	撫育	穩定
上帝的旨意	開放性	寬容
成長	秩序	傳統
健康	熱忱	美德
助人	愉悅	財富
誠實	人緣	世界和平（註）
希望	權力	

註　這是根據威廉·理查德·米勒等人二〇〇一年，在美國新墨西哥州阿布奎基大學發布的論文《Personal values card sort.》所提出的論點。

附錄B

你的熱情與興趣何在？

了解自己的熱情與興趣之所在，亦即自我認知的第二大支柱，才能做出符合喜好的決定，在事業與個人生活中皆是如此。以下是一些可以幫助你開始探索之路的一些問題：

1. 什麼樣的日子會使你樂於早早起床？
2. 哪些類型的案子或活動你永遠做不膩？
3. 哪些類型的案子或活動你覺得做起來最無趣？
4. 如果明天就退休，你對工作最懷念的是什麼？
5. 你的嗜好是什麼？你最喜歡這些嗜好的地方是什麼？

如果你在找尋更多的引導方式以發揮自身的熱情與興趣，我很鼓勵你做「你的保護傘是什麼顏色」之類的評估。不過並非所有評估都具有相等水準，所以要確定你做的測驗有良好的效度。其中最好的兩個是：

1. Holland RIASEC模式（可在http://personality-testing.info/tests/RIASEC/ 或是http://www.truity.com/test/holland-code-career-test找到免費的版本）。

2. Strong Interest Inventory（可上網站購買：http://www.discoveryourpersonality.com/strong-interest-inventory-career-test.html或http://careerassessmentsite.com/tests/strong-tests/about-the-strong-interest-inventory/）

附錄C
你的志向是什麼？

史提夫・喬布斯說過：「我想要在宇宙中留下一道印記。」這是自我認知第三個支柱的精髓，也就是我們的志向，或者是我們想要體驗和成就的事。以下是一些能幫助你找出印記的問題：

1. 在你小時候，長大後想做什麼？當時是什麼原因吸引你想進入這行？
2. 目前時間運用的方式，對你來說是有意義並令你滿意的嗎？你是否覺得有任何不足之處？
3. 想像你是公正不阿的第三者，正在看自己的價值觀和熱情清單。你覺得這樣的人，在這一生想要嘗試和體驗的事情可能是什麼？
4. 你想為世人留下什麼樣的影響？
5. 想像你只剩下一年的壽命，你會如何運用這些時間？

附錄D

什麼樣的環境適合你？

了解適合自己，亦即能讓你樂在其中的環境類型，是自我認知的第四個支柱。適合的環境能幫助人們做出重要的人生抉擇，像是適合居住在哪一個城市、什麼樣的人生伴侶會讓自己覺得充實、什麼樣的事業和企業有助於自己發展等等。

以下的問題，可以幫助你了解適合你的理想環境：

1. 以往你何時能在工作上表現出最好的績效？當時那些環境有哪些特點？
2. 求學時，哪種類型的學習方法或是教室的環境對你的學習最有幫助或毫無助益？
3. 你有沒有因為環境不適合而離職過？如果有，是哪方面不適合你？
4. 你理想中的工作環境是什麼樣子？
5. 什麼樣的社交方式和人際關係會使你覺得最快樂？

附錄E

你的優點和弱點是什麼？

自我認知的第六個支柱是反應，亦即你在任何一個時刻所產生的思維、感受、行為，這種反應通常反映出一個人的強項和弱點。以下是一些問題，可幫助你了解自己的優缺點。

你的優點

1. 過去有什麼事情，是你不需要受什麼訓練就能夠上手的？
2. 哪些事你會比別人做得快又好？
3. 什麼類型的工作讓你覺得做起來最有成效？
4. 什麼類型的工作讓你覺得做起來最自豪？
5. 你完成了什麼事會讓你覺得很驚訝？

你的弱點

1. 你最大的失敗是什麼？這些失敗的共同點是什麼？
2. 你什麼時候對自己努力的成果最失望？
3. 你最常從別人那裡聽到具有建設性的回饋意見是什麼？
4. 你最害怕做的工作和活動是什麼？
5. 你所愛的人最常取笑你的特質是什麼？

少一點反省，多一點觀察，這樣才不會把時間花在鑽牛角尖上。檢視第六章的正念方法，是對於自己的反應能真正有所領悟的最有效方法。

附錄F
你對別人有哪些影響力？

在本書中你已經看到，人們很容易忽略自己的行為對別人所產生的影響（第七個支柱），但是仔細觀察別人對我們的反應與回應，是提高自我覺察力的一個關鍵。以下是一些基本的問題，可協助你仔細思考自身可能對別人產生的影響。

1. 在你的生活和工作中，你能從哪些人身上學習或是獲益（員工、配偶、子女、顧客等等）？
2. 你想要給上述這些人什麼印象或觀感？
3. 回想你上星期對每一個人或群組的行為。如果你是中立的第三方，你會認為那些行為發揮了你想要的影響力嗎？
4. 在上一星期裡，你從每一個人或在族群中觀察到什麼反應？回想你們的相處，不只是想他們對你說的話，還要想想他們的臉部表情、身體語言、說話的口氣。這些反應符合你想達到的目的嗎？若是不符合，你可以做什麼加以改善？

5. 如果你看到一個可以讓你發揮影響力的機會，你打算怎麼做？你又會如何預估你發揮的影響力？

附錄G
你有「不知己之所不知」嗎？

美國國防部長唐納德．倫斯斐曾發表關於「知己之所知」、「知己之所不知」、「不知己之所不知」的著名說法。在自我覺察方面，「不知己之所不知」對自己的傷害可能最大。對自己的了解不如所想，思考這個可能性的確令人不舒服，可是卻絕對有此必要。

請看下列的敘述，圈選出適合你的句子。圈出的句子愈多，愈應該對於自我的看法提出質疑，並且從別人那裡尋求回饋，進而調整這些看法。

1. 你的工作或事業有沒有長時間令你不開心或不滿足？
2. 你是否曾經對自己未獲升遷，或未得到你申請的工作而感到意外？
3. 你是否曾經對一項工作或提案信心滿滿，不料卻失敗了？
4. 你是否曾經對績效考核或三百六十度評估的結果感到意外？
5. 你是否曾對上司、同儕、下屬或摯愛的人給予你負面的評價感到吃驚？
6. 同事或摯愛的人是否曾經對你生氣，但你卻不明所以？

7. 你有沒有哪段戀情或是柏拉圖式的關係，是因為某些你不明白的原因而情況突然急轉直下？
8. 你有沒有哪段戀情或是柏拉圖式的關係意外結束？

你的假設是什麼？

有一個方法可以避免三個盲點，就是在做出重要決定之前，找出你的假設。以下是一些問題，可幫助你在工作環境中發現假設。

1. 這個決定對公司內外不同利益關係的族群有何影響？有沒有什麼利益相關者是你沒有考慮到的？
2. 若是執行這個決定，最好和最壞的情況是什麼？
3. 這個決定有什麼後果是你沒能考慮到的？
4. 精明的競爭者會怎麼看這個決策，又會如何回應？
5. 與這個決策全然無關的人會喜歡和不喜歡這個決策的哪些地方？
6. 有哪些發展可能改變你做這個決策的思維？
7. 在你做這個決定時，有可能忽略了哪些資料或數據來源？

附錄H
你是自我崇拜的人嗎？

請在以下每一項的兩個選擇（上欄或下欄）中圈出最能說明你的情況者。

1. 我認為自己是個特殊的人。	1. 我不比大多數人好，也不比大多數人差。
2. 我喜歡成為眾人矚目的焦點。	2. 我喜歡和大家打成一片。
3. 我喜歡擁有權威。	3. 我不介意聽命行事。
4. 我向來都知道自己在做什麼。	4. 有時候我不確定自己在做什麼。
5. 我對別人有很高的期望。	5. 我喜歡為別人做事。
6. 我是一個非常了不起的人。	6. 我與一般人無異。
7. 我比別人能幹。	7. 別人有很多可以讓我學習之處。

你剛才做的這項測驗是自戀型人格測驗的題目樣本。在上欄圈選的愈多，擁有的自戀特質愈多。但是不用擔心，有一些自戀的傾向未必表示你就是個自戀者，但這可能表示你要下一點功夫抗拒自我崇拜。

附錄I
你有多謙虛？

雖然在這個自我崇拜的世界裡，謙虛的態度日益少見，但這卻是自我覺察必備的要素。謙沖表示理解自己的弱點，正確看待自己的成功，並且能對別人做出的貢獻心懷感激。

請在下一頁的每項敘述中，以最符合你情況的數字為自己評分。試著看看你自己「實際上是如何表現」的，而不是「你希望自己如何表現」。因為別人通常能看到我們自己看不見的盲點，所以找一位你信賴的人一起評估會有所幫助。做完以後，把你的答案得分做個平均，然後閱讀第三〇四頁的說明。

1	2	3	4	5
極少	少	偶爾	經常	很多時候

____ 1.我會尋求回饋，特別是批評性的回饋。

____ 2.不知道該如何做某件事時，我會願意承認。

____ 3.當別人知道的比我多時，我會願意承認。

____ 4.我會注意到別人的優點。

____ 5.我會稱讚別人的優點。

____ 6.我會對別人的付出表示謝意。

____ 7.我願意向別人學習。

____ 8.我樂於聽取別人的意見。

____ 9.我樂於聽取別人的建議。

平均得分　解析

1—2　你目前謙虛的程度較低，別人可能會認為你態度傲慢或者以自我為中心。這個看法會對人際關係造成傷害，使你無法讓團隊發揮最大效能。從好的一面來看，只要你把時間和精力集中在改善自己的弱點，並承認有這些不足之處，也能肯定別人的優點，就可以獲得豐厚的回饋。

3—4　你目前謙虛的程度中等。雖然別人可能不認為你是絕對的傲慢或自私，但是你可以藉由提高你的謙虛程度，改善人際關係和提升工作效率。不妨重點關注你自評為最差的行為，從這裡開始著手改善。同樣地，對於自評最高的項目，不妨考慮日後是不是可以更常側重這些行為。

5　你是個虛懷若谷的人。因為別人認為你實事求是而且容易相處，所以這些行為給你很大的優勢。可是如你所知，你並非完美無缺，所以看一下以上這些項目，問自己是不是能再強化這些行為。你可能也會考慮可以如何感染身邊的人，激勵別人謙虛為懷，不論是在家、在工作上或是在社區裡。

附錄J 你是否願意面對「絕對真相」？

在第五章中看到，對「絕對真相」的需求是自我認知的敵人，因為這會使人看不到自己許多的複雜性、矛盾、細微之處。

為了解對絕對真相的需求是否使你無法更進一步了解自己，請就以下每一敘述，大致上最能符合你的行為評分。試著看看「你真正的行為表現」，而不是「你希望如何表現」。做完以後，把你的選項做個平均，然後閱讀次頁的說明。

1	2	3	4	5
極少	少	偶爾	經常	很多時候

＿＿ 1.我向來都嘗試發現和自己有關的「事實」。

＿＿ 2.我認為「現在的我」和「真正的我」是不一樣的。

——3. 我希望有朝一日能發現真正的自己。

——4. 我向來都會思考有關自己的「事實」。

——5. 我會盡量理解我的經驗具有什麼意義。

平均得分　解析

1—2　得知絕對真相這件事對你來說並不是很重要。你不會過度分析自身的經驗和特質，而是體認到這些事情的複雜性。雖然你試圖要提高自我覺察力，但是也正確認識到你可能永遠無法徹底了解自己，而且與直覺恰恰相反的是，因為你已解除那個壓力，反而有可能洞悉真正的自己以及別人眼中的你。

3—4　你對絕對真相的需求度中等。雖然你未必會過度分析自身的經驗和特性，但卻經常試圖找出事情的原因和意義。這麼做比較可能引起焦慮而不會產生自我認知。要想控制好心態，便要盡量注意到自己正在尋求絕對真相，並且留意到自己在這麼做時，其實不是真正通往自我認知之路。你應該做的是把重點放在第五和第六章的方法上。

5　你極度需要得知絕對真相。你很喜歡自我反省，並經常分析自己行為的動機和背後所代表的意義。但我們都難以掌握絕對真相，而且這樣做也會讓你更焦慮、更沮喪，也不容易成功，同時也會降低自知力。讓自己休息一下。你不需要完全搞懂自己才能了解自己。練習正念也有幫助，亦即只要覺察當下正在發生的事就好，而不是試圖找出背後所隱含的深層意涵。

附錄K

你經常反覆思考嗎？

你在第五章中看到，人們心中都隱藏著一個反覆思考者，這個邪惡的角色往往伺機破壞自我認知的努力，指責自己的抉擇、提醒自己失敗的事，讓人落入自我批評與自我懷疑的惡性循環。

想了解這個反覆思考者對你的影響有多大，請選擇以下最能貼切形容你大致行為的數字。試著看一下你「實際的行為表現」，而不是你「希望如何表現」。做完以後，把你的評估數字加以計算並得出一個平均數，然後閱讀第三一一頁的說明。（註）

註　保羅・特拉普內爾和珍妮佛・坎貝爾著的論文《Private self-consciousness and the five-factor of personality: Distinguishing Rumination from Reflection》，發表於Journal of Personality and Social Psychology 76.2（1999）：284。

1	2	3	4	5
極少	少	偶爾	經常	很多時候

____ 1. 我的注意力通常是放在那些和我自己有關，而且我希望能不再去細想的部分。

____ 2. 我似乎總是在心裡重複回想我最近說過或做過的事。

____ 3. 我有時候難以停止對自己的負面思考。

____ 4. 我經常發現自己在重新評估曾做過的事情。

____ 5. 在爭執或意見分歧結束很久後，我仍會一直回想已經發生的事。

____ 6. 我常常會在心裡回想自己在過去某個情況下的行為。

____ 7. 我會花很多時間回想那些讓我尷尬或失望的時刻。

平均得分　解析

1—2　你很少反覆思考。雖然你可能不是反覆思考的絕緣體，但是你的確可以成功地停止大腦中莫名的執著想法。這麼做能提高你的自我覺察力，讓你比較快樂。因為你比較不會沉溺於強迫性思考中，就可能把精力用在改善內在（和外在）自我覺察力的其他方面。

3—4　你是中度反覆思考者，有時候能夠注意並中止自己鬼打牆似的思考方式，但有時候則會被反覆思考干擾，而覺得不快樂。為了減少反覆思考，可以從注意下面這些方向開始著手：是不是有某些人或情況使你比較容易反覆思考？有沒有某些技巧對你停止反覆思考的思維非常有效？不妨從應用第五章中適用於較多情況的方法開始實驗。

5　你經常反覆思考。雖然你可能在掉入兔子洞時就發現了，但卻難以停止這樣的行為，這對你的自我覺察力和快樂有很大的殺傷力。首先你要清楚了解觸發的因素：是不是有某些情況或人容易讓你想太多？一旦發現原因後，就可以開始應用第五章中的破除反覆思考方法。

附錄L

你能虛心學習，還是想炫耀表現？

你在第五章中看到，面臨有挑戰性的工作時，如果將之視為學習的機會（「學習好」的心態），而不是展現成果的機會（「表現好」的心態），便可以避免產生過度反芻失敗時的挫折，同時也有助提高績效。

為了解你傾向哪一種心態，請閱讀下列敘述，然後圈選適用於你的敘述。選擇時，盡量看自己「實際的行為表現」，而不是「你希望如何表現」。

＿＿1. 我希望能讓同事知道我的案子做得有多好。

＿＿2. 我樂意從事能幫助我提高技能的挑戰性工作。

＿＿3. 我比較可能選擇做我知道自己能勝任的工作，而不是嘗試做新的工作。

＿＿4. 我經常設法增長知識。

＿＿5. 我常避免可能會表現不佳的情況。

＿＿6. 我喜歡設定自己可能無法輕鬆達到的挑戰性目標，而不是我知道輕易就能超越的目標。

＿＿7. 當別人還在努力解決問題，而我已經知道解決方法時，這會讓我很開心。

＿＿8. 我比較喜歡在有非常高度期待的環境中工作。

如果你發現自己圈選的奇數問題較多，可能是傾向擁有「表現好」的心態，如果圈選的偶數問題較多，可能就是擁有「學習好」的心態。

附錄M
你獲得足夠的回饋意見嗎？

獲得別人誠實客觀的回饋意見，是擁有更多外在自我覺察力的最佳方法。為了解你是否充分利用這個寶貴的方法，以下每一項敘述，請你選擇最能貼切描述你大致行為的數字。盡量看你「實際的行為表現」，而不是你「希望如何表現」。做完以後，把你的答案計算出平均值，然後閱讀第三一五頁的說明。

1	2	3	4	5
極少	少	偶爾	經常	很多時候

____ 1. 我上星期曾尋求他人給予回饋。

____ 2. 我完成一件重要的案子或工作後，會做「個人事後檢討」，以了解未來如何能做得更好。

＿＿ 3. 見到老闆時，我常會徵求他對我的表現給予回饋。
＿＿ 4. 我上個月曾向我的直接下屬或團隊徵求回饋。
＿＿ 5. 我會感謝我的直接下屬或團隊願意對我實話實說，儘管聽起來不太中聽。
＿＿ 6. 我尋求回饋時，會清楚說明想要得到關於哪些行為的回饋。
＿＿ 7. 我會勇於向同儕尋求他們對我的看法。
＿＿ 8. 別人主動提供我回饋時，我會感到好奇，也會很開心。
＿＿ 9. 我聽到回饋時，不會為我的行為辯解或推諉。
＿＿ 10. 我聽到回饋後，會尋求日後能加以改進的建議。

平均得分　解析

1—2　不論是因為懼怕、過度自信，或是認為你現在這樣就已經很完美，你都錯過可以用別人對你的真實看法來加強自己的大好機會。利用第七和第八章中的方法，從向一、兩個你所信賴的人尋求回饋開始練習。

3—4　你尋求回饋的頻率還不算低，不過若能再頻繁一點，就更能了解別人對你的看法。把第

5

七和第八章中所提到的方法和你的方法做比較，想出一個可行的步驟，藉此實行全新的方式。

從整體而言，你經常以不同的方式尋求他人的意見，也能抱持好奇和開放的心態聽取回饋。為了持續進步，你可以考慮使用第七和第八章中你以前從未嘗試過的方法，甚至是強化這個習慣。

附錄N

如何尋求三百六十度回饋？

即使你的公司從未進行過制度化的三百六十度回饋，但這並不表示你不能做這種回饋。雖然有許多三百六十度回饋的費用可能高達五百美元以上，但是也有一些永久免費的選擇，如下：

1. PersonalityPad.org是由艾瑞克・帕帕斯（Eric Papas）與他在維吉尼亞大學的研究團隊研究而成。他們崇高的目標是讓每個人都能有多個來源的回饋。這份評估有十個問題，不但很容易完成，也能獲得高水準且具啟發性的結果。
2. SelfStir.com是比較全面性的，評估要花比較久的時間，包括開放式的回應，甚至提供詳細的報告。
3. BankableLeadership.com是我為我的第一本書《吸金領導力》（Bankable Leadership）建立的。這份調查一共有十二項的信息回饋，可幫助你了解在「人」與「結果」的行為方面，你對自己的看法，以及別人對你的看法。

如果決定用以上單獨一種或者超過一種以上的方法，建議你先聯絡你想邀請提供回饋的人。只要說明你是在做三百六十度回饋，希望對方不具名參與，他們將會收到一封電子郵件，上面有一個與這項回饋調查有關的連結，這樣他們就能提供對你行為的觀察。這不但可以確保回饋調查的電子郵件不會在垃圾信件匣中被淹沒，同時你親自出面請求也有助他們了解事情的來龍去脈，以及他們的參與對你持續成長所產生的重要性。

CFH0336

深度洞察力：克服認知偏見，喚醒自我覺察，看清內在的自己，也了解別人如何看待你

作　者—塔莎．歐里希
譯　者—錢基蓮
副主編—郭香君
責任企劃—張瑋之
封面設計—陳文德

董事長—趙政岷
出版者—時報文化出版企業股份有限公司
108019台北市和平西路三段二四〇號四樓
發行專線—（〇二）二三〇六—六八四二
讀者服務專線—〇八〇〇—二三一—七〇五
（〇二）二三〇四—七一〇三
讀者服務傳真—（〇二）二三〇四—六八五八
郵撥—一九三四四七二四時報文化出版公司
信箱—一〇八九九臺北華江橋郵局第九九信箱

時報悅讀網—http://www.readingtimes.com.tw
法律顧問—理律法律事務所　陳長文律師、李念祖律師
印　刷—勁達印刷有限公司
初版一刷—二〇一八年十一月十六日
初版十三刷—二〇二四年三月十九日
定　價—新台幣四〇〇元

時報文化出版公司成立於一九七五年，
並於一九九九年股票上櫃公開發行，於二〇〇八年脫離中時集團非屬旺中，
以「尊重智慧與創意的文化事業」為信念。

深度洞察力：克服認知偏見，喚醒自我覺察，看清內在的自己，也了解別人如何看待你/ 塔莎.歐里希（Tasha Eurich）著；錢基蓮譯.
-- 初版. -- 臺北市：時報文化，2018.11
面；　公分（人生顧問；336）
譯自：Insight : why we're not as self-aware as we think, and how seeing ourselves clearly helps us succeed at work and in life
ISBN 978-957-13-7580-9（平裝）

1.自我實現　2.職場成功法　3.人際關係

177.2　　107017577

ISBN 978-957-13-7580-9
Printed in Taiwan